农村社会工作概论

NONGCUN SHEHUI GONGZUO GAILUN

韩 芳◎主编

知识产权出版社
全国百佳图书出版单位

图书在版编目（CIP）数据

农村社会工作概论/韩芳主编. —北京：知识产权出版社，2017.4
ISBN 978 - 7 - 5130 - 4826 - 2

Ⅰ.①农… Ⅱ.①韩… Ⅲ.①农村—社会工作—概论—中国 Ⅳ.①F323.89

中国版本图书馆 CIP 数据核字（2017）第 057965 号

内容提要

农村社会工作是社会工作的重要分支学科。社会工作从诞生起就是以社会公正和社会关怀为宗旨，以关注民生、服务民众为己任。农村领域、农业产业、农民发展是专业社会工作应着力关注的一个重要内容。学习农村社会工作要倡导学生牢固树立关注民生、服务民众的社会责任意识，并能够对"三农"问题形成的历史脉络和现实情况进行深入的分析研究，在此基础上运用社会工作的理论知识和方法技巧来解决"三农"问题。

本书从农村社会工作的发展历程、农村社会工作的价值观、农村社会工作的理论依据、农村社会工作实务模式、农村社会工作的方法技巧、农村社会工作与扶贫工作的关系等方面加以阐述。希望通过努力可以在上述几个方面做出有意义的探索。

本书适用于本土特色的农村社会工作模式探讨，内容力求国际化与本土化有机结合，关注学科前沿理论和实务经验的探索。不仅适用于高校社会工作专业教学使用，也适用于政府部门、群团组织、非营利机构及其他关注农村社会问题的同行阅读参考，尤其对广大从事一线农村社会工作的人员有重要的参考价值。

责任编辑：蔡　虹　　　　　　　　　　责任出版：刘译文
封面设计：刘　伟

农村社会工作概论
韩　芳　主编

出版发行：知识产权出版社有限责任公司	网　　址：http://www.ipph.cn
社　　址：北京市海淀区西外太平庄 55 号	邮　　编：100081
责编电话：010 - 82000860 转 8324	责编邮箱：caihong@cnipr.com
发行电话：010 - 82000860 转 8101/8102	发行传真：010 - 82000893/82005070/82000270
印　　刷：北京九州迅驰传媒文化有限公司	经　　销：各大网上书店、新华书店及相关专业书店
开　　本：787mm×1092mm　1/16	印　　张：16
版　　次：2017 年 4 月第 1 版	印　　次：2017 年 4 月第 1 次印刷
字　　数：250 千字	定　　价：45.00 元
ISBN 978-7-5130-4826-2	

前　言

　　社会工作从诞生起就是以社会公正和社会关怀为宗旨，以关注民生、服务民众为己任。社会公正的理想、社会关怀的目标和发自内心的博爱是社会工作者最基本的价值观。农村领域、农业产业、农民发展是专业社会工作应着力关注的一个重要内容。最早将社会工作的理念、方法应用于农村领域的是美国、巴西、英国等国家。我国从乡村建设运动开始了农村社会工作的探索，大致经历了三个阶段：民国时期的乡村建设运动；新中国成立初期到 1978 年农村的合作化、大跃进、农村公社等农村社会改造运动；1978 年至今以政府为主体的扶贫工作，探索农村社会发展模式。同时，一些民间团体运用参与式方法开展农村社会工作。

　　学习农村社会工作要倡导学生牢固树立关注民生、服务民众的社会责任意识，并能够对"三农"问题形成的历史脉络和现实情况进行深入的分析研究，在此基础上运用社会工作的理论知识和方法技巧来解决"三农"问题。

　　传统的解决"三农"问题的理论视角一般为缺乏视角，社会工作介入就会侧重于自上而下的扶贫模式。如果以优势视角看待农民问题，社会工作者应该从社区和农村现有的资源和能力出发，侧重资产和能力建设，而不是从社区和村民缺少什么、出现了什么问题、社区需要什么入手。社会工作的优势视角注重社区增能、村民动员、村民参与等原则。

　　中国农村社会工作的建构必须根植于"三农"问题的历史脉络和现实处境，才能将农民的个人生活历程与历史和社会结构有机地结合起来，深入理解个人与社会的关系，从而实现社会工作的价值——关注民生、服务大众。

　　本书从农村社会工作的发展历程、农村社会工作的理论依据、农村社会工作的技巧方法、农村社会工作实务模式的探索、农村社会工作者的角色、农村社会工作与扶贫工作的关系、农村社会工作对于残障、妇女等群体的关怀等方面加以阐述。希望通过努力可以在上述几个方面做出有意义的探索。

本书适用于本土特色的农村社会工作模式探讨，是一本面向本专科生的教材，也适用于政府部门、群团组织、非营利机构及其他从事和关注农村社会问题的同行阅读参考。

编　者

2017 年 3 月

CONTENTS

目　录

第一章 农村社会工作概述

【导读】2015 年 5 月，中国社会工作教育协会农村暨灾害社会工作专业委员会、中国青年政治学院新农村发展研究院主办的"社会工作与新农村发展"研讨会在北京举行。与会专家呼吁，应尽快把发展农村社会工作提上议程。科学技术部副部长张来武从创新驱动的角度谈了新三农的发展及对社会工作的挑战，提出要用创新性的思维看待农村、农民和农业问题。王金华司长认为，当前社会工作发展的重心还在城市，农村社会工作还比较薄弱，要尽快把农村社会工作提上议程，将研究重点向农村转移。江西农业大学副校长黄英金教授对该校所做的促进农村发展的工作作了详细的介绍。北京大学社会学系王思斌教授阐述了发展社会工作促进新农村发展的观点。与会的专家学者从不同的角度对当代农村社会工作和新农村建设的现状进行了阐释，他们一致认为发展农村社会工作势在必行。

随着社会工作专业化、职业化和本土化的推进，我国农村社会工作理论和实务探索均取得了很大进展。但与其他领域的社会工作相比，农村社会工作的开展和专业化程度均相对落后，难以满足广大农村地区服务对象的需求。

2004 年以来，中央一号文件连续七年聚焦"三农"问题，能否运用社会工作的价值观和理论视角解释和应对"三农"问题；能否用社会工作的独特的方法和技巧介入"三农"问题；尤其是对后税费时期出现的农村问题的历史脉络和现实情境深入分析，为解决"三农"问题提供一种新思路、新视角、新路径，这正是农村社会工作所要思考的问题。

随着党中央关于和谐社会建设目标的提出，社会工作专业人才备受重视，农村社会工作成为越来越多的人关注的领域。西方发达国家较早实现了工业化和城市化，已经没有传统意义上的农村社区，专业的社会工作主要在城市开展。而我国社会工作专业于 20 世纪 80 年代末开始设立，并在城市开展实务工作。20 世纪 90 年代末专业社会工作者开始深入农村进行农村社会工作的尝试和探索，研究社会工作如何介入农村领域，推进和谐农村社区建设、提高农民现代化和社会化。农村社会工作从理论到实践开展了专门的研究和专业的服务，高校开设农村社会工作课程，培养既懂得社会工作又了解农村，愿意为"三农"领域服务的农村社会工作专业人才。

第一节　农村社会工作的定义

一、国外关于农村社会工作的解释

西方社会工作很早就开始关注农村领域，联合国于 1959 年出版的《社会发展计划的国际调查》中将社会工作的范围分为十个方面，其中就有乡村社区发展计划的内容。早在 20 世纪初期，即美国的"进步时代"和后来的"新政"时期，为了应对农业危机和农村问题，社会工作者运用专业知识和技巧关注农民需求，帮助他们改善生活环境，促进城乡协调发展。一些社会工作者开始担任政府部门的官员，运用社会工作独特的视角和方法开展农村工作。同时倡导各种涉农的社会政策措施，发挥出了更好的效果。一些社会工作者在政府的支持下进入农村社区开展活动，一些综合性社区发展或社区建设的农村社区工作计划得到实施。有些社会工作者独立自主地进行农村社会工作的探索，经过他们的不懈努力，在改善农民生产和生活环境方面取得了一定的成效。

国外一般把农村社会工作称为乡村社会工作，如美国从界定乡村概念入手，通过区别乡村的人口特征、乡村社区的社会组织、援助服务、心理健康、卫生保健、贫困家庭、农场危机、社会福利等，为乡村社会提供专业的社会工作服务。乡村社会的自然状态、遭遇的问题、资源状况等使社会工作者面临一系列的挑战。在从事乡村社会工作的实务中，社会工作者的价值观、专业素养，以及社区成员的参与度、需求评估等都是十分重要的指标。

乡村社会工作的主要特点如下：

（1）面对服务对象，提出"改变来得缓慢"，这是基于乡村生活较都市生活缓慢的特点，要求乡村社会工作者必须要有耐心和自信心，要给予服务对象更多的信任和关怀，在援助过程中保持始终一致的努力。

（2）要求社会工作者是具备综合能力的实践者，能够很好地应对各种差异性和复杂性的乡村社会环境。为了有效地发挥社会工作者的能力，需要他们具有广博的知识，以改善个人及社区的状况。

（3）在实务模式的运用中，乡村社会工作的实务模式被称为"系统功能主义"（维护社会稳定的取向）。要求社会工作实务中没有偏见，能够运用系统的知识、价值和技术，发挥社会及个人的正向功能，以使乡村社会良性运行。

（4）在具体的工作方法上，既强调微观的个案工作，也突出宏观的社区工作。乡村社会工作实务鼓励服务对象运用各种社会支持网络建立自助组织。

亚、非、拉等不少发展中国家和地区不断实践，创造了异于西方的社会工作模式。这些取向与英、美等国家的个人主义和功能主义取向有着根本的不同。在许多国际发展援助项目中，农村社会工作者更强调参与式发展、能力建设、赋权增能、文化保护、生态保护和性别平等理念。

二、国内关于农村社会工作的解释

我国历代统治者在农村发生严重的自然灾害时都曾做过一定的救灾工作，这可以看作是农村社会工作的前身。中华民国时期，民国政府仿效国外做法，设有相应的社会工作机构从事农村社会工作。与此同时，一些社会学家和教育家尝试农村社会工作的理论研究和实践探索，如乡村建设运动、平民教育运动等，这些努力对于解决农村社会问题有一定的意义。理论上的研究有李景汉的《中国农村问题》、许世廉的《社会计划与乡村建设》等，对农村社会工作有一定的研究和实践。农村社会工作的广泛开展主要体现在中国共产党领导的革命根据地和解放区，其工作内容主要是开展生产救灾、社会救济、战地服务和拥军优抚等。

新中国成立后，农村社会工作随着计划经济体制的建立逐步形成制度化。20 世纪 50 年代初期，我国农村社会工作主要是以救济贫民为主。政府组织贫民生产自救，救济孤儿、无儿无女老人，以及流入城市的游民、遭受自然灾害的灾民等，为当时恢复国民经济、医治战争创伤起到了很大的作用。20 世纪 50 年代中期后，农村社会工作主要集中在对农村孤老（孤儿或无儿无女的老人）实行"五保"制度（保吃、保住、保穿、保医、保葬或保教），对贫困户实行临时救济或定期生活补助，对遭受重大自然灾害的地区和灾民进行救济。20 世纪 80 年代以后，农村社会工作又开拓了一些新的领域，主要是对贫困户开展生产扶持活动，帮助他们发展生产自救，以实现脱贫致富。在农村，政府出钱开办福利工厂，安置残疾人或贫困户就业。兴办农村敬老院安置孤寡老人，逐步建立完善农村医疗、养老等社会保障制度。同时，这一时期中国农村社会工作在专业化、本土化方面有了一些发展，开始出现社会组织（NGO）参与扶贫开发、培养农民参与发展项目、提升村民综合素质等农村发展工作。

对于农村社会工作的认识，每一位学者的视角和解释也不尽相同。

王思斌认为，社会工作是以利他主义为指导，以科学的知识为基础，运用科学的方法进行的助人服务活动。这个定义指出了社会工作的本质是一种助人活动，是以利他主义的价值观为主导的帮助他人的活动，其特征是提供服务。王思斌关注农村社会工作的发展，他提出要通过农村社会工作促进新农村发展，指出农村社会工作要以专业知识和方法为基础，分析农村情况，解决农村问题，以促进农村发展。❶

张乐天认为，中国农村社会工作是在党和政府的统一领导下开展的，农村社会工作要依靠国家、集体和个人等多种社会力量协力而行，农村社会工作要积极采用现代科学技术成果来研究和解决社会问题，运用有关社会个案工作、小群体研究技术、社会统计和社会调查等知识和方法来开展社会服务，农村社会工作就是一种社会服务，其根本目的在于预防和解决农村中出现的社会问

---

❶ 王思斌. 社会工作概论［M］. 北京：高等教育出版社，2006.

题，增进整个农村的社会福利，促进农村的社会进步。❶

张和清把中国农村社会工作放在"国家—农民"权力关系的脉络下来理解，借以超越传统社会工作两极化争论。他认为，应把农村社会工作理解为以重建信任和信心（能力）为使命，把可持续发展能力建设作为摆脱农村贫困、重建农民自信心的有效途径。因此，农村社会工作的本质是农村社会工作者、农民、农村的社会文化脉络共同建构的过程。❷ 张和清认为，农村社会工作的主要内容包括：制定农村经济和社会发展规划、进行社会救济、建立社会保障、兴办公共福利、普及文化教育、处理违法犯罪行为、进行社会管理等，其目的在于预防和解决社会问题，推动农村社会的发展。❸

综合众多学者的观点可以看出，农村社会工作是专业的社会工作者在社会工作专业价值观指导下，运用社会工作的理论和实务模式，通过专业工作方法和技巧服务农村居民的生产、生活和农村社区建设，开发农民自身潜能。通过优势视角，为农民增权赋能，创造发展机会，改善其生存环境与生存质量，全面提升服务对象的综合素质，最终使其获得自我发展能力的专业助人活动。

中国农村社会工作的内容将是全方位的，农村社会工作者要扮演以下角色：直接服务角色，做个人、夫妻、家庭和群体工作（如为酗酒、家庭暴力、药物滥用、抑郁等提供 24 小时危机热线等）。资源专家角色，乡村社会工作者必须清楚政府或社区具有哪些资源，以及如何有效地配置这些资源等。社会服务行政管理者和社区组织者角色，乡村社会工作者常常扮演协调社区所有服务的角色。

农村环境的特殊性要求大部分社会工作者在实践中采取与城市社会工作不一样的方法。农村社会工作要迈向整合。这种趋势体现在将个案工作、小组工作、社区工作几种方法共同运用于同一个社区工作中。这就要求农村社区社会工作者要掌握全部社会工作方法中的技巧，在宏观、中观、微观三个层面开展工作，应该通晓农村社会工作的所有方法与技巧。只有成为通才才能有助于妥

---

❶ 张乐天. 社会工作概论 [M]. 上海：华东理工大学出版社，2006：227.

❷ 张和清. 国家——农民关系与当代中国农村社会工作的发展——以西南边疆少数民族村落绿寨研究为例 [M]. 北京：社会科学文献出版社，2004：393.

❸ 张和清. 农村社会工作 [M]. 北京：高等教育出版社，2008.

善解决农村中存在着的各种问题，适应农村社会工作的需要。同时，在农村开展工作还应具备社会交往、组织和决断能力。

三、农村社会工作概念

农村社会工作是相对于城市社会工作提出的，是专业的社会工作者通过专业价值观和方法，以农村社区为基础，遵守社会公正、社会关怀和真诚信任的伦理价值，应对农村实际问题，通过动员村民参与和增能，树立农民的自信心、自尊心和权利意识的活动。倡导政府的社会政策改变，使政策更加符合农民的实际需求，减少社会矛盾和冲突，维护农村社会稳定与和谐。通过帮助建立农村合作组织，达到村民团结互助，以共同应对社会转型中所带来的问题和压力。同时，通过社会工作者的介入，使村民获得所需的知识，提高他们应对和解决社会问题的能力。通过社会工作个案、家庭、小组、社区和社会行政等工作提供直接的服务，改善农村人际关系，加强相互沟通，发展农村社区，最终实现农村可持续的发展能力建设。

四、农村社会工作的相关概念

农村社会工作作为一门专业、系统的学科，与农村社会救助、农村社会福利、农村社会保障及农村社会服务等概念有着密切关系。在开展农村社会工作的过程中，要把握好它们之间的区别和联系。

（一）农村社会救助

所谓社会救助（Social Assistance）是指国家和其他社会团体对于遭受自然灾害、失去劳动能力或者其他低收入群体给予物质帮助或精神支持，以维持其基本生活需求，保障其最低生活水平的各种措施。社会救助对于调整资源配置，实现社会公平，维护社会稳定，都有着非常重要的作用。社会救助是增强弱势群体社会生存能力的一种社会保障制度，是社会安全的最后一道防线，是现代社会保障制度体系中的重要组成部分。

我国农村社会救助主要在生产、生活和医疗三个方面。农村生产救助是指为了使有一定生产经营能力的农民摆脱贫困，救助对象是有一定经营能力的贫困农民，救助内容包括政策扶持、资金扶持、科技和信息扶持等；农村生活救助主要是保障贫困农民的最低生活需求，由农村"五保"供养制度和农村居民最低生活保障制度构成。农村"五保"供养制度是指对符合农村"五保"供养条例规定的村民，在吃、穿、住、医、葬等方面给予生活照顾和物质帮助；农村医疗救助是指为了改善农村贫困人口的健康情况，为贫困人口中的病患者提供医疗保健服务，救助对象是贫困人口中患病者在实施了医疗保险后仍没有能力承担医疗费用的贫困病患者。医疗救助资金来源于国家财政设立的专项资金或是社会慈善组织的救助。

农村社会工作是从农村社会救助发展而来的。一方面，农村社会救助需要专业社会工作的介入。在社会救助的过程中，单一的"输血"式的物质援助不能从根本上解决贫困农民所遇到的问题，因病致贫、因灾返贫等现象层出不穷。贫困人口在社会资源、社会网络等方面的问题亟需解决，专业的社会工作介入，可以通过增能理论、优势视角理论等专业层面更好地分析贫困的原因及介入的方法。另一方面，农村社会工作把农村作为介入农村社会问题的重要内容，农村社会工作的开展是从社会救助开始的，通过社会救助获得村民的信任和介入的平台。

（一）农村社会福利

与农村社会工作最直接相关的领域即农村社会福利。农村社会福利是指以政府及社会为主体，以全体社会公民与社区居民为对象，以制度化和专业化为基本保证，以保障性和服务型为主要特征，以社会支持网络为主要架构，以物质资助和精神支持为主要内容，以解决农村社会问题为主要目的，不断完善和提升农村公民的物质和精神需求，提高社会生活质量的社会政策和社会制度。❶ 我国的社会福利是指专为社会弱者提供各种社会福利性补贴和举办各种社会福利事业，如社会救济、社会优抚、对困难家庭补助、对残疾人和高龄老人的照顾等。

---

❶ 周沛，葛忠明，马良. 社会工作概论［M］. 武汉：华中科技大学出版社，2008.

农村社会福利需要通过具体的社会服务活动才能实现，社会服务程序需要依据农村社会工作的知识理论、方法技巧才能实现并可持续完成。

（三）农村社会保障

社会保障和社会工作都源于社会救助。随着社会救助工作的不断深入，逐渐形成了专业化、职业化的社会工作与制度化、政策化的社会保障。农村社会工作与农村社会保障有着密切关系。一是社会保障和社会工作是社会良性发展中密切联系、不可或缺的重要方面，社会保障从制度层面保障社会成员的基本生活，免除其后顾之忧，而社会工作从专业化层面，通过专业服务解决制度化层面社会保障不能解决的问题；二是社会保障的实施过程为社会工作介入拓宽服务对象；三是社会工作实务的开展弥补了社会保障的不足，社会工作可以从物质、精神、心理、社会资源等多层面解决问题。

社会保障和社会工作也有明显的区别。一是社会保障是由国家法律规范的救助措施与政策，属于社会政策范畴，而社会工作则是具体、直接的社会大众所共享的成果；二是社会保障属于资金或物质上的帮助，而社会工作则侧重于服务对象的自我服务和能力提升，是"助人自助"；三是社会保障的直接目标是维持困难群众的基本生活，而社会工作要发展贫困村民具备可持续生计的能力；四是社会保障面对个人及家庭，而社会工作面对个人、家庭及社区；五是社会保障的基本责任主体是国家和政府，而社会工作的责任主体是社会工作者和被救助者，是双方的齐心协力，而非单方面给予。

（四）农村社会服务

社会服务与社会工作联系最为密切，是指以多种形式向有困难的社会成员，特别是弱势群体提供旨在改善其物质和精神生活状况的福利性和助人性活动，是把社会福利传至有需要的社会成员的过程。社会工作有时也被称为社会服务。社会工作以助人自助为理念，是专业性的助人活动，本身就是一种社会服务和福利服务。社会服务从结果看也是一种助人过程。

农村社会工作与农村社会服务的区别在于社会服务是一般性概念，而社会工作是一个特殊的、专业性的概念。农村社会服务的对象是全体社会成员，农村社会工作的对象一般是特定的社会成员；农村社会服务涉及全面的服务，农村社会工作一般是指福利服务，社会工作注重工作程序，通过服务模式实现社会福利目标，这种服务模式是依据社会工作专业的知识理论、价值伦理、方法技术等制定的，以确保福利服务达到预期目标。

第二节　农村社会工作与相关领域的关系

农村社会工作涉及很多相关概念，如农村社会学、社会工作、社会保障与社会福利、社会救助与社会救济、社会服务等，要理解农村社会工作，首先要厘清这些概念。

一、农村社会工作与社会工作

农村社会工作属于社会工作的一个应用和实际服务领域。社会工作有三种取向和形态，一是辅助个人为主、改革为辅的社会工作（Individualism – reformism）；二是强调社会变革、集体动员去解决个人或社会问题的社会工作（Socialist – collectivist）；三是强调透过具有自省性及治疗性的专业关系解决个人困扰从而达到个人成长目标的社会工作（Reflexive – therapeutic）。农村社会工作在实际服务中体现了这三个方向。

农村社会工作是在社会工作专业的本质和基础上建构起来的，运用农村社会学的理论和社会工作的理论、方法服务于农村领域的专业。农村社会工作主要涉及以下四个领域：一是在农村社会工作实务中，要摆正农村社区居民的主体地位；二是农村社会工作的实务知识是在与农村社区居民的共同行动中产生的；三是农村社会工作实践要致力于推动社会公平与正义；四是农村社会工作要重视行动研究、参与式农村发展理念的研究和运用。

二、农村社会工作与农村社会学

农村社会工作的理论基础来源于农村社会学对农村社会发展规律和现象的

解释和研究。农村社会学是研究农村整体及其各要素之间的关系的科学。农村社会问题的发生点本身就是各种农村社会因素相互作用的结果，其折射的是整个的农村生活，这些问题的解决需要在农村社会中进行。农村社会学的知识有助于农村社会工作者加强和加深对农村问题的认识和了解，也有助于农村问题的解决。农村社会工作者面对的是有需要的个人、群体和社区，是整个农村社会，涉及方方面面的问题。当农村社会工作者面对农村社会群体、农村社区遇到发展困难时，农村社会学的知识有助于他们从多角度、用多种思维方法观察农村社会。

三、农村社会工作与农村社会福利

社会工作的兴起起源于社会福利，农村社会工作起源于农村社会福利的发展。广义的社会福利（即"公共福利"），指一切可提高社会成员物质水平和精神文明程度的社会政策、发展计划、措施和行动。狭义的社会福利是指"补残式"社会福利，是指消极地协助社会中的不幸者、贫穷者和有困难的人解除压力，或减轻社会中的灾难状态，是对符合特定标准的特殊人群的救助。我国的农村社会福利指的是狭义的社会福利，指社会保障制度中的一个特定的范围和领域，通常是指专为农村社会弱势群体提供的各种福利性补贴和举办各种社会福利事业，如社会救济、社会优抚、国家对困难家庭的补助、对残疾人和高龄老人的照顾等。

农村社会福利和农村社会工作有着本质的区别，农村社会工作是具体、直接地提供社会援助。农村社会福利包括一个国家针对农村的福利政策和其所持的理念，主要是一种制度、政策的理念。农村社会福利作为一种制度存在，主要是一种政府行为，而农村社会工作是农村社会工作者和受助者之间的协作，包括政府行为和民间行为。农村社会福利和农村社会工作又有着密切的联系，在现代社会中，以制度和理念形式存在的农村社会福利必须通过具体的农村社会服务活动才能达成，社会服务根据社会福利政策和理念制定并实行各种方案、活动、项目及程序，而这些服务的程序需要依据社会工作专业的知识、伦理、方法及技巧才能确保其功效。所以，从政府的社会服务层面，农村社会工作者是农村社会福利政策的执行者。

四、农村社会工作与农村社会保障

农村社会保障是指国家通过立法手段，积极动员社会各方面资源支持、保证农村无收入、低收入，以及遭受各种意外灾害的群众能够维持生存，保障农村劳动者在年老、患病、工伤、生育时的基本生活不受影响，同时根据经济和社会发展状况，逐步增进农村公共福利水平，提高农村居民的生活质量。从20世纪80年代中期开始，我国政府有关部门便开始在农村开展相应的社会保障改革试点，包括农村"五保"供养制度、农村救灾保险、农民养老保险、农村合作医疗及农村其他社会保障。

农村社会工作与农村社会保障都是对农村社会中处于困难境遇的人们提供帮助。农村社会工作与农村社会保障的区别在于农村社会保障是由国家法律规范的救援措施与政策，属于国家社会政策的范畴，农村社会工作是具体、直接的社会援助的提供，农村社会工作将农村社会保障政策、扶贫项目等转化为现实的服务，使之成为农村社区居民所共享的成果；农村社会保障属于提高收入技术或物质上的帮助，农村社会工作则不仅动员社会资源，提供物质上的帮助，更注重服务对象的能力提升，助人自助是社会工作的宗旨和目标；农村社会保障的直接目的是维持困难者的基本生活不至于发生危险和危机，所以也称社会安全，而农村社会工作除了救助救济之外，主要是发展受助者的能力；农村社会保障主要是针对个人、家庭而言的，而农村社会工作的对象包括个人、家庭和社区层面；农村社会保障的主体是国家和政府，农村社会工作的责任主体是社会工作者和服务对象双方，是他们共同合作来完成目标。

农村社会工作与农村社会保障又有着密不可分的关系。我国农村社会保障主要由民政部门来完成，实际操作以地方政府为主，以基层社区（乡镇和村）为依托，由国家、社区、公民群体及个人合作兴办，通过国民收入再次分配个人资金，按照国家法律的规定，向农村社会或农民中的残疾人、遭遇自然灾害、贫困人口和家庭、孤老人群等提供物质帮助，以保证其基本生活需要。并在此基础上逐步提高农村居民的物质文化生活水平，以利于促进农村社会的安定和经济发展。从农村社会工作的角度分析，社会服务、社会优抚、社会救助、社会福利等都与社会工作密切相关。农村社会工作通过专业助人活动、志愿服务、开展项目等形式实现以上目标和任务，体现社会保障。农村社会保障以法律为依据，国家、社会群体、个人对于丧失劳动能力或因各种原因生活发生困难的农户给予物质帮助，其目的是改善和提高农民的物质文化生活质量，包括农村社会救助、农村社会保险、农村社会福利、农村优抚安置等，这些都与农村社会工作目标相吻合。

五、农村社会工作与农村发展

农村发展秉承以人为本、可持续、系统综合等理念，借鉴国外发达国家参与式发展的理论、方法，同时兼顾我国农村发展的探索与实践。强调将我国农村发展与国际接轨，推进发展理论与方法的国际化与本土化的有机融合，力求为实现我国农业、农民和农村的全面发展，全面建设小康社会作出应有的贡献。农村发展学科研究农村社会发展、现代化发展理论、农村发展模式等问题，对农村社会工作者开展农村社区发展工作、农村社区经济工作均有借鉴意义。新发展主义的观点坚定了农村社会工作者在农村社区开展工作的信心。

六、农村社会学与政治经济学

政治经济学主要研究生产方式和分配方式，对于农村社会工作者在农村社区推动集体互助精神、参与社区发展、扶贫致富等都具有十分重要的意义。尤其是新政治经济学研究对于农村社会工作实务开展具有很大的指导作用。了解我国经济社会变迁的历史和特点，有助于农村社会工作者更好地把握农村社会变迁给农村社区和社会发展带来的影响，如农村社会传统文化向现代文化转型的过程。思考如何推动农村社区和社会发展，是农村社会工作的核心目标。

第三节 农村社会工作的目标

农村社会工作的根本目标在于预防和解决农村社会问题，推动农村社会发展，增进农村社会福利，促进农村社会全面进步，从而达到农村社会全面小康的目标。

一、促进农村社会全面发展

由于我国二元社会结构的长期存在，农村经济社会相对滞后，成为我国全面建设小康社会的关键点和"瓶颈"，农村社会工作要服务于全社会发展大局，紧密围绕促进农民改变生产、生活条件和经济状况，改善农村民生，确保农村社会和谐稳定。

二、有效化解社会矛盾和冲突

从当前农村实际情况看，土地的征收和管理、外来投资的工业开发项目，与农村生态环境保护、集体资产管理和改革、移民安置等经济发展重要环节，以及村民自治实施过程，在"民主选举、民主管理、民主决策、民主监督"等环节都存在或多或少的侵害农民权益的问题，这些问题处理不好都会引发社会矛盾和冲突。农村社会工作要在了解农村现状、掌握农民需求的基础上，运用专业理论和方法沟通、协调、化解各种问题和矛盾，促进农村社区和谐、可持续发展，探索有效管理模式和发展机制，充分发挥农村社会工作的作用。

三、推动农村经济和社会协调发展

农民就业、创业服务，发展农村文教卫生事业，强化农村社会保障，这些都属于政府公共服务范畴，农村社会工作者要积极介入，推动这些社会事业更加贴近农民实际需求，使农村公共设施及公共资源得到优化配置和高效利用，促进农村社会事业协调发展。

第四节　农村社会工作的功能

作为社会工作的重要服务领域，农村社会工作无论在服务对象，还是在工作绩效上都发挥着重要作用。农村社会工作能够对服务对象开展个案工作，预防问题的产生，解决存在的困境及促进服务对象自身的发展；在农村社区，农村社区社会工作在推动农村社会公平，维护社区稳定及促进农村社区发展方面发挥着强大的功能。对于层出不穷的农村社会问题，如贫困、就业、家庭、教育、养老等，如何帮助农民适应不断变迁的社会，增强其自我发展的能力，是农村社会工作面临的巨大挑战。

一、解决社会问题，恢复农村社会功能

农村社会工作能够减少发展过程中出现的社会问题，恢复农村社区功能。通过专业的农村社会工作，对已经产生的社会问题进行补救，消除问题产生的个人及社会环境因素。

二、预防农村社会问题发生，防患于未然

农村社会工作者必须对可能出现的问题有预见性，做出预警处理，提高农民应对现实问题的能力。同时强化社会支持网络建设，健全社会福利制度，农村社会工作者应整合社会资源，帮助农民建立社会支持网络，提升他们应付危机的能力。

三、配置社会资源，协调农村社会关系

农村社会工作者的作用，一是配置农村社会工作本身的资源，通过机构设置、人员配备、社会政策制定、社会服务方案实施等一系列健全完善的社会服务机制，调节人与人、人与群体、人与社会的关系互动；二是调节社会资源分配，农村社会工作者致力于为社会弱势群体争取权益，以改变其生存状况。通过社会工作者的努力，倡导政府调整和完善社会福利制度，积极动员并争取来自社会、社区、民间组织、慈善机构、富裕阶层等力量的资金、物资、技术等的支持和帮助。

四、增进农民的社会福利

社会工作已经日益成为社会福利制度的有机组成部分，短期内我国还存在城乡二元社会结构，存在城乡两种不同的社会福利体系。在这样的背景下，农村社会工作者要努力为农民争取更多的权益和社会福利。

五、促进农民潜力的提升

农村社会工作者应当最大限度地为弱势群体谋求发展权利，不仅要争取必要的生存物资，而且要为其提供自我发展和自主选择的空间和机会，把外来的援助化为自身发展的能力。农民的巨大潜能有待专业的社会工作者去开发和提升。

六、推动农村社会可持续协调发展

农村社会问题的解决有赖于农村社会工作的推动。当前我国农村处于转型期，存在着大量的社会问题，如人口老龄化、农民生计问题、留守问题、生态环境问题等。这些问题不解决就会严重影响社会的可持续发展。

第五节　农村社会工作的内容

　　农村社会工作是社会工作的一个重要应用领域，也是现阶段真正具有中国特色社会工作的体现。在社会工作理论和方法的指导下，在农村开展社会服务，预防和解决社会问题，增进农村社会福利，提高农民的社区归属感，推动城乡一体化。

　　在专业化、职业化的农村社会工作中，关注人的各方面的平衡和人际关系的和谐，通过对服务对象自身能力的培养和集体主义责任意识的培养，建构社区组织，培养社区领袖和骨干，提升社区意识，扩展社区居民的社会支持网络。不同于政府主导的农村社会工作，专业的社会工作者更易于融入农村社区，从农民的需求和视角开展活动。专业社会工作者主要从以下六个方面介入农村社会工作。

一、农村社会工作者要与政府和农民建立伙伴关系

　　一方面，要提高政府在农民心目中的威信，另一方面，要向上反映农民的诉求，推动利农政策的出台和执行到位。社会工作者通过向社会、政府施加影响，促使政府推行更加有利于农村社会发展的政策，呼吁和倡导更多的目光投向农村发展，筹集更多的资金用于农村社会保障和农村发展。社会工作者也是政策的影响者，通过对农民需求的了解，社会工作者能够参与国家关于农村社会政策及相关文件的制定和修改工作。在某种程度上，社会工作者是农民的"代言人"，能够做到上情下达、下情上传。

　　农村社会工作者对政府的影响主要是把现有的政策在落实过程中存在的问题反馈给政策制定者，利用专业的特性和优势帮助政策制定者或修改者完善政策，使之更有可操作性。社会工作者的呼吁和倡导，能够引起全社会对农村发展和农民疾苦的重视和关注，从而使更多的资金投入农村发展。

二、农村社会工作者运用专业优势与独特的理论方法促进农民发展

社会工作者通过对农村系统的调查评估，了解农民的真实需求。社会工作者重视个人对社会的意义和作用，社会工作价值观尤其关注个人的社会功能及社会职责，农村发展需要农民的积极参与，因此需要调动农民的主观能动性，发挥农民自身的责任感，不能无视农民的意志而把社会政策强加到农民头上。正是因为农村社会工作者对农民需求的正确评估而获得农民的充分信任，工作做到有的放矢。

三、农村社会工作者通过各种社会组织增强农民的组织性

农村社会工作者整合各种资源，为各种农民协会和专业技术协会提供智力服务，以及培训、信息、组织、管理等方面的服务。各种农民协会或专业技术协会蓬勃兴起，这些组织的成长培育和可持续发展需要农村社会工作者的介入。各种农民的社会组织的成长需要相关的技术及管理人才，农村社会工作者很好地满足了这方面的需求。正式的专业社会工作者的参与提高了农民的合作能力和自我组织能力，提高了农民与政府、社会及其他利益集团对话的能力。

四、农村社会工作者通过开展技术培训开展农民能力建设

一方面，农村社会工作者发掘当地农村的地方性资源，如农业种植特性、农业种植经验与技术、地方的文化传统、手工遗产等。这些地方性知识是当地人生活的一部分，通过保护和发扬，可以重建农民的身份认同与文化认同，增强他们的自信心、自尊心及价值感，发挥农民潜能，促进当地农村发展。

另一方面，农村社会工作者关注进城务工的农民。他们由于受到城乡二元体制的限制而难以融入城市，因此对于他们的培训除了技术方面，还包括非职业技术培训，如城市的交通规则、日常生活方式及安全教育等方面。这些培训对进城务工农民成为现代城市社会中的一员是非常必要的。

五、农村社会工作者要积极参与新农村建设

20 世纪上半期的乡村建设运动实际上是一场影响深远的社会综合发展实验，乡村建设运动的领导者、参与者实际上是在完成农村社会工作者的任务。但是，乡村建设运动的很多目标尚未实现，需要更多的社会工作者参与。

六、参与社会中坚组织的参与式扶贫开发

各种国内外的农村发展援助机构、一些外国机构和一些跨国公司在华开展的公益活动，大多是运用参与式方法进行各种扶贫开发，社会工作者在其中发挥了重要的作用。

第六节　农村社会工作的特殊性

农村社会工作与城市社会工作相比较，有其自身的特殊性。

一、工作地域的特殊性

农村社会工作以特定的农村社区为服务领域，运用专业社会工作的价值观、理论、方法、技巧解决农村社区发展中存在的结构性或非结构性问题，以促成农村社区生态系统的有序运行。农村社会工作必须以农村社区为基础，依据农村社区的特殊历史环境、文化传统、社区结构等，掌握农民的思维及行动方式，并在此基础上与社会工作的专业理念相结合，发展出一套因地制宜的方法与技术。以特定的农村社区为基础是农村社会工作的首要特征。

农村社区以地缘关系为纽带，以农业生产为基础，是由同质性劳动人口组成的社会结构简单、人口密度较低的地域社会农村社区，是以从事农业为主的村民聚居的区域。拥有广阔的地域，人口密度较低；对自然生态环境的依存性

强；血缘关系浓厚，人际关系密切；社会组织、社会制度相对简单；农村社会主要靠地方的风俗习惯、村规民约、舆论道德等非制度因素作为社会控制机制。

1. 农村社会工作者在农村社区努力建构与政府和农民的合作伙伴关系。在农村社会政策的制定、执行与完善过程中发挥着重要作用。在农村社会工作中，社会政策是联系政府与农民的纽带。社会工作强调政策倡导和变革不合理的社会政策。

2. 农村社会工作以社区动员、社区参与和社区增能等作为社区层面的介入策略，以此来调适社区成员关系，增强居民参与和解决社区问题的能力。农村社会工作者的角色是协调者、教育者、参与者与评估者，建立社区居民与政府之间的对话和合作关系，维护农村社会稳定，建立社区发展所需的物质和人文环境，目的是以民众力量增强社区居民之间的团结互助，形成社区共识，倡导民众参与社区公共事务的管理与决策。通过有效的社区行动，提高社区居民对农村社区的认同感和"社区性"。

3. 号召社区民众组织团结起来，共同应对市场化和现代化的压力，满足社会发展和稳定的需求；有利于倡导社会福利服务的集体主义精神，兼顾效率与公平，推崇社区层面和组织内部的互助精神，重视家庭和社区、社会的支持网络作用。

4. 以社区为依托，用个案访谈和小组支持的方法，对社区骨干提供实质性、专业性的帮助，动员当地民众广泛参与，有利于农村社会工作目标的实现。例如在农民中建立妇女、老人、儿童、青年人等各类支持小组，这不仅可以有效开展社会工作，而且还有利于组织发育及能力建设。

总而言之，开展农村社会工作必须与村民同行，发掘村民的潜力和能力。以社区为基础的农村社会工作突破传统的以方法为本和以社会工作者为本的局限性，强调以人为本、以社区为本，突出社会工作的政策性、社会性和道德性。农村社会工作强调农民的现实需求，将宏观社会工作与微观社会工作区别开，这样才能使农村社会工作持续有效地发展。

二、服务对象的复杂性

我国长期存在城乡二元的社会结构，农村社会工作是以广大农民为服务对象的一项专业化、职业化的工作。随着我国城市化进程的加速，农村人口迅速向城市转移，由于农村人口数量庞大，所以仍有大量人口留在农村。根据人口普查数据预测，到 2050 年中国人口将接近 16 亿峰值，其中增长速度最快的区域在农村。

农村社会问题包括人口问题、留守问题、生态环境问题等仍然存在，成为我国现代化进程的"瓶颈"。同时，进城务工的农民仍然存在农民身份，他们的户籍及与之相关的社会保障问题依然存在，他们也是农村社会工作关注的重要群体。

农村社会工作者要对"三农"问题及乡土文化有充分的了解和足够的敏感度，在开展农村社会工作时，要注意把专业伦理与乡土文化相结合。

三、工作方法的灵活性

农村社会工作的复杂性决定了农村社会工作需要具备踏实的社会工作专业知识，同时对"三农"问题具备的深厚情感的人才。在工作中，要有辨别问题、整合资源、教育培训等发现问题和解决问题的能力。在农村社会工作实务层面，社会工作者应当运用系统论方法，重点考察服务对象与周围环境的互动，根据具体问题情境采取相应的服务方案和干预手段。这就给农村社会工作者提出了更高的要求，他们必须具备广博的专业知识和其他方面的视野，同时具有较强的实务能力和技巧，这样才能够提出合理的服务方案，满足服务对象的特点和需求。

农村社会工作作为社会工作的一门应用性的分支学科，要通过社会工作理论，运用个案工作、小组工作、社区工作和社会工作行政等专业方法，达到帮助服务对象的目标。但是，由于农村社会工作服务对象的特殊性、农村社区发展的不均衡，在开展具体的服务时，不是简单地将城市社会工作的理论、技巧方法移植到农村社会，而是要具体问题具体分析，要注意各种方法的整合和灵活运用。在方法论层次，遵循社会工作的价值观和思维逻辑，避免价值冲突；在实务操作层面，要注意方法的适当性，尊重农民的个人意愿，不得强加于人，要充分体现"服务对象自决"和"助人自助"的思想；在需求评估和早期介入过程中，要学习借鉴农村发展学的理念和方法，通过口述历史、参与式观察、深度访谈、焦点小组、社区戏剧等方法的综合运用，更好地解决实际问题。

四、农村社会工作地区的不平衡性

我国幅员辽阔，在农村发展过程中存在着明显的地域不平衡性。除了东部地区到西部地区的经济发展程度差异，还存在明显的城乡差别。东部沿海地区农村发展速度快，中西部地区农村发展明显滞后。这种发展的不平衡性决定了我国农村社会工作，无论是在社区界定上，还是在理论、工作方法及组织结构上都有明显不同。

【案例分析】新型农村社区亟需农村社会工作人才队伍建设

当前我国农村处于社会转型时期，各种社会矛盾凸显，利益冲突不断，新型农村社区建设过程中出现的农村养老、医疗保障、低收入群体、留守群体、基层民主建设等问题日趋严重。针对新型农村社区发展的现状，传统的社会管理手段，以及运用礼俗约束村民的管理方法，都已经难以有效应对各种新问题，满足不了人们多样化的社会需求。

在这种形势下，新型农村社区拥有社会工作专业知识背景的人才队伍就显得尤为重要。所谓社会工作专业人才是指具有一定的社会工作专业知识和技能，在社会福利、社会救助、扶贫工作、慈善事业、社区建设、婚姻家庭、精神卫生、残障康复、教育辅导、就业援助、犯罪预防、矫治帮扶、人口计生、应急处置、社区文化等领域直接为弱势群体和有需要人群提供社会服务的专门人员。而农村社会工作者作为农村社区建设的一支重要力量，在农村社区建设中，能够发挥社会工作者专业优势，关注弱势群体利益，解决和预防农村社区各种社会问题的发生，协同基层政府做好新型农村社区建设工作。同时，我们还必须清醒地认识到，农村社会工作面临着社会认可度较低、社会工作者队伍职业化和专业化进程缓慢的严峻形势，使得基础本来就比较薄弱的农村社会工作面临着重重困难。本书通过分析农村社会工作专业人才队伍建设所面临的困境，提出推动农村社会工作专业人才队伍建设的建议与出路。

基本概念：

农村社会工作；农村发展 ；扶贫

复习思考题：

1. 阐释农村社会工作与农村社会学的关系。

2. 论述农村社会工作的功能。

3. 举例说明中国农村社会工作的内容和特点。

本章推荐阅读书目：

1. 王思斌. 社会工作概论 ［M］. 北京：高等教育出版社，2003.

2. 古学斌，阮曾媛琪. 本土中国社会工作的研究、实践与反思 ［M］. 北京：社会科学文献出版社，2004.

第二章　农村社会工作的历史与发展

【导读】我国农村社会工作的先驱——晏阳初

晏阳初，生于 1890 年 10 月，祖籍四川巴中巴州区三江镇中兴村五社，曾就读于香港圣保罗书院（现香港大学的前身），后转美国耶鲁大学，主修政治经济。晏阳初是世界著名的平民教育家和乡村建设家。他认为，中国农村最主要的问题是民众的"贫、愚、弱、私"，主张通过办平民学校对农民实施生计、文艺、卫生和公民"四大教育"。著有《平民教育的真义》《农村运动的使命》等著作。他于 1920—1930 年在河北定县开展平民教育实践。

第一节　国外农村社会工作发展史

国外将农村社会工作称为乡村社会工作。美国从界定乡村入手，通过讨论乡村人口特征、乡村社区的社会组织、援助服务、心理健康、卫生保健、摆脱贫困、乡村家庭、农场危机、社会福利等方面对乡村提供社会服务，并认为乡村社会工作实务与城市社会工作实务有很多相通之处，社会工作的理念、价值观及方法、技巧相通。

一、国外农村社会工作出现的背景

国外农村社会工作产生于第二次世界大战。"二战"给全世界人民带来巨大影响。一是破坏。据统计，在第二次世界大战中死亡人数约 6000 万人，经济损失超过 40000 亿美元。二是变化。通过这场战争，人类文明得到拯救，世界和平得以恢复。通过这场反法西斯战争，占世界人口绝大多数的殖民地、半殖民地的亚、非、拉民族摆脱了殖民统治，获得了国家独立。这一变化促进了世界殖民体系迅速瓦解，帝国主义的统治范围大大缩小，新的世界格局逐步形成。

在"二战"后新思潮和第三次科技革命的背景下，欧美国家农村社会工作开始产生并逐步发展，其产生原因主要有三方面：一是发达国家为了解决本国农业危机，将社会工作应用到乡村发展中，产生了本土的农村社会工作；二是在发展主义影响下，以美国为代表的西方资本主义国家在发展中国家开展多项农村社会工作实践，如建立了世界发展银行、美国乐施会、世界宣明会等国际机构，并通过资金援助、技术援助等方式进入我国。其主要目的是，解决发展中国家贫困、工业化发展缓慢等问题；三是发展中国家为发展本国农村社会、经济、文化等开展各种相当于农村社会工作的活动，如"二战"后的日本大力推动"农协"，以及印度开展的"民主科学"运动等。

二、工业革命前的农村社会工作

工业革命前农村社会工作发展比较突出的国家是英国和德国。工业革命前，英国的主要国民经济部门是农业，农业人口占全国人口的绝大多数。16世纪，英国贫民数量猛增。伊丽莎白女王在 1601 年颁布《济贫法》（Poor Law），英国政府开始承担农村济贫的责任，同时也标志着英国农村社会工作的开端。德国汉堡市在 1788 年开始实行政府设立中央办事处的办法来救济穷人，即"汉堡制"。这一制度实行了 13 年，效果显著，这一制度主要是针对从农村大量涌入城市的人口。但由于城市中流动人口增长过快，救济人员严重不足，所以这一制度最终没能持续下去。实践证明，随着工业革命的推进，传统的乡村家庭保障、邻里互助、教徒施舍等方式均不能解决贫困所带来的一系列问题。

总之，工业革命时期的农村社会工作存在应急性、非专业的特点，在解决社会问题和济贫方面所发挥的作用还远远不够。但是，正是因为这一时期的探索和实践，才形成了后来更专业化和职业化的农村社会工作，以及从事这项工作的群体。这一阶段属于农村社会工作的起步阶段，一些农村社会工作的实践者也开始意识到，仅凭热情和经验来指导实践是不够的，于是农村社会工作的科学研究开始得到学术界的重视。

三、工业革命后的农村社会工作

工业革命后，大量农民从乡村来到城市，成为产业工人，同时也导致了社会两极分化，出现了贫困群体，社会矛盾也日益尖锐。传统的家庭保障和邻里互助被削弱和破坏，农村社会工作应运而生。

19世纪中、后期，由于工业革命的迅猛发展，早期的济贫法案的实施不利于市场经济发展而难以维持。各种慈善组织蓬勃发展，征募捐款，救济农民。1869年，英国伦敦成立了第一个慈善组织，随后慈善机构大量出现。农村社会工作作为专业化、职业化的服务，不再是简单的慈善事业，而是具有预防性、建设性和发展性的特点。随着社会结构复杂和社会组织发展，农村社会工作日趋多元化和多样化，在为农村服务和农村发展方面发挥了重要作用。从19世纪后期开始，农村社会工作从由政府和社团举办的以解决农村贫困所导致的问题为目的的各种活动，发展到由政府和社团举办的专门性活动。

第二次世界大战后，西方国家对农村的兴趣转移到发展中国家。欧美国家战后经济迅猛发展，成为发展模式的典范，他们把发展模式向发展中国家推广。西方社会工作的目标转向如何支持发展中国家和地区，利用西方国家的捐助和贷款，尤其是技术援助，改善当地农民的生计。20世纪五六十年代，欧美国家在高校和科研机构大量建立发展研究中心，为发展中国家提供留学生教育与培养，以及向发展中国家提供专门的援助人员。

四、当代国外农村社会工作

工业革命给世界经济发展带来了巨大的影响，各国农村社会都发生了翻天覆地的变化。当今世界随着各国经济社会发展，传统意义的农村已经被现代意义的农村所取代。由于各国国情不同，其农村发展模式各有特色，这就使得以农村为工作领域的农村社会工作因国家不同而表现出巨大的差异，尤其是发达国家与发展中国家差距愈来愈明显。

（一）发达国家的社会工作

随着发达国家社会结构的变化，产业结构、劳动力结构与城乡结构的变迁加快了西方国家城乡一体化的进程。19 世纪 50 年代，英国传统意义的农村已经消失，基本实现了城乡一体化。20 世纪初，德国传统的农村基本消失。19 世纪末 20 世纪初，美国实现了从农业国向工业国的转变。城乡一体化的发展使发达国家的农村不仅从传统转为现代化，而且实现了农村的城市化。发达国家的社会工作主要有以下三个特点。

1. 重视福利政策

发达国家的农村及农民面临的主要问题是经济、社会发展过程中的农作物产值低、人口老龄化、农业劳动力减少等。这些问题在福利国家社会政策体系中得到了充分重视，农业政策对农村和农民有补贴、资助制度。国家有退休金、失业保险、医疗保险及义务教育等社会保障政策的支持。农民享有与城市居民一样的社会福利和社会政策，拥有与城市居民相近的生活方式和生活水平，同时保留了农村社区的自然环境和生态功能。这种城乡福利政策一体化，是发达国家农村社会工作的成功之处。

2. 区域性差异小

由于西方国家注重农村的福利政策，农村居民不再受到社会服务体系的特殊照顾，农村社会工作与城市社会工作融为一体。发达国家的城市人口超过农村人口，城市社会问题更为复杂，城市社会工作成为社会工作的重点。西方社会工作在现代化、工业化、城市化的背景下应运而生，农村被看作是城市发展的前阶段。当代大部分发达国家在 20 世纪初就已经完成了城市化进程，国家没有了城市与农村的界限。可见，西方发达国家注重农村社会福利的发展，让农民充分享受社会保障，使行政性的农村社会工作有了更大发展。

3. 发达国家农村社会工作方向转向发展中国家

第二次世界大战后，发达国家农村社会工作的视野逐渐转移至发展中国家。通过来自西方国家的捐助和贷款，包括科技援助改善当地人的生产和生活。20 世纪五六十年代欧美国家在大学及研究所建立发展研究中心，并逐步发展起来。

（二）发展中国家的农村社会工作

与发达国家相比，发展中国家的农村经济社会发展严重滞后。当代发展中国家总体趋势是向城市化、工业化和现代化转变。从城乡人口分布看，发展中国家农村人口占绝大多数，仍然是发展中国家的主体。发展中国家农村居民的科学文化素质仍然很低。据有关资料显示，发展中国家的农村人口占全世界人口的75%，但全世界只有11.2%的技术人员分布在发展中国家，而农村的科技人员所占的比例更小。

从经济发展看，发展中国家独立前农村经济大多极其落后，自然经济占绝对统治地位。独立后，农村经济得到了不同程度的发展，但是农产品商品化的程度仍然很低。随着城乡差别的扩大，农村人口大量涌入城市，农业生产受到严峻挑战，仍有发展中国家的人口面临着饥饿的威胁。

由于长期以来发展中国家的农村居民对本地农村的情况缺乏全面了解，无法参与到经济社会发展规划中，无法做出关于自身发展的正确选择，这就需要专业化、职业化的农村社会工作者帮助他们发掘潜力、动员其参与到本地的发展建设中来。在这样的背景下，农村社会工作在发展中国家和地区的作用越来越大。其原因是：一是一些发展中国家和地区的本土农村社会工作的探索和实践，往往带有鲜明的文化特色；二是与发达国家的发展援助活动相联系的一些发展项目的实践，设计社会工作的角色或社会工作的理论即方法的运用，包含农村社会工作的因素。

发展中国家的农村社会工作一直坚持适合本国国情和文化的探索与实践，这在相当程度上形成了各具特色的农村社会工作的传统。体现为强调社会化路线和社会行动方法的特点。不同于英美的个人主义和功能主义，也不同于社会主义国家重视集体福利制度安排的结构主义取向和革命模式。

五、国外农村社会工作实践案例

（一）美国的乡村社会工作

20世纪30年代的经济危机和罗斯福新政推动了美国农村社会工作实践的

开展与扩大。由于第二次世界大战的影响，人们对农村社会工作的兴趣逐渐减退，20世纪60年代末期发展经济学的崛起，人们对农村社会工作的兴趣逐渐恢复。社会工作者纷纷加入农村社会工作队伍，创设农村工作小组及农村社会工作年度研究会。1976年，美国第一部农村社会工作的教科书出现。

美国乡村社会工作主要包括两部分内容。

1. 乡村社会专业服务。通过社会工作的专业理论和方法技巧，为农村社区和农村居民提供社区精神康复、职业康复及社区矫正等。

2. 乡村社会工作专业教育。通过远程教育资源的开发，为有需要的个体提供社会工作网络课程培训。通过这些推广服务，极大地推动了美国农村社会工作的发展。美国从事农村社会工作的人员，都必须具有农村社区工作的能力、资源链接、社区组织培育和社会工作行政的能力及社区建设的经验。

(二) 亚洲农村社会工作

亚洲国家和地区（包括日本、韩国和中国台湾地区）的农村社会工作具有以下三个方面的特点。

1. 农民自治组织发挥了重要作用。日本的农协、韩国的中央研究院、中国台湾地区的农会作为农民同政府及社会之间作用的互动媒介，用组织化的手段改善农民在交易中的弱势地位，维护农民的利益。

2. 加强农民的教育和培训。对农民的知识教育和对农民的实用技术、能力的培养，提高了农民的知识技能，更好地适应现代化和发展的需要。

3. 改变农民的观念。开展农村社会工作应重点从观念上改变农民的小农意识和观念，促进其社会化和现代化。如韩国采用多种形式大力倡导"勤勉、自助、合作"等理念来振奋农民的精神，培养勤俭节约、自主自助、相互信任、相互帮助的良好道德风尚。这些活动对于各国各地区的农村社会工作都起到了良好的推动作用。❶

---

❶ 程建平. 发展乡村社会工作促进新农村建设 [J]. 华北水利水电学院学报（社科版），2009 (4).

第二节 我国的农村社会工作

一、古代农村社会工作

春秋战国时期，农村社会工作的思想便已出现在诸子百家学说中并得到阐释。《礼记》中提到："故人不独亲其亲，不独子其子。使老有所终，壮有所用。"孔子的"鳏寡孤独废疾者皆有所养"与社会工作的价值理念一致。我国古代的农村社会工作包括以下三个方面。

（一）赈灾

社会救灾活动自古有之，并得到了广泛的重视。宋代就有《救荒全法》，其书对赈灾做了详尽的说明，该书指出："救荒有赈济、赈粜、赈贷三者。"其中明确了政府部门的赈济责任，指出了赈济的传统方式为"施米"和"散钱"。我国古代农村社会赈灾主要有赈济、仓储制度和以工代赈三种方式。

1. 赈济，即指通过赈物和赈款无偿地给受灾者提供援助。《周礼·地官》中规定："仓人掌邦国之仓廪，有余，则藏之，以待凶而颁之。"管子认为："夷竞而集粟，饥者食之，寒者衣之。不资者赈之，天下归汤若流水。"[1] 唐朝太和四年（830年）"湖南等道，大水害稼。诏本道节度使官米赈灾。"[2] 明永乐十二年（1414年），"皇太子命赈给河南、浙江及湖广新宁、东安诸县饥民，凡二万一百九户，给粟三万四千八百二十石有奇。"[3] 还有一种办法是，把官仓的米粟低价卖给灾民，以解决灾民的饥饿问题。1890年发生洪涝灾害，清政府在京师六门外增设粥厂，调拨京仓米15000石煮赈。在灾荒之年，对灾区和灾民提供米、资金或贷款保证饥民的基本生活需要，历朝历代通常用赈济

---

[1] 《管子·轻重法》.

[2] 卞宝第. 湖南通志 [M]. 北京：商务印书馆，1934.

[3] 阮荣华. 明实录类纂·自然灾异卷 [M]. 武汉：武汉出版社，1993.

方式解决受灾百姓的燃眉之急。

2. 仓储制度。仓储制度是古代社会工作中的备荒和赈灾措施，被视为"天下之大命"，历朝历代都非常重视。其中以平仓、义仓和社仓的影响最大。汉高祖七年（公元前200年）开始营建新都长安，除太仓外，中央直接管理位于甘泉、华县等地的粮仓。可见储粮在当时社会的重要性。各种仓储相互补充，救济面覆盖了城乡广大地区。

3. 以工代赈。即通过救济对象参加必要的公共工程的建设而获得赈济物资的一种救灾方式，如社会流动人口或灾民参与兴修水利和修建工程等。春秋时，"五年台成，而民振，故上悦乎游，民足乎食"。❶后来以工代赈成为统治者的一种重要的赈灾方式，并推广到全国。

除了以上三种赈灾方式，我国古代还采取疏遣等措施进行赈灾。疏遣的形式有三种，第一种形式是将无粮的百姓迁移到其他有粮的地区；第二种形式是将流落他乡的难民收容遣送回原籍，政府资助其恢复生产与生活；第三种形式是由政府就地安置灾民，拨给其土地、耕牛及生产物资，就地组织生产自救。

我国古代的农村社会工作以赈灾为核心，对保障农村灾民的基本生产和生活，以及维护社会稳定起到了重要作用。其中很多方式，例如以工代赈，极大地丰富和发展了农村社会工作的思路，对传统社会"守望相助"的习俗加以发扬，不仅缓和了灾情，而且在一定程度上促进了当地农田水利事业的发展。

（二）养老

"百善孝为先"，尊老敬老是中华民族的传统美德。古代养老以家庭为单位，当家庭遇到困难时，政府和社会通过供应粮食和衣物、集中供养老人等形式开展农村老年社会工作的实践。南朝梁武帝"凡民有单老孤稚不能自存，主者郡县咸加收养，赡给衣食，每令周足，以终其身。又于京师置孤独园，孤幼有归，华发不匮。若终年命，厚加料理"。这是最早的关于国家养老救济机构的记录。宋代时，政府在京城开封设立养老救济机构，明清时期承袭宋代的国家救济养老的做法，在京城和全国各地设立养济院、资善堂、粥厂等机构。

敬老养老是我国农村社会工作的重要组成部分，在当时生产力水平较低的

---

❶ 《晏子春秋·内篇杂上》。

情况下，为保障老人的基本权益和基本生存发挥了积极作用，也维护了家庭和睦及社会稳定。

（三）慈善

慈善是儒家思想的核心要义，古代农村除了政府赈灾，还十分看重个体参与社会慈善事业，这也是我国古代农村社会工作的重要组成部分。孔子提倡："不义而富且贵，于我如浮云。"❶

民国之前，我国慈善事业大致经历了三个阶段：汉唐时期的寺院慈善活动；宋元时期朝廷推动的慈善救济事业，例如，范仲淹的"义田"、刘宰的"粥局"、朱熹的"社仓"等；明清时期民间慈善事业，如明万历十八年（1590 年）组织家乡父老在河南虞城创立同善会组织。民国之前的农村社会工作是一种较低形式的社会福利和社会保障，在当时的历史时期，为保护"老、弱、病、残"群体发挥了一定的作用，其做法和模式对专业社会工作实践具有很好的借鉴意义。

二、现代农村社会工作

（一）民国政府的农村社会工作

民国政府致力于发展农村社会工作，1915 年，北洋政府模仿英国的《伊丽莎白济贫法》颁布了《游民习艺所章程》，规定游民习艺所隶属内务部，负责管理年幼游民之教养及不良少年之感化等事项。1930 年，国民政府在全国推行就业准备金制度。这些立法都显示中国政府开始用法律手段来规范救济行为。1937 年，因日本侵华战争和自然灾害而造成全国难民数量激增。为此国民政府行政院于 1937 年 9 月 7 日通过《非常时期救济难民办法大纲》，成立了非常时期难民救济委员会，管理难民收容、运输、给养、救护等救助工作。

据统计，仅抗战爆发后一年，我国受战争直接危害的民众约 1 亿人以上，其中有超过 500 万人得到了不同程度的救济。有些地区用"以工代赈"的措

---

❶《论语·述而》。

施，难民返乡后参加当地政府组织的兴修水利等工程，在一定程度上缓解了难民流离失所之苦。1943 年，国民政府公布《社会救济法》，这是中国历史上第一部国家救助大法。1944 年，国民政府陆续颁布《社会救济法施行细则》《社会部奖励社会福利事业暂行办法》《救济院规程》，1945 年，又颁布了《管理私立救济设施规则》，1947 年，颁布《赈灾查放办法》等，由此逐步形成了一整套的相关救助法律法规体系，标志着我国近代农村社会工作开始进入依法管理的时代。

(二) 解放区的农村社会工作

1. 以土地改革为重点的农村社会工作

根据解放区在不同历史时期的特征，中国共产党和人民政府及时总结、及时调整，实施了不同形式的土地改革。1946 年 5 月，中共中央发出《关于土地问题指示》（即"五四指示"），宣布"实现耕者有其田"。

1947 年 10 月，中共中央颁布《中国土地法大纲》，规定废除封建性及半封建性剥削的土地制度。中国共产党领导的土地革命从群众需求出发，开发广大群众的巨大潜能等做法对今天的农村社会工作仍然具有借鉴意义。

2. 以发展生产为目标的农村社会工作

中国共产党在根据地和解放区高度重视农村生产发展，毛泽东等领导人多次在党的会议上强调农业生产的重要性。当时任弼时负责陕甘宁边区和解放区农村经济建设的领导工作，他提出农村生产发展的指导思想，第一强调发展工业不能忘记农业，农业生产是经济建设的主要环节；第二强调农民在农业生产、流通、分配等方面制度变革中的核心地位，鼓励农民积极参与到生产的各个环节并发挥积极作用，保障农民参与农业生产的积极性；三是强调农村技术人才培养、农业技术改进、农业基础设施建设在农业生产中的地位，为加大农业扩大再生产，支书要积极领导发展农业商品经济。

3. 以农村教育为平台的农村社会工作

中国共产党在大力发展根据地农业生产的同时，还积极开展农村文化教育工作，期间探索学校教育、社会教育为核心的农村教育模式，为新中国农村教育积累了大量的经验。学校教育主要是针对农村学龄儿童的教育，主要有公办和民办公助两种形式。

社会教育是结合农村社会实际，针对成年男女，采取冬学运动、夜校、黑板报、秧歌戏剧等形式。这些实践探索模式，在当今农村社会工作开展农村社区教育和社区发展中仍然被广泛采用。

4. 以医疗卫生为核心的农村社会工作

农村医疗卫生实践是根据地和解放区农村社会工作实践的重要组成部分，毛泽东在其文章《中国的红色政权为什么存在》《井冈山的斗争》中曾反复谈到农村医疗卫生的改善和建设工作。1933 年，毛泽东在《长冈乡调查》一文中指出，"疾病是苏区中一大仇敌，因为它减弱我们的革命力量。如长冈乡一样，发动广大群众的卫生运动，减少疾病以至消灭疾病，是每个乡苏维埃的责任。"❶ 中华苏维埃和中央政府颁布了《卫生运动纲领》，对解决解放区卫生设施简陋、卫生条件差、农村居民卫生意识不强等问题发挥了重要作用，也为新中国农村医疗卫生事业发展奠定了基础。

当时政府派医疗队到农村开展巡回医疗、培训农村基层卫生人员等模式都是十分有效的农村卫生工作方法，都为后来的农村社会工作发展提供了很好的思路。

5. 以农村妇女工作为视角的农村社会工作

根据地和解放区的妇女工作立足于男女平等的理念，重视妇女组织工作、妇女干部培养、婚姻观念革新等。中共四大通过《对于妇女运动之决议案》，指出："此后凡本党开始农民运动之地方，即宜注意做农村妇女运动的准备工作。"1932 年 6 月，毛泽东签署了苏维埃中央政府《关于保护妇女权利与建立妇女生活改善委员会的组织和工作》，其中指出"重申劳动妇女的解放与整个阶级的胜利是分不开的，只有阶级的胜利，妇女才能得到真正的解放。"1934 年，毛泽东在江西瑞金召开的第二次全国苏维埃代表大会的报告中讲到苏维埃的婚姻制度，认为："工农劳苦群众婚姻制度的解放，必须首先推翻地方资产阶级的专政，实行土地革命男女劳动群众尤其是妇女第一有政治上的自由，第

---

❶ 毛泽东. 毛泽东农村调查文集［M］. 北京：人民出版社，1982.

二有经济上的自由，然后婚姻自由才有最后的保障。"❶ 通过这些努力，妇女在政治上获得选举权和被选举权，经济上妇女积极参与边区经济建设，生活上传统社会压迫妇女陋习得以改善，教育上拥有学习文化知识的平等机会。性别平等观念不仅是根据地和解放区农村妇女工作的关键，也是开展农村社会工作的核心理念之一。

（三）乡村建设运动中的农村社会工作

乡村建设运动是一种社会改良运动。目的是用改良的方法，实现国民经济的改革和社会改良的理想。20 世纪 30 年代，我国农村复兴，乡村建设运动的影响力逐渐提升，主要代表人物有晏阳初、梁漱溟、卢作孚及陶行知等。

1. 晏阳初的定县平民教育实验

晏阳初在"一战"期间，由美国到法国为华工班进行平民教育。他认为，中国文盲多，教育是关系民族前途的头等大事，他回到中国后开始致力于平民教育。1920 年，晏阳初在上海青年协会主持的平民教育科任职，后来在长沙、杭州等地开展平民教育实验，1923 年，他又在北平成立中华平民教育促进会。晏阳初认为，中国的基本缺点就是"愚、穷、弱、私"四大问题，因此，他提出以"文艺教育"救农民之"愚"、以"生计教育"救农民之"穷"、以"卫生教育"救农民之"弱"、以"公民教育"救农民之"私"。为了推行这"四大教育"，晏阳初提出学校的、社会的和家庭的三种方式。

平教会的目标是农村建设，河北定县是支持他们实验的中心区，他们计划将定县研究的一整套制度模式推广到全省乃至全国，使晏阳初的农村复兴思路获得实践检验，创造出一条国家建设的道路。定县实验从 1930 年开始，用 10 年时间，集中了优秀的知识分子、募集捐款、具体实施，取得了很好的成绩。虽然定县实验取得了一定的成绩，但是在定县社会经济的根本组织上，仍保留着原有的生产关系，在定县最大多数民众的经济生活并没有带来根本的变革，农村经济也随着国民经济的破产而日益衰落，其主要原因在于没有也不可能解决农村经济的根本问题——土地问题。

---

❶ 宋少鹏，周蕾. 土地革命时期中国共产党对农村妇女解放理论的开创与发展 [J]. 浙江学刊，2008 (6).

小资料：晏阳初

晏阳初，1890 年 10 月出生于四川巴中，1913 年就读于香港圣保罗书院（现香港大学的前身），后转美国耶鲁大学，主修政治经济。他是世界著名的中国平民教育家和乡村建设家，认为中国的大患是民众的贫、愚、弱、私"四大病"，主张通过办平民学校对民众首先是农民，先教识字，再实施生计、文艺、卫生和公民"四大教育"。他著有《平民教育的真义》《农村运动的使命》等。自 1920 年开始，晏阳初致力于平民教育七十余年，被誉为"世界平民教育运动之父"，与陶行知先生并称。

2. 梁漱溟的邹平文化重建实验

梁漱溟提出"中国文化失调与重建理论"，由文化的讨论进一步深入到对中国社会组织结构的探讨。他认为，中国应当走一条从农村引发工业，以乡村为本而繁荣城市的道路。

梁漱溟曾主持山东省邹平县的乡村建设实验。1930 年，他在河南创办村治学院，任教务长，之后他又与村治学院的同行到山东创办乡村建设研究院，院址设在邹平。因为该县离济南比较近，靠近胶济铁路，地理位置好，交通方便，同时该县规模适中。

梁漱溟成立乡村建设研究院，研究乡村自治及一切乡村建设问题，并培养乡村自治及乡村服务人才，以期指导本省完成乡村建设的任务。研究院主体分为三部分：第一部分是乡村建设研究部，每年从大学毕业生中招考 40 人，学习研究乡村建设理论，两年后分配到各地从事乡村建设的组织与指导工作；第二部分是乡村服务人员训练部，招考初、高中毕业生开办训练班，每县名额为 10～20 人，学员用一年时间学习乡村建设理论、农业知识、农村自卫、精神陶冶及武术等科目，结业后回到各县担任乡村建设骨干；第三部分是乡村建设实验区，选定邹平县开展实验。

邹平乡村建设实验是以组织乡农学校开始的，乡农学院由三部分人组成，即乡村领袖、成年农民及研究院结业学生。同时，取消邹平原有的乡公所和村公所，将原来的乡农学校改版为乡学和村学。借助乡学和村学训练农民对团体生活及公共事业的注意力及参与度，培养农民的政治习惯，锻炼乡村自治组织的能力。乡学和村学将好似一盘散沙的农民组织起来，注意培养他们的政治习惯及团体合作精神，同时推行社会改良工作，如禁烟禁赌、兴办合作社、倡导妇女放足等新思想与新做法。乡民通过接受现代农业科学技术教育，推动了农作物品种改良、先进农业机械的运用与耕作方式的改进，有利于农产品质量的提高，从而带动农民生活有所改善。

小资料：梁漱溟

梁漱溟（1893—1988 年），生于北京。我国著名的思想家、哲学家、教育家、社会活动家、国学大师和爱国民主人士。他一生主要研究人生问题和社会问题，是现代新儒家的早期代表人物之一。梁漱溟曾在中国发起过乡村建设运动，并取得了可以借鉴的经验。其著述存有《中国文化要义》《东西文化及其哲学》《唯识述义》《中国人》《读书与做人》与《人心与人生》等。

梁漱溟认为，中国是"伦理本位，职业分途"的特殊社会形态，必须从乡村入手，以教育为手段来改造社会，并积极从事乡村建设的实践。

3. 卢作孚的北碚乡村现代化运动

卢作孚的社会建设思想体系为以乡村建设为基础、以教育为突破口、以经济建设为中心，尽快实现国家现代化。他认为，改造中国的根本办法是建设成功一个现代化国家，国家的现代化必须以乡村现代化为基础，"要赶快将这一个乡村现代化起来，供中华民国小至于乡村大至于国家的经营参考"。❶ 卢作孚认为，乡村现代化是现代生产方式和生活方式的统一，生产方式是用工业解决一切生产问题、政治建设和文化建设问题；生活方式为破除中国旧文化所衍生的"只知有家庭，不知有社会"的家庭生活，以及由家庭生活扩大而成的亲戚、邻里、朋友关系，代之以超越这两重狭隘生活的"现代集团生活"。他在北碚乡进行的乡村建设内容包括：吸引新的实业项目，发展乡村经济；兴办文化事业和社会公益事业，丰富乡村文化生活；开展民众教育活动，开启民智。民众教育运动包括现代生活运动、识字运动与社会工作运动。

---

❶ 凌耀伦，熊甫. 卢作孚文集［M］. 北京：北京大学出版社，1999.

卢作孚的乡村建设运动采取的是"实业民生—乡村现代化"模式。相对于晏阳初、陶行知的"平民教育—乡村科学化"模式和梁漱溟的"文化复兴—乡村学校化"模式，卢作孚更强调发展实业，他认为只有发展实业才能推动其他各项事业的发展。在乡村建设实验过程中，他始终以经济建设为中心，并以此为基础积极发展其他各项公共事业。卢作孚的乡村建设思想及实践模式对于今天的农村社会工作依然具有很好的借鉴意义。

小资料：卢作孚

卢作孚（1893—1952年），重庆市合川人；我国著名的爱国实业家、教育家、社会活动家、农村社会工作的先驱；其幼年家境贫寒，辍学后自学成才。1925年，卢作孚创办的民生公司是中国近、现代最大和最有影响的民营企业集团之一。1926年，他在重庆创办民生实业公司，兴办民生机器厂，开辟渝碚和渝沪航线，并在巴县北碚开展长达20年的乡村建设实验。北碚实验区不仅成为四川模范实验区，而且被联合国授予"基本教育实验区"称号。

4. 陶行知的晓庄教育改造社会运动

陶行知在不断地思考和实践中吸收并发展了美国思想家杜威的实用主义教育思想，提出"生活教育"理论。他认为，教育不能脱离社会现实，社会的中心问题就是政治、经济问题。陶行知创办晓庄示范的办学方针为："以农夫的身手、科学的头脑、改造社会的精神培养学生，使学生成为'活的乡村教师'，再通过他们用教育来改造中国农村社会。"农夫的身手指的是"能劳动、能吃苦、能实干"；科学的头脑指的是"具有现代化的科学文化知识，有进步思想"；改造社会的精神指的是"变革现实的革命精神"。在这些教育方针的指导下，陶行知带领师生自己开荒、建房、做什么事就读什么书，鼓励师生走出校门参加村里的农协会和打倒土豪劣绅的斗争。他们先后创办了六所乡村小学，招收农民子弟入学接受教育，并且不收学费、不分男女、不限年龄。此外，他们兴办乡村医院、合作社、幼儿园等，为农民服务。在这些探索和实践的过程中，陶行知强调把学校教育与社会生活及生产劳动相结合，注重培养学生的实践能力。晓庄师范取得了良好的教育效果和社会声誉。

1939 年，陶行知在重庆附近创办育才学校，充分贯彻了他的生活教育理念。学校择优选拔一批优秀学生，根据其兴趣和禀赋，对学生因材施教。不仅教授学生文化课，同时还进行劳动教育、专业基础知识教育和革命思想教育，使教育与生产劳动、社会实践、革命理想紧密结合，育才学校为国家培养了一大批有用人才。

陶行知提出："行是知之始，知是行之成。"陶行知倾毕生之精力投身于平民教育和民主教育。他的教育思想和办学精神，对于今天的农村教育工作仍然具有重要的参考价值和指导作用。

小资料：陶行知

陶行知（1891—1946 年），安徽省歙县人，我国杰出的人民教育家、思想家，伟大的民主主义战士，爱国者，中国人民救国会和中国民主同盟的主要领导人之一。陶行知留学美国，1917 年回国，开始了他富于创意而又充满艰辛的教育生涯。陶行知研究西方教育思想并结合中国国情，提出了"生活即教育""社会即学校""教学做合一"等教育理论。他特别重视农村的教育，认为在三亿多农民中普及教育至关重要。1923 年，陶行知与晏阳初等人共同发起成立中华平民教育促进会总会，后奔赴各地开办平民识字读书处和平民学校，推动平民教育运动。

5. 乡村建设运动对中国农村社会工作发展的启示

（1）理念方面。乡村建设运动从其出发点来看，是以人为本、以农民为主体的，走的是与农民相结合的路子，工作员与农民是平等的关系，目的在于促进农民的自觉，其中的代表人物表现得更加明显。晏阳初在《十年来的中国乡村建设》一文中明确指出："乡村问题的解决，第一固然要靠乡村人为主力。"这体现出农民的主体性。要"化农民"须先"农民化"，体现的不仅是平等意识，而且也是介入策略。社会工作的核心理念是助人自助，而乡村建设运动中以人为本、以农民为主体，工作员与农民平等的关系也恰恰印证了这一点。我们开展农村社会工作，假如社会工作者定位不清，那么同样会遭到农民的反感，工作就可能无法开展。这就要求社会工作者融入农村、接纳农民。

从社会工作的视角看，晏阳初和梁漱溟在各自的乡村建设实验中，都是采取综合介入策略的，晏阳初的定县实验，其"四大教育、三大方式、三步走战略"表现得尤为突出。经过 30 年的改革发展，农村原来遗留的问题、改革中新出现的问题，以及未来可能遇到的问题都必须统筹考虑，人口、资源、环境、社会必须兼顾，预防和发展、微观和宏观都必须同时关注，只有这样开展农村建设工作才会取得更好的效果。而梁漱溟建立乡村建设研究部、乡村服务人员训练部和乡村建设实验区，从社区工作介入的层面和方法上看，也是整体通盘考虑的结果。

晏阳初对农村问题进行归因，明显是在问题意识下思考问题的，这同样给我们以重要启迪。社会工作通常从优势视角来考察服务对象和社区组织。社会工作视人为有潜力的人，视社区为有资源、有优势的社区，能够通过组织社区居民或提供专业人员策划发展模式处理社区的需要。

（2）实施内容方面。乡村建设运动实施内容涵盖了经济、社会、文化、政治、教育、卫生等诸多领域，具体有编印宣传教育资料（刊印课本、图书、报纸）、组织农民团体（组织各种形式的合作社）、开展社会调查、开展文娱活动、传播科学技术、帮助农民增收、培训相关人才、提高民众医疗卫生水平等。

① 有助于我们厘清农村社会工作的具体可行领域。如可以开展农村计划生育社会工作；针对农民公共文化娱乐领域，农村社会工作可以开展整合各种公共文化资源活动，这里姑且命名为"农村文化社会工作"；针对"五保户"工作可以开展农村扶贫社会工作。这些都有助于我们厘清农村社会工作的实际工作领域。

② 有助于提醒我们开展相对广泛、深入的农村社会调查，获得系统资料，为我们国家制定社会政策提供基础数据支撑。在城市社区，根据国际惯例和通行做法，如一社区一社会工作者，如果在农村社区也设置一村一社会工作者或者"一个自然村一个社会工作者服务中心"，社会工作者在该农村社区进行社会调查、评估建档、入户访谈等各领域社会工作，经过整合，就会得到系统的资料，这对统合农村工作具有重大意义。

③ 乡村建设运动涉及的各种具体工作，有助于我们开展形式多样、易于

接受的小组工作和社区活动。比如，我们可以从"朝会"那里开拓思维，可以带领农村社区居民开展一些小组或文体活动。学校式教育、社会式教育和家庭式教育环环相扣的理念可以激发我们整合农村社区各种教育资源为青少年和成年人服务。各种类型的合作社有助于我们思考开展各种类型的小组及社区活动，兴趣类、互助类、治疗类小组等活动应当在农村社会工作中被恰当应用。诸如此类的活动应当还有很多很多。

（3）工作方法方面。如从重订乡约礼俗可以提醒我们在介入农村社区活动中注意"领袖人物"的作用，以及培养农村社区"领袖"，以得到农村社区居民的支持，有利于开展各项活动。不仅以农民为主体，还需要一批有知识、有能力的工作人员。这给予我们的启示是开展农村社会工作同样需要大批专业人才，这就要求我们像当初培养大批经济工作人才一样来培养大批的专业社会工作人才。

乡村建设运动对工作人员的训练和继续教育给我们的启示是，要注意社会工作者的继续教育或者在职教育。

（4）精神财富方面。首先，社会工作者应当鼓足勇气去承担责任。当前我国城市社会工作已经受到比较广泛的关注，但农村社会工作并没有像城市社会工作那样受到关注。这与以前乡村建设运动的情况相比，我们做得还很不够。当年，在乡村建设运动中，很多人携妻带子，扎根农村，以无比宽广的胸怀和宗教家的狂热投身到乡村建设中去。其次，乡村建设运动中各类团体领导人的个人魅力对我们有很重要的启示。我们应当努力提高社会工作机构领导人的个人魅力，引领一批机构到农村去。

（5）乡村建设运动反思。乡村建设运动失败的原因很多，经费问题是其重要根源。农村社会工作者要注意经费来源的稳定化和多元化。社会工作是一项社会福利事业，需要投入大量的人力和物力，社会工作机构的运营能力应当提高，正如当年晏阳初先生为了平教会工作和定县实验曾多次赴海外募捐。

三、当代农村社会工作

新中国成立后，我国的农村社会工作的发展可以分为以下三个阶段。

（一）新中国成立到改革开放前的农村社会工作

在从新中国成立到改革开放前的计划经济时期，政府通过各种社会组织与单位，以行政程序与手段向人们提供生存资源与力所能及的帮助，从而形成靠行政框架解决社会问题的行政性非专业化的社会工作模式。农村社会工作以一种政府主导的行政性模式在农村广泛开展。

1. 计划经济时期的农村社会工作

1954 年颁布的《中华人民共和国宪法》指出，从中华人民共和国成立到社会主义社会建成是一个过渡时期。这一时期，农村社会工作是党和政府部门的核心工作之一，主要的任务是农业生产互助合作社运动、农村卫生合作医疗运动、农村救济"五保"供养工作、农村文化移风易俗工作等。

2. 农业生产互助合作社运动

1951 年 9 月 9 日，中共中央在北京召开第一次农业互助合作会议。会议指出，要激发农民在土地改革中表现出来的积极性，这些积极性是迅速恢复和发展国民经济和促进国家工业化的基本因素，互助合作社是激发这一积极性的良好形式。互助合作社运动，充分发挥了传统农村社会互助生产的生活方式，及大地解决了新中国初期农业生产工具和劳动力短缺的问题，在恢复农村生产秩序、改善农村生活方面都发挥了积极作用。

3. 农村卫生合作医疗运动

卫生部于 1959 年 11 月在山西稷山召开全国农村卫生工作会议，提出："关于人民公社的医疗制度，目前主要有两种形式，一种是谁看病谁出钱，一种是实行人民公社社员集体保健医疗制度。根据目前的生产力发展水平和群众觉悟等实际情况，以实行人民公社社员集体保健医疗制度为宜。"此后，合作医疗在我国有了很大发展。1965 年 9 月，中共中央批转卫生部《关于把卫生工作重点放在农村的报告》，强调加强农村基层卫生保健工作，推动了农村合作医疗制度的发展。至此，农村合作医疗成为一项社会政策制度。

1964 年 4 月，卫生部下发《关于继续加强农村不脱离生产的卫生员、接生员训练工作的意见》，提出："在 3～5 年内，争取做到每个生产大队都有接生员，每个生产队都有卫生员。"到 1977 年年底，全国有 85% 的生产大队实行了合作医疗，人口覆盖率达到 80% 以上。

合作医疗制度的推行，极大地改善了农村缺医少药的局面，在政府部门的大力推动下，我国农村公共卫生体系不健全的局面得到显著改善，农村合作医疗模式由农民创造，逐步成为一项社会制度。这种模式说明在农村社会工作中要尊重农民的首创精神，要从农民的视角看问题，农民是农村社会工作的主体。

4. 农村"五保"供养制度

"五保"供养制度形成于 1956 年 6 月 30 日，《全国农业发展纲要》和《高级农业生产合作社示范章程》的颁布标志着农村"五保"供养制度的建立。"五保"是指生产队或生产小组对农村中缺乏劳动能力、生活无着落的鳏寡、孤独、残疾社员提供保吃、保穿、保烧、保葬和未成年人保教等五方面的保障。通过这种模式，我国自愿性的农村救助形式逐步转变为由政府部门参与的社会福利体制。1958 年，随着人民公社运动的到来，"五保"供养制度在全国推开，有效地保障了鳏寡、孤独、残疾社员的基本生活需求。这一时期"五保"供养制度的探索，极大地改善了我国农村地区弱势群体和社会边缘群体的生活质量和基本权益，为后来的农村老年社会工作及社会福利工作积累了很好的经验。

5. 农村社会文化建设工作

新中国成立之初，政府在农村开展移风易俗运动。由于我国长期处在封建专制和小农经济的社会环境中，经济、科学技术长期处于相对落后状态，所以在农村的文化中存在着一些落后的东西，尤其是婚姻制度、丧葬习俗、卫生习惯等。移风易俗运动的主要内容是清除旧社会遗留下来的有害思想和传统。通过移风易俗运动，使社会主义新道德规范深入人心，新型的社会风气得以建立。

从新中国成立到改革开放，我国政府通过一系列的政治、经济、文化及社会制度的革新来发展农村社区，开展农村社会工作。政府为主导，农村的自治力和组织能力明显退后，农村社会工作的发展处于被动状态。政府主导的农村社会工作的模式在一定程度上推动了农村发展，形成了基本的福利制度、婚姻制度、养老制度等，为后来农村福利事业、养老事业的发展提供了制度形式。

总之，从新中国成立到改革开放，我国政府在农村社会工作中的积极探索，为后来的农村社会工作发展奠定了基础。

（二）改革开放后的农村社会工作

改革开放后，我国农村社会工作逐渐开创了一些新的领域，主要是扶贫工作、残疾人工作及兴办敬老院，解决农村孤寡老人的赡养问题。逐步建立农村社会保障制度，降低弱势群体的社会风险，提高其生活水平，推动农村全面发展。

1. 农村社会救济

改革开放后，我国农村社会救济方针政策发生了很大的变化。1998 年，第八次全国民政工作会议召开，会议提出："依靠群众，依靠集体，生产自救，互助互济，辅之以国家必要的救济和扶持。"在这一方针指导下，农村社会救济走出政府主导模式，乡镇的作用逐渐占据主导位置。各级民政部门在其发挥作用的基础上，帮助乡镇政府和村民委员会很好地贯彻执行国家有关社会救济的政策法规。救济资金的来源，以乡镇统筹为主，国家拨款为辅，救济标准根据各地生活水平和发展程度而定。

例如，在"五保户"的供养上，推行以乡为单位统一供养的办法，确保"五保户"的生活水平不低于当地一般农民。在扶贫工作上，从 20 世纪 80 年代中后期开始，政府对扶贫进行了调整和改革，由单纯的输血式扶贫改成以支持经济发展为主的开发式扶贫。这种扶贫方式改变了过去单纯的资金投入，变为资金、技术、信息、人才等的综合投入，充分调动农村内部自我发展的动力机制，动员农民积极参与，挖掘潜力，通过产业经营发展经济，达到可持续的脱贫。20 世纪 90 年代，农村居民最低生活保障制度在全国推开，逐渐成为城乡社会统筹，解决农村绝对贫困问题的主要依托，取得了很好的效果。

2. 农村社会保险

改革开放后，农民收入明显增加，生活水平有了很大提高，但是农村社会保障仍处于缺失状态。随着社会经济水平的发展，我国进入到工业反哺农业、城市扶持农村的时期，农村社会保险开始纳入国家发展规划的日程。

2009 年下半年，国务院决定开展新型农村社会养老保险试点。2012 年，国务院决定在全国所有县级行政区全面开展新型农村社会养老保险工作。至此，我国覆盖城乡居民的社会养老保障体系基本建立，人人享有养老保险成为现实。这是我国社会保障事业发展的重要里程碑。城乡居民参保人数不断增加。至 2009 年 9 月底，全国城乡居民两项养老保险的参保人数达到 4.49 亿人，我们已建立了世界上最大的社会养老保险体系。

3. 农村社会福利

农村社会工作的发展需要依托农村社会福利事业的发展。我国政府倡导福利服务由公共部门、营利组织、非营利组织、家庭和社区共同提供，社会福利日趋社会化。农村残疾人的生活和身体状况得到很大改善。农村养老院逐渐增加，缓解了农村孤老的赡养问题。总体看，目前我国农村社会福利仍处于较低水平，表现出来的问题较多。但是，随着农村社会福利事业的开展，不断缩小城乡差距，使城乡社会福利事业均衡发展，是农村社会福利事业努力和发展的方向。

以上三个方面可以看到，改革开放以后，政府在农村发展中的角色发生了变化，农村有了更大的自治和自主的空间。改革开放后的农村发展体现了农村社会工作专业的思想和实践，如何调动农民参与公共事务的积极性，以农民视角提升农民的组织性，这些都与专业的农村社会工作的理念不谋而合，从而为农村社会工作的发展提供了良好的基础和借鉴。

(三) 新时期开展农村社会工作的必要性

1. 农村社会工作能够应对农村贫困问题

发达国家社会工作直接源于对社会贫困问题的解决。改革开放以来，我国经济取得了飞速发展，人民生活水平得到了飞跃式提高和实质性改善，农村的贫困状况大为改善，但农村的贫困问题依然相当严峻。当前我国的贫困人口主要由两部分人构成：一部分是丧失了劳动能力的残疾人和社会保障对象；另一部分人是生活在生产和生活条件都非常恶劣、资源非常贫乏的地方。此外，我国农村外出务工群体庞大，留守儿童、留守老人、留守妇女等现象普遍，这类人口的脱贫及保障问题也急需解决。

2. 农村社会工作能够缓解农村社会问题

社会工作的引进和推广是传统农村工作方法的有力补充，是被实践证明行之有效的解决社会问题的工作方法。在农村工作中引入社会工作理念和方法，大量吸纳社会工作专业人才进入农村社会服务领域，充分发挥他们的专业优势，对于畅通沟通渠道、密切党群关系、提高党的执政能力都是至关重要的。农村社会工作无论是强化政府社会管理和公共服务职能，还是承接各类单位剥离的社会职能，都离不开发达的农村社会工作和高素质的农村社会工作人才。推进农村社会工作人才队伍建设，对于统筹城乡发展，完善农村社会政策，改善农村社会服务，促进社会主义新农村建设具有重要意义。

3. 农村社会工作推进了社会工作体系建设

从社会结构来看，我国最大的弱势群体在农村，他们始终是社会工作服务的重点对象和领域，加快发展农村社会工作是实现我国社会工作本土化的关键。

总之，农村社会工作的发展不仅有助于解决乡村治理的难题，提升基层政府官员公共服务的能力，而且还可以促进社会工作理论的创新，以及加快高校社会工作专业的发展等。

四、农村社会工作的本土化

（一）我国农村社会工作本土化现状及存在的问题

我国的农村社会工作现处于探索和起步阶段，经过学者与一线社会工作不懈的研究与实践，总结出以高校实习为主的湘西农村社会工作模式；由政府主导，依靠行政打造的农村社会工作"万载模式"；香港理工大学应用社会科学系、云南大学社会工作系探索的"项圈运作模式"等。虽然农村社会工作已经介入了农村存在的问题，并取得了一定的成效，但是仍然面临着以下困境。

1. 农村社会工作的社会认可度偏低

社会工作是一门新兴的专业，发展历史不长，其知名度并不高，尤其是在信息相对闭塞的农村。农村居民仅对"农村社会工作"这个概念就难以理解，对其作用就更不清楚。由于社会工作的发展是一个缓慢的过程，出发点立足于长期服务，其目标要慢慢达成。部分农村居民可能会急功近利，结果短时间内对农村社会工作失去信心。

2. 农村社会工作受政策和社会的支持较少

由于社会对农村社会工作的知晓率和认可度比较低，对其支持度不高。有些机构或学者已介入农村社会工作，但主要局限于农村扶贫或基础设施建设层面。因此农村社会工作仍然处于物质层面的扶贫阶段，对农村其他问题的介入相对较少。

3. 农村社会工作者的经验不足

由于我国农村社会工作起步时间晚，并没有经验可借鉴，因此每一步的发展都是开创性的。我国地域辽阔，地区差异较大，民族构成、传统习俗等各方面都有很大差异，这更增加了农村社会工作推广的难度。

4. 农村社会工作者队伍力量匮乏

农村社会工作由于其地域原因，各方面条件都比较弱，很多专业人才都愿意到大城市开展社会工作，不愿投身到农村的社会工作，这是农村社会工作人才匮乏的一个很重要的原因。同时，农村社会工作人才队伍存在着待遇较低、数量不足、专业素质不高、留不住人，以及缺乏制度保障等问题。

（二）农村社会工作本土化的路径选择

农村社会工作的开展，需要实现其在中国的本土化，探索符合中国农村实情的农村社会工作理念和农村社会工作服务方法。

1. 农村社会工作价值理念的本土化

我国当前的社会工作是从西方引入的新兴专业，西方社会工作的价值理念源于新教伦理、个人主义，并不适合我国的国情。因此，我国应当明确提出适合农村社会工作发展应有的哲学基础和理念。如果不建立适合本土的社会救助理念、服务理念，一味地以西方社会工作理论和方法为蓝本，那么最后很有可能面临一种困境，即社会工作日益脱离实际。

2. 农村社会工作服务对象的本土化

作为农村的主要群体，农村劳动者已经成为社会的下层阶级，社会中的无业、失业和半失业人群也大部分是"农民"。由此可见，农村社会工作的开展有其"服务"的价值理念需求。它的服务对象是整个乡村，甚至是整个社会。但是，它的基本对象只能是农村社会中的弱势群体。社会工作专业本身是着眼于整个社会的协调运行、整个社会福利的提高，农村社会，以及农村社会中的弱势群体，始终是其基本的关注点，我国农村社会工作的开展集中于农村养老院、扶贫工作的开展，以及对于留守儿童和孤寡老人的关注，也正说明了这一点。

3. 农村社会工作的工作方法本土化

西方的社会工作具体方法和方案对于我国来说，不具有普遍的适用性，但是，在高校教学的过程中，"西化"的色彩却仍然很浓。为了使农村社会工作在实践过程中能够扮演更加有效的角色，社会工作教育需要修订和发展出一套符合中国农村实际情况的概念性框架和方法论。能否提出符合中国国情的农村社会工作模式，其关键还在于对其本土化中的文化、体制和农村居民的心理背景进行探究，这对于实现新农村建设具有积极的意义。

4. 农村社会工作组织的本土化

目前，我国的农村社会工作发展具有偏向于政府主导的趋势，农村的村民委员会力量薄弱，因此很难成为基层社会工作的坚实力量，并且非政府组织和非营利组织发展也并不完善，前景不明。如何构造出具有本土化的农村社会工作组织，是目前农村社会工作的一个难点。其原因在于，一方面，组织中的社会工作者缺乏专业的训练，另一方面在于政府对于第三部门发展的限制。因此，发展非政府组织力量对于农村社会工作具有很大的意义。总之，农村社会工作作为社会工作在中国特色化发展的重要组成部分，在介入中国农村社会建设的过程当中，越发地表现出其重要性。随着我国政府对农村、农业政策的调整，这给农村社会工作的发展带来了新的机遇。因此，我们应当在学习西方社会工作理论和方法的同时，注重我们本土的情况，寻找出一种同中国国情相适应的农村社会工作理论、方法和组织，这也是中国社会工作本土化的路径选择。❶

【案例分析】定县平民教育运动对农村社会工作的启示

（一）搞好社区调查，为社会工作介入提供方向和基础性资料

社会调查是定县平民教育运动鲜明的特色之一。平教总会社会调查部在

---

❶ 黄一叶. 农村社会工作本土化探析［J］. 理论前沿，2014（12）.

1930—1937 年，大约出版了近二十种调查报告，其中以《定县社会概况调查》最为翔实。正是在深入调查的基础上，平教总会才提出了"四大教育"的目标和方法，构建起平民教育的理论体系和操作路径。也正是在社会调查的基础上，晏阳初才提出了这样的质问：中国的农民向来负担最重，生活却最苦，流汗生产的是农民，流血抗战的是农民，缴租纳粮的还是农民，有什么"征"，有什么"派"也都加诸农民，一切的一切都由农民来负担！但是他们的汗总有流完的一天，他们的血总有流尽的一日。到了有一天他们负担不了而倒下来的时候，试问，还有什么国家？还有什么民族？

社会调查可以为社会工作介入指示方向，还能够为社会工作介入提供基础性资料。但彭秀良"更倾向于将他们开展的社会调查称之为社区调查，因其目的是为之后开展的平民教育运动服务，而平民教育又是以社区为单位展开的"。我们猜测彭秀良的意思是区分开社会学意义上的社会调查与社会工作学意义上的社区调查，社区调查才是对社会工作开展具有指导意义的社会调查类型。如果将社会工作视为解决社会问题的一种专业方法，那么，彭秀良的区分是很有价值的。社会调查是针对大范围展开的，更多的则是着眼于全局；而社区调查是微观的，仅针对特定的社区和特定的社会问题展开。社区调查对于某项社会工作的介入，在实用价值上更大一些。因而，我们倾向于多开展社区调查，尤其是与社会工作介入密切关联的社区调查。

（二）增强农民的自组织能力，是农村社会工作的重点内容之一

在生计教育方面，晏阳初把目标确定为训练农民掌握现代技术以增加生产，创设农村合作组织以使农民能真正享受增加生产的利益。定县是产棉大县，平教总会组织了棉农运销合作社，直接将棉花由定县运到天津出售给各纱厂，使农民中间不再受商人的盘剥。平教总会又进一步组织信用合作社，到1935 年冬，正式成立的合作社达一百三十多个。除了强化合作社的组织以外，晏阳初更注重其他一系列农民自组织的建立，已如前述。

当我们今天还在为农村社会工作的功能或目标争论不休的时候，晏阳初和平教总会早已经用实际行动作出了回答。没有真正扎根于农民中间的各种经济或社会组织，要使农村社会经济获得平稳而有序的发展是很困难的。农村社会工作的主要功能之一，就是增强农民的自组织能力。当前，农村社区自组织的

发展面临着种种现实问题，严重影响了我国农村现代化的进程，单单依靠政府相关部门还不够，我们应该寻求更为切实有效的解决路径。

（三）大力培养"乡村领袖"，增强农村社会经济的可持续发展能力

平教总会发明的"表证农家"的方法，就是用农民自己的成功经验来教育那些普通的农户，让农民从身边人的成功经验中感受现代农业技术的威力，做"表证"的农家也就是"乡村领袖"。1943 年，晏阳初在与美国著名作家赛珍珠谈话时说："你没有必要把这些人从他们的环境——农田中带走，而应该就在农田教育他们。这样，你就用不着在学成后把他们再送回来，因为他们始终就在农田里。许多的慈善家把孩子们送走，让他们住进豪华的楼房里，教他们读书，慈善家的初衷是好的。然而不知为什么，孩子们长大后都不愿再回到自己的家乡去。可我们从来不那样做，我们就在他们居住的地方开展教育，在他们学完平民教育课后，便马上把同学会组织起来。"晏阳初的说法很有道理，农民子弟一旦跳离了"农门"，便不愿意再回到家乡，唯有就地培养。

研究发现，农村社区居民有困难或需求时，首先想到的是社区里有威望的骨干居民，也就是"社区领袖"，"社区领袖"利用自己的经验、能力等为社区居民提供相应的服务。而政府职能部门有问题需要动员和组织社区居民时，首先也会找到"社区领袖"来发动和组织。社会工作者对于农村社区来说，只是一个外来者，是不可能终身为同一个社区服务的。因此，培养农村"社区领袖"，是建设新农村的题中应有之义，也是农村社会工作的重大议题之一。农村社会工作是我国社会工作的一个重要组成部分，且是目前发展最为薄弱的一个社会工作部门。我们完全可以借鉴定县平民教育运动的宝贵经验来推动农村社会工作的健康发展，预防和解决农村的各种社会问题，增进农民的社会福祉，推动农村社会经济的可持续发展。❶

基本概念：

农村社会福利；农村社会服务；仓储制度；乡村建设运动；农村合作医疗

---

❶ 娄海波，杨玉泉．定县平民教育运动对农村社会工作发展的启示［J］．河北广播电视大学学报，2015，20：（5）．

制度；农村社会保险

复习思考题：

1. 简述国外农村社会工作的发展历程。

2. 中国古代农村社会工作对于今天开展农村社会工作有什么借鉴意义？

3. 结合实际，对比分析乡村建设运动的代表人物、指导思想及实践经验的不足。

4. 改革开放后，我国农村的社会工作有了哪些进展？

本章推荐阅读书目：

1. 郑杭生. 中国社会学史新编 ［M］. 北京：高等教育出版社，2000.

2. 熊贤君. 晏阳初画传 ［M］. 济南：山东教育出版社，2015.

3. 曹普. 新中国合作医疗史 ［M］. 福州：福建人民出版社，2014.

4. 邓大松. 可持续发展的中国新型农村社会养老保险制度研究 ［M］. 北京：经济科学出版社，2014.

第三章　农村社会工作者的角色及社会环境

【导读】 参与农村项目的农村社会工作者的感想与体会

在整个过程中，艰辛并充实，我们每天要面对众多的村民，并且要始终用优势视角去服务村民，始终坚守着社会工作的伦理和操守，坚定建设农村的信念去迎接挑战，我们团队有迷茫、有喜悦，有低潮、也有收获，我们充当"万金油"的角色，要做促进者、资源协调者、主持人和倡导者，必须是能说、能写、能做手工，服务一条村，使我们在磨炼中成长。最终我们功成身退，并留下我们关于农村社会工作方向的思考。农村社会工作，还有一段很艰辛的路要走。❶

第一节　农村社会工作者的角色

农村社会工作者是在农村地域为农村居民提供专业社会工作服务的职业群体。农村社会工作者对于社会工作理论、价值观、工作技巧方法的掌握程度；从事农村社会工作服务的实践经验；对农村社会发展变迁的了解，以及对于农村社会问题和社会政策的掌握程度和敏感度等，都会影响到其开展专业社会工作服务的质量和效果。因此，培育一支既有专业的社会工作背景、又有农村社会工作实务能力和经验基础的农村社会工作者队伍非常重要，是农村社会工作不断发展的基础。

---

❶ 易钢，张兴杰，魏剑波编著. 农村社会工作发展策略［M］. 北京：科学出版社，2015.

一、何谓农村社会工作者

（一）农村社会工作者的涵义

社会工作者为遵循助人自助的价值理念，运用个案、小组、社区、行政等专业方法，以帮助机构和他人发挥自身潜能，协调社会关系，解决和预防社会问题，促进社会公正为职业的专业工作者。❶

农村社会工作者是在农村社区，运用社会工作的理论知识、方法技能为农村社区个体或群体提供专业服务，以能力建设和助人自助为服务目标，致力于农村社会组织发展和社会关系建立，预防和解决农村社会问题，促进农村公民社会建设并最终实现农村发展的专业社会工作者。

（二）农村社会工作者的特征

专业的农村社会工作者具有以下四个基本特征。

1. 农村社会工作者的工作地点在农村地区

农村社会工作者是将社会工作专业知识应用到农村地区，在农村社区应用社会工作的价值观、理论知识及方法技能为农民开展专业化的社会工作者服务。

2. 农村社会工作者以能力建设和助人自助为工作目标

农村社会工作者要以能力建设和助人自助为工作目标。在专业的社会工作者服务中必须要重视目标管理，在服务前要做好问题和需求的调查评估；服务过程中要动员服务对象的积极参与和共同行动；服务后期实现服务对象的自助和拥有自己的社区骨干及组织，以达到服务效果的可持续化，达到自我管理、自我服务的目的。

3. 农村社会工作者要促使农村社区利他性社会关系的建立和维护

利他性社会关系的核心是同一社区的居民之间应具有团结合作、互相帮助、集体行动等精神。农村社会工作者应利用社会工作专业知识和方法，通过

---

❶ 劳动和社会保障部办公. 社会工作国家职业标准，2004 – 06 – 15.

服务策划、实施、评估等方法，通过社区照顾、社区活动、社区教育、社区宣传等载体，促使农村社区居民之间利他性社会关系的形成。

4. 农村社会工作者要推动农村公民社会的建设

农村社区公民社会建设是指农村社区居民培育社区意识和民主意识；社区自治制度建立，参政议政制度完善；社区居民关心社区事务，并参与其中。农村社会工作通过社区倡导、社区组织培养等形式，促进农村社区公民社会建设。

（三）农村社会工作者的知识储备

作为一名农村社会工作者，只有掌握农村社会工作的基础知识，才能做到理论联系实际，有的放矢，达到工作目标。

1. 社会工作基础知识和基本技能

社会工作的理论知识包括哲学、社会学、心理学和社会工作者实务、管理学、教育学等。农村社会工作者要学好这些学科知识，提升自己在工作中的系统分析、处境分析、心理分析及应急处理等的能力。

2. 农村社会政策及法律法规

要认真学习农村公共政策、农村社会财富分配和公共利益分配相关的政策、法规、条例、制度等。结合我国农村社会的现状，农村公共政策主要有土地政策、城镇化政策、农业补贴政策、农村基础设施政策、人口政策等。农村社会工作者要深入了解并掌握农村公共政策知识及以《农业法》为代表的涉农法律知识，有助于他们更好地开展工作，实现其服务目标。

3. 现代调查技术及应用技术

农村社会工作者首先需要掌握的技术知识有调查类技术，如田野调查技术、问卷调查技术、参与式评估技术、文献阅读技术等；其次需要掌握语言及书面表达技术，熟悉与农民交流的技巧，以及公文、报告的写作技术等；再次需要熟练掌握现代电子办公技术，如投影仪、多媒体、电脑的使用技术等。

4. 基本的农业基础知识

农村社会工作者随时要与农民打交道，因此要掌握一些农民最关心的自然科学知识和农业生产技术。如植物种植及病虫害防治技术、动物饲养及其常见病治疗技术、地理知识、卫生常识等。同时，对于农村社会学、政治学、经济学等人文社会科学知识也要掌握一些。这些知识对于农村社会工作者开展工作是非常有用的。

（四）农村社会工作者应具备的能力要求

相对于城市社会工作者而言，农村社会工作者会面临艰苦的环境、枯燥的工作及服务对象文化背景相对较低等困难和挑战，所以农村社会工作者应具备与其农村工作特点相符的专业能力和专业素质，掌握以下能力是非常必要的。

1. 农村社会工作的专业能力和专业素质

俗话说："打铁还需自身硬。"作为一名农村社会工作者，更是如此。如果农村社会工作者没有良好的专业能力及专业素质，是很难走向一条专业道路的。目前从事社会工作的人员有科班出身的，也有非科班出身的，但这并不影响个人在专业方向上的发展，不少非专业人士同样也是通过自学及在实践学习而成为农村社会工作行业的佼佼者的。一名优秀的农村社会工作者，就必须具备良好的专业能力及专业素质，体现出社会工作者的优势和社会工作者的专业能力。

2. 与农村各类个体、组织及政府的沟通交流能力

社会工作是做人的工作，这就需要社会工作人员必须具有良好的沟通交流能力。这样不仅仅在与服务对象交流时能捕捉到第一手的信息，同时也能够在与相关部门、组织进行沟通时，及时地推介自己的服务，让更多的人去接受、认可社会工作者的工作。

3. 建立专业关系能力

农村社会工作者的工作，就是不断地与农村各种个体、组织等建立关系的一个过程，只有不断地建立专业关系，才能更好地去服务人，更好地为社区、为社会作出贡献。建立专业关系并不只是与服务对象建立好关系，同时也需要与利益相关方、机构成员、同行从业人员等建立好关系，并且发展和维护好这种关系，以此推动农村社会服务的开展。

4. 评估和策划能力

开展一项工作，需要有一个好的评估和策划。农村社会工作者在具体开展

工作时，面对着服务对象的特定问题，需要对问题有预估的能力。通过了解现有问题的现状，并针对现状提出计划，动员周边相关的资源，与服务对象一起有效地处理和解决问题。

5. 在组织中工作的能力

所有的人都生活在一定的组织体系中，这个组织体系包括了某一种具体的社会服务机构，同时也包括社会服务机构与其他机构形成的关系系统，农村社会工作者需要这样的组织化来实现助人的目标。一名优秀的社会工作者，不仅需要在组织中具有专业的实务能力，而且还需要具备一定的管理能力。一个社会工作者要站在管理者的角度去思考问题。农村社会工作者只有具备相应的能力，才能有效地输送社会福利资源，监督这一过程的合理性及有效性，才能有效地促进农村社会工作服务的发展。

良好的团队合作可以给予社会工作者一个强有力的支持，而且在具体的服务中，团队的智慧能够为社会服务提供有针对性的建议，促使服务更加到位。在团队合作服务中，一名农村社会工作者更应该具有独立思考的能力，对自己所擅长的服务进行钻研和提升，不人云亦云，不被农村地方组织或者政府行为牵着走。

6. 具备较强的对农村文化的认同和敏感性

文化敏锐性体现了农村社会工作者对处境化、同理心和个别化等专业服务原则的具体操作能力。文化是个体或群体在长期生产和生活中不断形成的某种价值观、行为习俗、农村的村规民约。农村社会工作者必须培养自身的文化敏感，学习对不同地区、民族及社群文化的认同、理解和尊重，这样才能更好地提供专业的服务。如，在少数民族地区存在着一些自然崇拜习俗或宗教信仰活动，农村工作者不能简单地把这些行为看作封建迷信而加以排斥，要有文化认同，认识到其文化背景及其对增进当地居民联系和保护当地文化的作用。

二、农村社会工作者的角色

农村社会工作者在实务工作中承担着服务提供者、服务管理者、农民支持者、社会政策倡导者、资源整合者及行动研究者等多重角色。

（一）服务提供者

农村社会工作者首先要为农村社区个人或群体提供专业社会工作服务。这种服务可以是心理、生理和社会层面，也可以是物质形式或精神形式的。农村社会工作者作为服务提供者的角色有三层含义，即提供专业服务、与农村社区个人或群体具有服务提供者和接受者的关系，以及提供包括心理、生理和社会层面的专业服务。

（二）服务管理者

专业服务作为一种职业行为，有一整套的操作规范，农村社会工作者必须严格按照专业价值观和规范开展并管理服务。农村社会工作者通过方案讨论、定期评估、专业督导、工作总结、结题评估等形式，有效地控制服务的专业性效果。

（三）行动支持者

农村社会工作者不仅要为服务对象提供直接的服务，而且同时要促进服务对象能力的提升。其中包括农村居民自我解决问题的能力、协调沟通决策的能力、组织动员的能力、自信心建立的能力和灾害面前的抗逆力等。农村社会工作者在实务过程中，要及时分析服务对象的处境，及时评估并给予必要的支持、鼓励和专业的帮助。

（四）政策倡导者

农村社会工作者所扮演的政策倡导者的角色体现在提倡服务对象改变某种行为上，这种改变有助于改善服务对象的生产和生活现状。例如，在某个农村社区，那里环境卫生恶劣，影响着当地村民的正常生活。村民希望改善这种状况，但是没有有效的沟通渠道。这时农村社会工作者可以承担倡导者的角色，动员村民共同分析造成环境问题的原因，并根据调查分析结果倡导村民养成良好的卫生习惯，合理处理生活垃圾，同时与政府部门协商做好垃圾处理、卫生打扫及增加社区垃圾处理站等公共设施。

（五）资源整合者

资源整合包括所需资源评估、资源链接及资源使用管理三个方面。根据调查研究提供服务对象所需资源，建立服务对象获取资源的网络和争取提供服务对象所需要的资源。由于受到生活环境和社会发展程度等因素的制约，农村社区居民获取资源的信息和途径都非常有限，因此农村社会工作者可以协助服务对象建立资源网络，增强其获取资源和使用资源的能力。

（六）行动研究者

农村社会工作作为一门应用型学科，其专业知识结构、专业方法的发展均来源于对农村社会的深入了解和实践经验的积累。农村社会工作者既是服务提供者又是专业建设者。农村社会工作实务刚刚在我国开始探索，在工作实践中要不断总结经验和模式，探索理论基础。所以，农村社会工作者还承担着行动研究的责任。

第二节　农村社会工作的环境

农村社会工作是在一定的政治、经济和文化环境下开展的，农村社会工作者要了解和认识农村社会现状及农村社会问题，认识农村社会工作对于农村社会发展的重要性。同时，还要充分利用当前农村政策及农村发展机遇，促进社会工作在农村的发展，探索通过农村社会工作推动社会主义新农村建设的模式。

一、农村政治环境

当地农村政治环境的发展变迁，国家政策引导或限制等都会影响到农村社会工作的服务过程和效果。

（一）农村政治环境概述

自秦汉开始，官僚制构成了我国传统社会政治形态的基本框架。封建中央政府意识到农村社会难以控制，于是对农村社会实行了一套官僚制的管理体制，韦伯称之为"世袭主义官僚制"。这一体制在农村内部，宗族与伦理成为自治的主要力量和依据，正如著名的家庭史学者古德所说："在帝国统治之下，行政机构的管理还没有渗透到乡村一级，而宗族特有的势力却维持着乡村的安定和秩序。"❶ 在我国农村社会中，家族组织是维持农村社会秩序的重要力量。家族组织不仅是农村社会政治的重要构成要素，而且同时也为农村社区内部的救济与救助提供了组织基础。

19世纪末，中国农村开始发生转型和变迁，国家政权开始渗透到农村社会。到新中国成立后，尤其是1950年开始的农村集体化运动之后，中央人民政府以集体化的形式，通过保障农民的最基本的生活资料，在农村实行集体化运动。通过农业支持工业发展的现代化、工业化和城市化战略，使国家进一步强化了自上而下的政治整合和资源集聚的能力。在推进集体化的进程中，行政性治理成为这一时期农村政治的主要特征。

1980年年初实行的家庭联产承包责任制的改革使得家庭重新成为农民基本的生产和生活单位，集体化时期的集体化特征随之瓦解。在这种情况下，国家不再是社会上所有重要资源和机会的垄断者了，个人不再完全依赖于国家来取得社会资源和机会。政府包揽各种社会事务的局面开始发生变化，在人们日常的生产与生活方面，政府的直接控制逐渐减少，人们的自主性明显增强。

从1980年开始，我国在农村实施村民自治制度。按照《中华人民共和国村民委员会组织法》等相关法规，村民委员会是基层群众自治性组织，是村民民主管理村务的自治机构，村民通过民主选举、民主决定、民主管理、民主监督，实现自我管理村里公共事务和公共事业，调节民间纠纷，维护社会治安等。虽然村民委员会在推动农村民主、促进农村社会自我决策、自我管理等方面都发挥了重要作用，但是村民委员会的行政化使得其农村社会管理者的功能没有得到充分的发挥。

（二）农村政治环境与农村社会工作

农村的政治结构作为农村社会结构中最重要的因素直接影响甚至决定了农村社会工作的实践与发展。同时，农村社会工作的推进和发展在一定程度上影响了农村社会结构的变迁。

---

❶ 古德. 家庭[M]. 魏幸玲译，北京：社会科学文献出版社，1986.

1. 国家与社会的关系决定了农村社会工作开展的空间

国家与社会的关系决定了农村社会工作得以实践的空间。国家与社会的关系是农村政治结构中最重要的内容之一，如果政府包揽所有农村事物，从控制生产到支配生活，意识形态排斥农村社会工作倡导的价值观和人际关系模式，那么农村社会工作就不可能有任何生存和发展空间。当国家部分退出农村社会事务的管理，农村社会工作才会有更多的空间。

2. 农村政治环境决定了农村社会工作得以实践的资源供给

农村社会工作的开展离不开资源的供给，包括物质资源、资金支持、农村社区和政府的权威性资源，以及对农村社会工作服务的认可和推动。农村政治环境决定了农村社会工作及其机构所能获得资源的质量和数量。如果政府垄断了社会主要资源和机会，即便是政府允许社会工作服务开展，社会工作者也很难获得所需的资源。只有随着资源供给主体的多元化，农村社会工作者及其机构才能通过多种途径获得相应的资源来更好地提供专业服务。

二、农村经济环境

（一）农村经济环境概况

经济环境是指社会物质生产和再生产过程中的一切条件和影响因素。经济环境可以分为国际经济环境、国民经济环境、地区经济环境、企业经济环境和家庭经济环境。一个国家和地区的社会经济制度、经济发展水平、产业结构和劳动力结构、消费水平及消费结构、物质资源状况等都属于经济环境的范畴。

我国的农村经济发展经历了一系列的改革和发展，解放和发展了农村生产力，改变了农村贫困落后的状况，提高了农民的生活水平。

20世纪80年代初期，我国农村开始推行家庭联产承包责任制，从土地制度改革开始揭开了农村改革的序幕。1982年1月1日，党中央颁发了第一个关于农村工作的一号文件，指出包产到户、包干到户都是稳固社会主义集体经济和完善家庭联产承包责任制的方式，直到1984年，全国范围内开始推行家庭联产承包责任制。

经过二十多年的实践，家庭联产承包责任制改革解放和发展了农村生产力，提高了农民的生活水平，为我国国民经济的发展奠定了稳固的基础。但是随着市场经济的发展，单门独户的分散式经营很难适应市场经济发展的需要，农业产业化改革提上日程。农业产业化是国际农业发展的规律，是继家庭联产承包责任制后农村经济体制和经营方式的重大改革。将农户和市场联系起来，解决农民增产不增收的问题。同时，农业产业化可以在一定程度上缓解农村剩余劳动力转移问题，吸收农村剩余劳动力就业。

(二) 农村经济发展中存在的问题

从20世纪80年代中后期开始，我国农村经济发展中的各种问题开始出现，表现在以下四个方面。

1. 农村抵御市场风险的能力低

改革开放后，随着市场经济的不断发展，农村以家庭联产承包责任制为基础的统分结合的双层经营体制难以适应市场的变化，其弊端逐渐显现。第一，单家独户的生产规模零散化，品种选择各异，这些都不能适应区域专业化生产、地区分工所带来的高效率的要求。虽然农产品产量有所提高，但却难以实现农产品的产业化经营，农民增收困难。第二，在中国农村的大部分地区，农业结构盲目调整使得农民在选择生产时不能准确预测市场，导致农产品价格忽高忽低和产品过剩现象。第三，农产品生产标准化程度低，专业技术人员少，生产技术大多沿袭传统的种养和管理方式，不能实现标准化生产。农民收入增长幅度明显下降，表现在：一方面，普通农民经济收入下降，农民人均纯收入不断减少；另一方面，农民的农业纯收入的绝对额也在不断减少。

2. 城乡收入和消费差距扩大

20世纪80年代中、后期，城乡收入差距不断拉大，2002年突破1:3的警戒线，城乡差距仍有不断扩大的趋势。城乡差距不仅反映在收入的绝对值上，在各种社会福利上差距也很大。长期以来，我国城镇居民享有住房、医疗、失业、低保、物价补贴等各种国家福利，这些国民待遇绝大多数农民都无法享受或差距甚大。

除了收入差距之外，城乡居民的消费差距也日益扩大。城镇居民的可支配收入几乎完全用于个人消费，但是农民的收入要扣除农业再生产的投入，如种子、化肥、农药等生产资料的支出，而这些大约占农民收入的1/3，农民的收入中还有相当一部分是非现金收入（实物折款）。如果把所有的收入包括城镇居民财政补贴都计算在内，那么城乡居民的消费水平差距达到6:1。

表　2001—2014年城乡居民收入比变化情况❶

年份	居民纯收入（元）	城镇居民可支配收入（元）	城乡绝对差距（元）	城乡收入比
2001	2366	6860	4494	2.90
2002	2476	7703	5227	3.11
2003	2600	8472	5872	3.26
2004	2936	9422	6486	3.21
2005	3255	10493	7238	3.22
2006	3587	11759	8172	3.28
2007	4140	13786	9646	3.33
2008	4761	15781	11020	3.31
2009	5153	17175	12022	3.33
2010	5919	19109	13190	3.23
2011	6977	21810	14833	3.13
2012	7917	24565	16648	3.10
2013	8896	26955	18059	3.03
2014	9892	28844	18952	2.92
2015	11422	31195	19773	2.73

　　根据国家统计局公布的数据，2015年，城镇居民人均可支配收入31195元，农村居民人均可支配收入11422元，城乡居民收入比为2.73:1。据中国经济网统计，这是城镇和农村居民的收入水平差距连续两年降至三倍以下，为15年以来的最低值。

　　城乡收入差距的小幅回落直接给出了全国基尼系数下降的"佐证"。据国家统计局发布的数据显示，2015年全国居民收入基尼系数为0.462，创下自2003年以来的最低值。国家信息中心经济预测部主任祝宝良也表示，近年来，

❶ 中国经济网，2016 – 01 – 19.

随着劳动力的短缺，低端劳动力工资收入不断上涨，收入差距在不断缩小，未来基尼系数还会保持下降趋势。

3. 经济结构失衡

改革开放以来，我国工业化过程中的结构转换与大多数国家明显不同。

首先，就业结构的转换严重滞后于产业机构的转换。我国工业化经历了半个多世纪，当前的产业结构已经由农业国转变为工业化国家。然而就业结构的转换却非常缓慢，农业劳动力仍然过多，约占社会从业人员总数的50%。在农村，约70%的劳动力集中在农业领域，农民收入的60%左右来自农业。

其次，我国的经济结构严重失衡，还表现在城市化进程滞后于工业化进程。20世纪50到70年代末，国家工业化扩张基本上是在自我封闭的形式下进行的，广大农民被封闭在农村，农民不仅奉献了廉价的农产品，而且同时还失去了进城就业的机会。20世纪90年代，虽然城市化进程加快，但是并没有从根本上打破城乡分割的二元格局。因此，要打破城乡二元对立的格局，使农民享受与城市居民同等的国民待遇。

4. 农村经济贫困问题

中国农村的贫困问题首先表现在贫富差距大。从基尼系数来看，我国城乡居民家庭人均收入的基尼系数1979年为0.31，1996年为0.43，2000年为0.46，2015年为0.46。

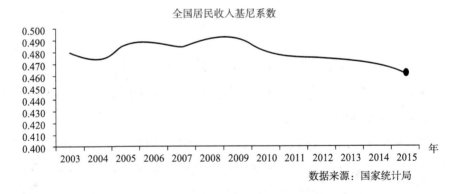

图 2003—2015年我国居民收入基尼系数

我国绝大多数的贫困人口分布在农村，按照国家规定的标准，农村贫困人口和低收入人口约 8500 万~9000 万人，占农村人口的 10%~12%，他们是当今中国农村最贫困的人口。按照国际标准贫困线来衡量，2015 年我国农村贫困人口有 5575 万人，占农村人口的 7.2%。国务院提出深入推进集中连片特困地区扶贫开发，实施精准扶贫、精准脱贫。

（三）农村经济环境与农村社会工作

农村社会工作的主要目标是帮助农民，解决农村社会问题，农村经济发展中所产生的问题能够促使农村社会工作的开展。将社会工作引入农村是非常必要的，能够运用一种新的思路和方法解决当前我国农村所面临的各种问题。在当前中国农村的发展和变迁过程中，农村社会工作应当发挥更为积极的作用。

1. 农村社会工作者作为政策影响者应发挥其应有的作用

当前，我国农村经济发展过程中出现的很多问题是由我国现有制度因素造成的，农村社会工作者应从大量的第一手资料的基础上将这些问题反馈给政策制定者，以从根本上解决这些问题。同时，农村社会工作者还承担着农村政策咨询和政策研究等相关工作。

2. 农村社会工作促进农村社区工作的完善和发展

农村社区工作是以整个农村社区及社区中的居民为服务对象的，提供助人利他服务的一种专业的社会工作技巧和方法。社区工作最早在城市中开展，后来鉴于许多发展中国家农村的社区贫困问题，全球兴起了社区发展运动，这种方法逐渐推广到农村，通过有计划地引导社区的发展来解决农村的经济社会落后问题。

3. 农村社会工作能够以个人和家庭为切入点，达到促进农村经济发展的目的

首先，构建新型农村社区，培育新型农民。培养新型农村社区文化，在挖掘传统文化的同时，为农村社区注入新的社区文化形式。新型农民是指有文化、懂技术、会经营，从传统的生产劳作和满足个体消费为目的的农民，转型为有知识、观念新和有组织的新型农民。农村社会工作者在培养新型农民中可以发挥重要作用，可以运用理论知识和方法做好农民的教育培训和科技普及，引导组织农民建立起适应市场经济发展的新型农民合作经济组织，提高农民的

组织化程度。

农村的留守居民也是农村社会工作者的重要服务对象。外来务工人员也是农村社会工作者服务的重要对象,农村社会工作者可以为其进行技能和法律方面的培训,使其更快地融入城市。同时鼓励其返乡创业,并为其创业提供支持和帮助。在这些方面,农村社会工作者是重要的资源中介者和服务提供者。

三、农村文化环境与农村社会工作

农村文化是指在一定的社会经济条件中形成的以农村居民为主体的文化。了解农村文化环境为农村社会工作者提供深厚的社会基础和文化基础,同时为农村社会工作的本土化提供重要的理论基础和现实依据,同时对于农村社会工作介入农村文化建设具有重要的作用。

(一)农村文化环境概述

1. 农村文化发展现状

我国农村文化的发展程度远远落后于城市文化。从理论上看,农村的文化发展相对于城市的文化发展有些落后是可以接受的,但是目前农村文化的发展程度却非常不理想,其原因虽然包括许多方面,但其中最重要的一点是经济因素。这里所谈到的经济因素,不仅包含农村经济发展水平,以及用于文化发展的资金比例,同时还包括农村经济机制的问题,这也是更为重要的原因,经济体制的发展会对作为上层建筑的文化产生重要且深刻的影响。我国农村自从开始实行家庭联产承包责任制以来,其经济模式从最初的计划经济开始逐渐转向商品经济时代,但是并不彻底。我国自进入市场经济体制以后,农村的经济并没有跟随城市经济一道进入市场经济的潮流之中。长期如此,农村的文化发展也将逐渐落后于城市文化的发展,并且两者的差距将越来越大。

2. 农村文化的特点

我国农村文化具有传承性、差异性、变革性和内聚性四个特点。

(1)传承性。农村文化的发展具有历史继承性和连续性。传统文化总是与一定的政治、经济制度和社会制度紧密关联的。没有文化的传承,就没有文化的积累。文化传承表现为传统习俗、传统建筑、传统文艺等。中国传统文化在农村地区的根基比在城市更加广阔和稳固，对农村地区的影响也更为深远。

（2）差异性。中国具有数字庞大的农民群体和地域广阔的农村面积，因此不同地区的农村文化具有很大的差异。无论在语言、饮食还是风俗习惯上都有很大的不同。一方水土养一方人。地理空间的分布和结构造就了地区文化的差异。我国幅员辽阔，民族众多，地区发展极不平衡，这样就出现了中原文化、荆楚文化、齐鲁文化、岭南文化等不同的地域文化圈。

（3）变革性。农村文化本身也是动态的。除了具有地域特征还有强烈的时代特性。农村文化不仅包括传统文化，在改革变迁的今天，全球性和现代性也渗透其中，可以说传统文化受到了很大的冲击。随之农村的生活方式和思想观念也发生了重大变化，不能再以固有的观念和老眼光来开展农村社会工作。

（4）内聚性。农村文化的内聚性是指农村文化能够使村民产生普遍认同，能够形成凝聚村民的内聚力，对农村的社会关系起到整合作用。农村文化之所以有内聚力是因为在农村人们有着相同的历史文化传统积淀而形成了风俗习惯及村规民约，村民有着相同的文化背景。

3. 农村文化的功能

农村文化具有维系人际关系、农民社会化、社会控制与社会整合、促进经济发展、满足农民精神需求、对外宣传等重要功能。

（1）农村文化是维系农村社会关系的重要纽带，相对于城市社区，农村社区作为一个人情社会的特点更为明显，传统的风俗习惯、道德观念等使得农村社区居民之间的社会关系更加紧密。

（2）农村文化是农村居民社会化的重要途径。农村社区作为农村居民的生产和生活空间，在农民社会化的过程中起着重要作用。通过对农村文化的延续和继承，农村的规范和知识得以积累，推动农村社会进步。

（3）农村文化是农村社会控制和社会整合的重要手段。农村文化作为农村特有的符号系统，可以阐释农村社会的全部知识和规范。有了农村文化，农村居民便有了行为标准；违反这种标准，付出的代价优势不一定要承受法律的制裁，但是要接受舆论的压力。

（4）农村文化是促进农村经济社会发展的重要保障。在发展生产和增长经济、保障农村居民生活水平提高的同时，满足农村居民的精神需求和文化需求也同样重要，这就需要营造一个良好的农村文化环境。农村文化是农村居民所创造的，能够发挥农村居民创造力和能动性，同时也能够满足农村居民的精神需求。

（5）农村文化是宣传农村的重要载体。从农村生态旅游、农家食品到农村特色地方文化，这为打破城乡差距做出了很大贡献。

4. 农村文化发展制约因素

当前农村文化存在很多问题，如信仰缺失和文化贫穷现象；城乡文化差距逐渐拉大；农民主体地位缺失；国家对农村文化建设投入不足，农村文化基础设施落后，文化管理不到位等。

农村文化的发展受到很多因素的制约。农村地区有着极丰富而有特色的文化资源，但是在实践中对它的保护和开发力度不足。农村文化资源的开发力度较低使得农村丧失了利用特色文化资源来促进文化发展的机遇；农村的文化消费水平较低是制约农村文化建设发展的另一个重要因素，它使得经济的发展、人民的消费水平都得到了提高。但是，农村居民的消费结构还不均衡，他们还没有意识到将资金投入到文化方面的重要性，这使得农村的文化消费水平低，农村文化得不到发展。另外，农村文化经营管理人才和演艺人才的缺乏也是制约农村发展的另一个重要因素。要想农村文化能够得到发展和建设，需要有优秀的文化产业人才，尤其是熟悉文化业务、了解文化经济、具有丰富的文化管理经验的综合型人才。文化单位缺乏人才的现象则更为严重，文化服务业所需的大量经营管理人才缺口很大，这是制约农村文化发展的另一个关键因素。

（二）农村文化建设与农村社会工作

政府及有关部门应该推行"文化下乡"政策，为农村居民送去相应的文化作品和举办优秀的文化活动。兴办文化产业来振兴与发展农村文化的发展意识，使文化的发展能够深入到农民的思想意识，使农村居民爆发出参与文化建设的激情和创造力。政府和有关文化部门要举办文化讲座，让农民们看到文化的发展能够带来文化产业的发展及相关的经济效益，使他们更愿意积极地参加文化产业的建设和投入。

1. 农村文化建设的思路

（1）利用旅游文化资源

我国许多农村都有着极其丰富的旅游资源。这对于城市居民来说，是娱乐休闲的好地方。城市居民去农村游玩儿不仅能够欣赏沿途风景优美的乡村风光，而且还希望可以领略乡村深处的秀山秀水与田园风光。既然农村的旅游文化资源丰富，那么，发展农村丰富的旅游资源就具有广阔的发展前景。如农家游的庭院民宅、风土人情，美食游的大铁锅煮出的饭、炒出的菜，风俗游的朴实民风、奇妙天然等。人们在乡村游中去领略乡村风光，感受大自然的气息，正是一种非常值得推广的文化形式。我国的农村文化可以充分发挥旅游文化形式，使农民的文化生活增添新的亮点。

（2）利用政策优势发展农村文化建设

为了推动农村整体的进步与发展，国家对农村文化建设给予了高度的重视，制定了一系列的政策支持农村的文化建设。如大力推行农业知识讲座。为了保证村民们能够积极踊跃地参与讲座活动，各级政府及相关部门利用"听讲座、送礼物"的方式让更多的农民参与到农业知识讲座中来。这样不仅可以帮助农民们更好地学习种植技术以提高农作物产量，还可以提高农民的文化素养。还有一些地区的政府设立了乡村图书馆，给农民朋友们提供了农闲时的休闲活动，帮助其提高自身的文化素养，使农民们利用相关的农业知识投入到农业生产中去。由此可见，政府以及有关文化部门的这些政策都有利于农村文化事业的发展，也为农村文化的大步前进提供了良好的发展前景。

（3）利用区位因素发展农村文化建设

有些农村地区的区位优势为当地发展文化提供了很大的便利。我国有很多农村的区位条件非常优越，例如，有农村地处东南沿海和西南地区的交汇之处，地理位置相当优越，东西南北的文化在这里可以得到相互交融，在推进文化交流的同时更是为农村文化发展提供了广阔的前景。还有些地区是沿海的渔村，对外经贸联系较多，这样的经济水平拉动了文化的发展，这样的优越的区位因素对于发展和建设自然是相当有利的。

农村文化的发展和建设大多是以市场为导向的，其根本目的在于提高经济效益，农民作为农村经济以及文化建设的主体，应该树立以经济带动文化，以文化推动经济发展的重要思想。我国农村文化发展的现状并不理想，也存在着许多制约的因素，因此，政府以及相关的文化部门要注意给予农村以大力的经济扶持和引导，以此来促进文化的发展与建设。农村更应该积极利用自身的旅游和区位因素来转变传统的文化发展模式，将地域性的传统历史文化资源转换成为文化商品和文化服务的现代生产，以实现农村文化事业的长足发展。

2. 农村社会工作对农村文化建设的作用

（1）提高农村社区服务，尤其是文化服务水平

社区服务围绕社区发展和社区居民需求，充分动员和发挥社区内在力量和优势。农村社会工作应本着自主合作、互利共建的精神，参与和提高农村社区居民的生活水平，提高农业技术、文化教育及社会福利等的水平。在农村社会工作者的鼓励和指导下，作为社区建设的主体，农村社区居民能够更加准确地把握村庄公共服务和管理的理论和方法。通过培育村民自我管理和自我服务，及时发现问题，满足需求，使农村社区建设贴合农民实际，进而把自我服务、政府服务和引入市场服务相结合，不断提高他们的生活质量和文化水平。

（2）农村社会工作的介入能够为农民提供能力建设

农村社区工作者认为，每一位受助者都有潜能和自身的优势，以及实现自我价值的能力。在农村文化建设的过程中，农村社会工作者从优势视角出发，充分肯定农民所拥有的乡土文化知识，相信农民有处理问题的知识和技能，农村社会工作者通过增能，使农民有能力改善农村文化环境，建设好农村社区。

（3）农村社会工作的介入能够对农村文化建设起到资源整合的作用

社会工作者要提供和配置社会资源，社会工作者本身就是一种社会资源，通过机构设置、人员配备、社会政策制定、社会服务的计划与实施等一套制度体系，调节个人之间、个人与群体、个人与社会的关系。通过调整社会资源的分配，农村社会工作者为农村文化建设提供更多的资源。

【案例分析】农地征收活动中社会工作介入分析

在农村征地拆迁全过程的各阶段中，农村社会工作者可承担宣传者、咨询者、支持者、资源协调者、监督者、服务者、政策影响者和关系维护者等多方

面角色的工作。

1. 征地拆迁阶段

征地拆迁阶段的工作主要包括宣传动员、征地补偿方案征询意见、实物调查登记、征地补偿方案公告、补偿协议谈判签约、拆迁补偿发放、拆迁安置、交付土地等。宣传咨询者：在宣传阶段，社会工作者可以通过一些系列活动，提供政策信息等方面的服务，协助政府宣传征地建设项目的目的、意义和带来的好处，帮助村民更好地了解和熟悉补偿安置政策，取得对建设项目的理解和支持。

监督者：在宣传论证阶段，督促政府及部门严格执行告知、确认、听证，以及执行公告、补偿安置、社会保障登记，以及房屋征收补偿方案论证、评估机构选定等程序；参加并协助实物调查工作；以第三方的身份，确保征地拆迁各个环节做到公平、公正、公开、透明，切实保护各方的利益。

服务者：为被征地拆迁户提供心理咨询服务，改变被征地拆迁户心理问题无人过问的现状，使其建立积极正面的信赖和情绪，更好地配合征地拆迁工作；及时了解群众生产生活状况和社会需求的详细情况，建立工作档案，确定工作目标，为解决征地拆迁可能出现的社会问题打好基础。

政策影响者：在补偿方案预公告阶段，社会工作者可以通过入户工作，能够更清楚地了解和掌握社会发展和被征地户的正当诉求，及时了解和发现补偿方案存在的问题，向有关部门提出合理的建议，促使政府部门修订和完善政策。

协调者：在登记确认、补偿协议签约阶段，对出现的不愿意配合登记确认、签约及权属纠纷等问题，社会工作者可以通过直接参与谈判，起到润滑剂的作用，缓解矛盾冲突；通过入户访问交谈，及时进行沟通和必要的心理辅导和干预，运用社会工作交流的专业方法开展辅导工作，安抚、释放、疏导和缓解被征地拆迁户的情绪，给予关怀、理解、陪伴和支持，使其能够冷静下来与征地补偿部门协商解决问题，促使矛盾的良好解决；必要时，还可根据法律法规帮助被征地拆迁户，指导村民以正常程序反映问题，或按照行政复议、行政诉讼等方式解决问题，避免过激行为的发生；对于权属纠纷，社会工作者可以第三方的身份沟通、调解，帮助解决家庭内部和村民之间可能出现的相关纠纷。

2. 过渡安置阶段

在这一阶段，社会工作者可以承担的工作较多，如介入社区的管理和中老年人、残疾人、长期病患、低学历和无技能、妇女等弱势群体，成为他们的支持者和资源协调者，给他们提供专业的社会工作个案和小组等服务，改变他们个人心理、生活环境方面的问题，以及个人心理和外部环境的融合等问题，实现社会网络支持、社会资本等方面的重构。同时，协助政府和调动社会力量，提供外部的社会支持，帮助他们解决生活困难、城市融入、再就业、社会保障、儿女教育等实际问题，使他们顺利通过安置过渡期。

3. 安置后阶段

帮助被征地拆迁户顺利通过社会整合、融入城市生活，主要的做法是通过介入社区管理达到这一目的。社会工作者可重点围绕解决被征地拆迁户的社会关系网络和社会资本重构、再就业辅导、城市生活不适应、心理健康等问题开展相应的教育培训和丰富多彩的活动，使他们能够顺利融入城市生活，实现安居乐业。同时，还积极介入到被征地拆迁户的精神文化生活中，以避免"富翁变负翁"社会问题的发生。

征地拆迁活动存在着大量的社会工作需求，但目前社会工作的实际开展情况也越来越不能满足新形势的要求，亟待完善和提高。专业社会工作从工作主体、工作对象、工作职能和工作理论与方法等方面介入征地拆迁活动都具有较好的可行性和适应性，对增强征地拆迁的社会支持、社会管理、社会救助、社会福利和社会整合都将起到不可替代的作用，对解决征地拆迁中的利益矛盾和冲突，对完善征地拆迁制度和程序，促进"和谐阳光"征地拆迁具有现实意义。❶

基本概念：

村民自治制度；村委会组织法；家庭联产承包责任制；基尼系数；农村文化建设；农村文化主体

---

❶ 施国庆，胡严月. 农村集体土地征收的社会工作介入研究［J］. 社会建设，2015（5）.

复习思考题：

1. 试述农村社会环境与农村社会工作的关系。

2. 如何才能做好农村社会工作中的资源整合？试举例说明。

本章推荐阅读书目：

1. 陆学艺. 当代中国社会流动 ［M］. 北京：社会科学文献出版社，2004.

2. 叶敬忠. 不同角色对新农村建设的需求差异 ［J］. 农业经济问题，2006（10）.

第四章　农村社会工作的价值观

【导读】农村留守妇女问题

改革开放以来，城市化进程不断加快，城市经济也迅速发展，随之而来的人口的流动性也不断增加，这使得大量的农村留守妇女衍生出来，目前我国农村留守妇女已达到 5000 万人之多。由于其丈夫长期在外打工，这一群体面临着赡养老人、照顾小孩、操持家务、务农等与家庭有关的大小事务。这不仅对她们的生活质量产生了严重影响，而且也给她们造成了极大的精神压力，从而影响其心理健康。农村留守妇女普遍文化程度较低，思想保守封建，一旦面临心理问题，她们大多会选择逃避或无视，即使有少部分人想要寻求帮助，在农村也无法找到专业人员帮其解决问题，这就需要专业的社会工作者介入。农村留守妇女的心理问题不仅关乎留守妇女自身，而且在其丈夫外出打工期间，她们就是家里的顶梁柱，是一家之主，家里的很多事情都要靠她们自己去解决，因此农村留守妇女的心理问题关乎无数个留守家庭的幸福，甚至可以说，关乎整个社会的稳定。所以，社会工作者应介入农村留守妇女的心理问题，以助人自助的价值理念，帮助留守妇女从心理压力大、缺乏安全感、易产生不良情绪中慢慢走出来，有效解决农村留守妇女所面临的心理问题。❶

社会工作价值观，是指一整套用以支撑社会工作者进行专业实践的哲学信念，以人道主义为基础，充分体现了热爱人类、服务人类、促进公平、维护正义和改善人与社会环境关系的理想追求，激励和指导着社会工作者的具体工作。农村社会工作同其他领域的实务社会工作相比，更重视专业的价值体系和

---

❶ 王冰楠，张 红. 社会工作视角下农村留守妇女心理健康问题探讨 [J]. 新西部，2016 (5).

工作守则。价值观是农村社会工作实践的灵魂，它不但引导农村社会工作者如何理解农民面对的困境和需求，同时还促使社会工作者从农民视角分析问题，寻找合适的工作策略和工作方法。

第一节　农村社会工作价值观的重要性

开展农村社会工作离不开价值观的指导，树立正确的农村社会工作价值观对农村社会工作实践有着重要的指导意义。

一、农村社会工作价值观的涵义

农村社会工作的价值观从内部反映着人与环境相互关系的规范。由于农村区域的特殊场域、文化、人群的差异，农村社会工作价值观可以归纳为对人的价值观、对家庭的价值观和对农村环境的价值观三个方面。关于人的价值观是指每个人都有平等的价值和尊严、尊重每个人的选择、人人都有提升自身能力的需求、人都有归属的需要、人人都有互助合作的需求、人除了对自己负责，也要对他人负责。对家庭的价值观是指重视家庭在养老中的重要作用、重塑家庭孝道、重视家庭的完整性和稳定性对农村个体和环境产生的积极作用。对农村环境的价值观是指农村社会应当为每个人提供公平公正的机会、让个人潜能得以充分发挥、农村社会应当提供适当的资源和服务来满足人们的共同需要、农村社会及整个社会都应当尊重每个人的独特性。

二、农村社会工作价值观的指导意义

农村社会工作价值观对于推动社会工作本土化发展、改善农村地区总体的福利都具有指导性的作用。

农村社会工作价值观的指导意义体现在以下三个方面。

1. 农村社会工作价值观是决定专业使命的关键所在，有了它才能明确农村社会工作专业本身的专业特质，从而为建立正确的农村社会工作模式做好准备。

2. 价值观对农村社会工作人员的职责和行为方式给予了指导，从而保证专业行动在最大程度上增加服务对象的利益，减少对其伤害。

3. 价值观通过对农村社会工作机构和专职人员的社会责任作出明确界定，来确保农村社会工作者为倡导农村社区的公平和正义作出努力。

三、农村社会工作的价值体系

农村社会工作的价值体系由农村社会工作的社会价值、专业价值和伦理价值构成。

（一）农村社会工作的社会价值

在农村社区，传统和现代思想的碰撞使得农村社会的价值观表现出复杂性和多元性，各种观念交织，传统观念和现代思想并存。农村社会的价值观主要有孝顺、诚信、团结、互助和友爱等，这些美德体现了农村社会的基本价值观念。但是，自我实现和追求市场竞争的价值观也充斥着农村社会，影响着农村社区价值观念结构。这种现象自改革开放后表现得尤为突出。

改革开放后，农民的互动平台扩大，互动方式变得更为多元化，直接影响着其自身社会价值观的变化，表现为："小农意识淡化，商品意识增强；保守意识淡化，开放意识增强；服从意识淡化，平等意识增强；集体意识淡化，自我意识增强；节俭意识淡化，消费意识增强；迷信意识淡化，科学意识增强；道德意识淡化，人情意识增强。"❶

（二）农村社会工作的专业价值

结合农村社会发展的特点，农村特殊文化环境和开展社会工作的实际情况，农村社会工作者要在服务中秉持敬业、接纳、倡导、自决、参与和境遇化等专业价值。

---

❶ 尹冬华. 转型时期农民心理特征的变化以及思想政治工作的对策 [J]. 理论月刊, 2002 (4).

1. 敬业

农村社会工作的敬业价值观不仅涉及农村社会工作的专业性质、专业信誉和科学精神，而且还涉及要处理好农村社会工作者与农村工作、农民、农村社会的关系。只有农村社会工作者具备敬业精神，才能把服务工作开展好，其他的农村社会工作的价值才能得以发展。

2. 接纳

接纳是农村社会工作者所必须遵循的基本道德准则，是农村社会工作服务开展的前提和基础。其原因有以下两方面：一是接纳服务对象中的每个人。要承认每个人都是不同的，有着不同的社会经历和经验、不同的文化水平和思想观念、不同的想法和价值观。作为农村社会工作者不能把自己的是非判断标准强加到服务对象身上，要理解和尊重农民的价值观和行为方式，切忌用自己的价值观来评判服务对象。二是要接纳服务对象所在的农村社区。相对于城市社区而言，农村社区是一个较为特殊的环境，农村社会工作实践需要接纳农村社区的现实情况并全身心融入其中，不能按照城市社会工作的经验来直接套用到农村社区。

3. 倡导

倡导是农村社会工作的基本手段。农村社区里的农民个体在面对重大的社会问题、自然灾害或突发事件时，没有能力和方法争取相应的权利和表达意愿。这时，农村社会工作者要秉承倡导的价值观，倡导农民间的合作、政府部门及其他社会力量对农民的帮助，从而改善农民的生活状况，提升其生活质量。

4. 自决

在农村社会工作中，自决是指针对农村社会工作者而言的，要提醒和鼓励农民进行自主选择和自我决定，真正实现服务对象自我意识的提升。通过农村社会工作者的专业服务，培养农民的自主意识和自信心，农民对自己的行为能够自决，农户的维权意识觉醒，进而争取和保护农民应得的权利。

5. 参与

农民的参与行为是一项基本的权利，如果没有这项权利，他们的其他利益将会受到影响。农民对社区的公共决策、公共事务、公共服务、社会福利、社区发展等都有知晓权和参与权，要使农民能够参与政策的制定和执行，这样才能充分保障社区民主自治。

6. 境遇化

境遇化是指在农村的特殊场域中，农村社会工作本土化价值取向。在农村社会工作的专业价值观中，境遇化有着特殊地位。第一，境遇化的专业价值观体现着农村社会工作的专业视角和理念；第二，境遇化的专业价值标明农村社会工作的出路，即实践模式的多元化。

（三）农村社会工作的伦理价值

农村社会工作伦理价值是指农村社会工作者所依循的职业道德准则和操守，是由农村社会工作的社会价值和专业价值决定的，同时也是这两种价值的最直接和最简洁的体现。

1. 作为专业人员的伦理

农村社会工作者需要对自身的能力和专业素养具有较为清醒的认知，不断地在实践中提升自我的专业能力和水平，不断总结经验和教训，提升专业服务质量。农村社会工作者要真诚待人，避免出现对农民的各种形式或者无意识的歧视、排斥和批判的行为。农村社会工作者要言行一致，避免不诚实和欺骗行为。服务中要体现专业价值观和专业水平，不能被他人或个人问题干扰。另外，做农村社会工作还要特别注意保护服务对象的隐私。

2. 对待服务对象的伦理

农村社会工作者对服务对象要有承诺，保障服务对象利益最大化。农村社会工作者要不惜一切努力来最大限度地促进服务对象自我决定意识的增强和能力的提升。在与服务对象建立专业关系后，农村社会工作者应充分展现其专业能力和职业素养，尽量避免与服务对象发生不必要的冲突。

3. 对工作伙伴的伦理

农村社会工作者要以尊重、礼貌和信任的态度对待工作伙伴，要正确、公正地评价他人的服务，农村社会工作者在工作和转介过程中所得到的任何资料都要对同事保密。在专业服务中，当需要与他人开展合作时，要以服务对象利益最大化为出发点和前提。对于团队中能力不足的同事要给予无私的帮助。农村社会工作者要加强与工作伙伴的行为伦理交流，对其不符合农村社会工作伦理的做法要及时给予纠正。

4. 对工作机构的伦理

农村社会工作者要严格遵守本人对机构的承诺，在专业能力范围内为工作机构提供相应的咨询和辅导，同时接受机构提供的教育和培训。农村社会工作者要注重自身在机构中的绩效和评估，按照所在机构的相关规定保留服务过程中所记录的材料，适时恰当地提供转介服务。农村社会工作者在机构中应当行使行政义务，如提倡资源分配的公平、慎重地对待与机构劳资争议的问题，对机构中存在的问题提出中肯的建议。

5. 对农村社会工作专业的伦理

农村社会工作者应当有责任致力于促进农村社会工作专业的实务、价值、伦理、知识和使命的完善，以维持专业性。应当促进社会工作专业在农村社区能够为广大农村居民接受和认可，增加专业服务开展的可行性。应当承担在农村社会工作的专业服务实践中的鉴定和运用专业知识的责任，通过专业评估，提升和完善专业服务的层次和水平。

6. 对农村社会的伦理

农村社会工作者应促进农民群体的整体福祉，增进农民及农村社区的可持续发展。在农村社会工作的实务中，应鼓励更多的村民了解并参与农村公共事务。农村社会工作者也应为农村出现的公共突发事件提供尽可能的专业服务，最大限度地减少他们的物质和精神损失。农村社会工作者还应始终致力于改善农村社会不公平的制度和观念，为农村社会的公平和正义而努力。

（四）农村社会工作价值观在实务中的应用

在农村社会工作实务服务中，农村社会工作者如何看待服务对象、如何与服务对象相处、如何为服务对象提供服务等整个服务的过程都渗透着农村社会工作的价值观。在进行农村社会工作实务服务时，只有遵循符合我国实践特色的农村社会工作价值观，充分尊重服务对象的价值，挖掘服务对象的潜能，平衡好农村社会工作者个人价值观与社会工作专业价值观之间的关系，才能在实务服务中充分发挥农村社会工作价值观的作用。

1. 遵循具有中国特色的农村社会工作规律

在具体的农村社会工作实务中，我们要根据国情、社情及服务对象的具体情况，来建立具有中国特色的价值观，这是农村社会工作实务开展的前提。

（1）爱人。农村社会工作价值观应该强调爱每一个人，去关注每一个服务对象，回应每一个服务对象的需求。

（2）重人。农村社会工作要接纳服务对象，尊重服务对象的特殊需求，始终宽容真诚地对待服务对象，相信其有改变自己、发展自己的潜能。

（3）使人成长。农村社会工作者应该帮助社会中有困难和得不到满足的人，帮助其不断挖掘自身的潜能，使服务对象有意识、有能力去改变自己，获得成长。另外，社会工作者还要不断为服务对象寻找和链接各种资源，为服务对象的改变和成长提供外部支持。

（4）人和。农村社会工作者要关注服务对象能否良好地融入各种社会关系，能否在各种社会关系中寻找到自己生存和生长所需要的资源，使服务对象在和谐的社会关系中生存。

（5）家和。我们所强调的和谐关系，首先是服务对象的家庭关系要和谐，使服务对象融入和谐的家庭环境，能够为服务对象的改变和发展提供最直接、也是最重要的支持。

（6）注重人的参与，注重农村社会的发展。农村社会工作者在进行专业服务时，应积极地引导服务对象参与到整个服务过程中来，目的是鼓励服务对象在农村社会工作者的陪伴下，实现自我成长。

2. 通过"精神"和"物质"两个方面帮助服务对象解决问题

服务对象陷入困境，往往是由于其可以利用的资源匮乏造成的，"福利提供"是农村社会工作中的重要内容，因此农村社会工作者在实务过程中不仅要关注服务对象所缺乏的物质资源，而且还应该为服务对象提供精神资源的支持。

3. 坚持以人为本、尊重人的价值

农村社会工作认为无论是困难人群、特殊人群还是优抚群体，社会都有责任让其作为一个平等的主体，参与和共享各种社会福利与救济，这是农村社会工作价值观的必然要求。在农村社会工作实务中，也应同时强调尊重人的主体人格，恢复服务对象的社会功能，增加服务对象的社会资源。

4. 坚持助人自助，立人自立，挖掘个人的潜能

农村社会工作的基本理念强调在农村社会工作者的协助下，服务对象增长自己的潜能去解决自己的问题。

5. 平衡专业价值观和农村社会工作者个人价值观

农村社会工作者个人的价值观对于实务服务的影响是至关重要的。但有时在实务服务中，农村社会工作者可能会出现两难的情况，是选择遵循自己的价值理念，还是选择遵循专业价值观，这种伦理困惑是不可避免的。

第二节　农村社会工作的价值观

价值观念随着人们认识的不断提升会不断改变，农村社会工作者需要将价值观放到具体的工作情境中，因时因地找准工作的角色，选择合适的工作方法。

一、共同发展

农村社会工作者要坚持尊重充分的选择权、多元化视角、改变的可能、充分参与这四个原则。

（一）坚持充分的选择权原则

由于农村社区资源相对稀缺，农村社区居民的选择机会会受到不同程度的限制，加上一些传统的观念也认为，农民政治素质不高、参与能力差、文化水平低、保守落后等，农村社区居民的各种选择权往往被忽视。农村社会工作者要用批判的眼光理性地分析这些标签化的论调。要运用专业价值观逐步改变这种权利被剥夺的现象，坚持个体充分选择的自由。

（二）坚持多元化的视角原则

农村社会工作者坚持多元化视角，坚持多元文化的视角，每一种文化都是

人类发展不可或缺的一部分；坚持多元发展的视角，没有一种发展模式是万能的，不同的发展路径均能产生积极的效益。

（三）坚持改变的可能性原则

农村社会工作者坚信服务对象的潜能，相信改变的可能性原则，要求农村社会工作者在实际工作中做到：不要因为现实处境的限制而放弃投身到农村工作的选择；不要因为农村社区居民不配合而失去建设农村社区的信心；不要因为没能得到主流社会的认可而放弃农村社会工作的理想。

（四）坚持充分地参与原则

积极参与是个体或群体实现多种权利的保障，也是个体或群体自我价值实现的重要平台。我国的村民自治制度为农村居民充分参与社区公共事务和表达意见提供了制度保障。农村社会工作者要充分认识村民自治制度，借助这个平台实现社区居民权益最大化。

二、团结合作

团结合作的价值观充分体现了农村社会工作者对利他性社会关系、互帮互助的人文精神和包容性社会的理想和目标。

1. 坚持利他性社会关系的伦理原则

利他主义是指无私地关心他人福利的伦理原则，行动者以奉献为特征而不求回报。这充分体现了社会工作是福利性的专业助人服务。农村社会工作实务就是在服务过程中体现社会互助这种利他性的社会关系。农村社会工作者要在服务中积极恢复和重建农村社区传统的守望相助的利他性社会关系，建设村民彼此团结的和谐宜居的农村社区。

2. 坚持互帮互助的人文精神原则

农村社会工作者在实际工作中发扬互帮互助的精神，借助各种平台，培养农村社区居民互帮互助行为。

3. 坚持构建包容性社会原则

包容性社会就是没有歧视、富有博爱的社会环境。农村社会工作者坚持建构包容性社会原则就是要积极开展消除社会歧视的工作。积极宣扬人人均有被尊重的权力、每个人都有独特性等包容性价值理念。积极开展消除歧视的工作，为弱势群体争取平等的权利。

三、社会正义

正义分为分配性正义和报应性正义。分配性正义是指在不同的社会情况下，各个社会、法律、经济和政治组织是否有合理的秩序去达致合乎平等利益或负担的分配。报应性正义是指违法或违背公理的行为与其后果是否相应。农村社会工作相信社会正义的价值观，是因为农村社会工作的目标是致力于建设一个充分公平、正义的农村社会环境，为农村社区弱势群体或困难群体谋求较为平等的资源分配制度、经济发展制度和社会建设制度。

第三节　社会工作价值观的本土化

我们需要的是借鉴国外社会工作的理论、吸收传统中的优势，发展适应中国社会特殊需要的社会工作专业。当前，世界社会工作正朝着注重整体、情理观念和道德观念的方向发展，而这些观念正是中国传统文化和价值观念的主题内容。但同时我们也应该认识到，一方面，这些传统价值观念必须经过现代改造才能适应现代社会工作发展的需要；另一方面，中国传统文化和价值观念中还有许多不利于社会工作发展的因素，还应当吸收和借鉴西方传统价值观念中的合理因素，以弥补自身的不足。

一、对西方社会工作专业价值观及其工作模式进行选择与吸收

社会工作是一种源于西方文化传统，基于西方社会基础之上的专业。要使这种专业在中国社会里发挥其应有的专业功能，就必须针对中国社会及中国人发展的现实需求，有选择地吸收国外社会工作的价值理念和工作模式。西方社

会工作界流行的工作方法到了中国有些是不再适用的，有些则是需要进行改造或转化的。比如，"案主自决"这个社会工作中的重要原则，它要求社会工作者在工作时尽量避免向案主建议他们所应该选择的目标，而把决定权完全交给案主。从根本上说，这是建立于西方个人主义和自由主义价值观基础之上的，如果把它照搬于中国的社会工作过程中，就可能遇到以下两个方面的问题。

1. 当社会工作人员以"案主自决"为由拒绝向案主提出建议，案主会认为这是社会工作者不诚心帮助或是推卸责任。

2. 在整体性观念、依赖性观念熏陶下成长起来的中国社会工作者，自小内化了一些中国文化信念，如倾向于照顾别人、为他人着想，而不是西方所提倡的尊重别人个体性和自主性，要让他们既关心求助者的问题，又与他们保持理性的距离并非易事。

二、对传统中国文化价值观念要结合现实进行取舍，批判地继承和发展

在中国几千年社会发展过程中，形成了以家族为核心的伦理结构。在传统社会里，这种伦理关系长期调节着人们之间的社会关系，平衡社会秩序，已经成为一种牢固的文化传统。家庭在很大程度上能够化解许多威胁社会安全、影响人的发展的问题。从社会工作专业的观点来看，家族网络仍然是解决社会问题的一个重要机制。发展中国社会工作绝不可忽视家族网络的基础性作用。但是，我们必须看到，停留在依靠家族网络自然地化解社会问题的水平上是不够的，不能满足现代社会发展的需要。必须依据社会工作的理论原则，提高和加强家族网络的功能，使之成为发展中国社会工作的重要概念。

此外，中国传统文化及价值观念中的"群体主义"为当代社会工作顺利开展社区和小组工作提供了有利条件。社区和小组工作的核心内容就是增强集体的凝聚力和向心力，借助于传统伦理中对群体的归属感和牺牲精神的弘扬，社会工作者可以更好地激发起社区和小组成员的集体荣誉感和团队精神。❶

---

❶ 黄春梅. 试论社会工作价值观的本土化［J］. 哈尔滨学院学报，2007（7）.

第四节　农村社会工作的工作守则

农村社会工作的专业守则是农村社会工作者从事助人活动正当性及合法性的保障，是农村社会工作区别于其他种类的社会工作的明显特征。农村社会工作专业守则包括农村社会工作的使命、职业操守、伦理守则和工作标准四个方面。

一、农村社会工作的使命

农村社会工作是西方社会工作理论和方法与我国农村社会相结合的产物，也是社会工作本土化的重要体现。随着全球化时代的到来，国际经济对我国农村社区经济和社会发展的影响越来越大，农村社区居民的生产、生活方式都发生了巨大变化。与此同时，我国的社会主义新农村建设也进行了很多有益的探索，也推动了农村社会工作的发展。随着国家政策扶持和农村经济发展，农村社会福利有了很大提升，新型农村合作医疗政策、新型农村养老保险制度、农业补贴、扶贫政策等惠农利农文件的出台，都有力地推进了农村发展。但是，在经济社会发展的同时，也导致了一些社会问题的出现，如征地问题、留守问题、养老问题、生态环境问题等，这些问题都亟待专业社会工作的服务。

当前农村社会工作的使命主要有以下三个方面。

（一）增进农村社区个体或群体社会福利，尤其是边缘群体和弱势人群，如农村残疾人、慢性病患者、妇女、儿童及老人等。当前，我国用于农村社会福利的资源相对有限，这就要求农村社会工作者发挥专业优势，为农村职业病、精神疾病及残障人群提供专业社会工作者服务，开展个案工作、康复小组、就业辅导、技能培训等。

（二）同服务对象一起，通过改善农村社区环境，影响农村社会政策，促进农村社会正义。如在城乡二元对立的社会体制下，农村社区居民和城市社区居民所享受的社会福利存在明显的差异，城市社区居民的社会福利水平明显高于农村社区居民，要实现农村社区居民同城市居民一样的国民待遇，则必须改革社会福利制度。

（三）鼓励团结互助精神，倡导服务对象通过合作不断满足各种不同需要。在农村社会工作实务中，农村社会工作者通过培育、发展社区骨干、社区公益人士、建立社区组织等方式方法，增强农村社区规则的组织性和积极性，农村社区居民通过组织力量不断改善社区的生活环境及居民的文化环境。

二、农村社会工作者的职业操守

农村社会工作者的职业操守是基于农村社会工作的全人类共同发展、团结合作、社会正义的价值观而建立的一套行为规范和工作原则。其职业操守主要有以下七个方面。

（一）为农村社区有需要的个体或群体提供社会工作专业服务

农村社会工作者要结合所服务的农村社区个体或全体的不同需求，开展不同的有针对性的服务。如为残障人士提供社区照顾服务、为老人提供为老服务、为贫困家庭提供生计援助服务。或者根据需求为农村社区居民提供文体活动、技能培训、培育社区组织等服务。

（二）协调农村社区居民共同解决农村社会问题

预防和解决农村社会问题是农村社会工作的重要工作目标。农村社会工作者可以通过链接资源、整合社区资源、激发调动个体和社区潜能，培养社区组织和"社区领袖"，集中全体群众的力量解决农村的社会问题。例如培育合作社经济模式，以增强社区农业产品的市场竞争力。

（三）共同工作，改变社会不公平待遇

农村社会工作者要动员遭受不平等待遇的农村居民，共同行动和工作来改变社会不公平的现实，以确保每个人都拥有平等的资源、服务和权力。要实现这一目标就要提升社区行动能力、决策能力和沟通等能力的建设工作。

（四）尊重服务对象的尊严和价值

农村社会工作者既要忠于专业价值，又要符合社会道德规范。既要担负起社会责任，又要满足个体需求。这就要求农村社会工作者要以关怀和尊重的态度对待每一个人。

（五）工作中坚持诚实守信

诚实守信是农村社会工作者塑造良好专业形象和建立好的专业关系的关键，同时也是农村社会工作者专业价值观的体现。农村社会工作者要处理好专业关系和个人感情的关系，社会工作者要保持良好的专业关系，避免建立过于密切的私人关系。农村社会工作者不能轻易承诺做不到的事情；如果做不到，应说明原因并敢于说明。

（六）重视人与人互助的人际关系

建立专业关系是农村社会工作的"敲门砖"。对农村社会工作来说，核心的关系是指专业关系和服务对象之间的互助人际关系。为了建立服务对象之间合作的人际关系，农村社会工作者首先要搭建各种平台，如社区中的兴趣小组、培训班、社区活动中心等，促进服务对象之间建立联系。农村社会工作者要及时给予不同形式的支持，使服务对象之间的共同行为变成一种常态，建立互助性的人际关系。

（七）不断扩充自己的知识面和增强专业能力

农村社会工作者应当熟练掌握专业技能，有能力处理服务对象的各种需求。服务对象需求多种多样，农村社会工作者要根据所学知识和方法予以处理，同时要与时俱进，不断充实自己的知识底蕴，增强专业能力。如在进行农村残疾人的服务项目中，不仅要掌握社会工作者的专业知识，而且同时还要了解医务社会工作，同时也要了解一些残障社会工作、康复训练等方面的知识。

三、农村社会工作者的伦理守则

职业操守是农村社会工作者职业伦理和价值观的具体化。农村社会工作伦理守则包括增进服务对象的社会福利、鼓励服务对象积极参与社区事务、及时给予服务对象有针对性的支持、促进合作避免冲突、建立结束服务的交接机制等。

（一）增进服务对象的社会福利

农村社会工作首要的社会责任是增进农村社区居民的社会福利，推动制定改善农村居民生产、生活水平的社会制度，可以提升农村居民生活质量的社会福利政策，以及可以增进农村居民基本权益的政治制度和分配制度等各种公共服务设施、公共服务产品。农村社会工作者第一要承担好政策倡导者的角色，促进政府出台各种有利于农村社区居民福利的社会政策，第二，要发挥专业优势，为服务对象提供优质的专业服务。

（二）鼓励服务对象积极参与社区事务

在农村社会工作的实务中，服务对象积极参与社区事务时培育居民的社区性，即对社区的认同，增加农村社区民主气氛，建设农村公民社会。鼓励服务人群积极参与社区事务的核心是群众参与的发言权和决策权。为此，农村社会工作者要加强农村社区居民的表述能力、谈判能力、沟通能力和决策能力建设工作。

（三）给予服务对象及时有针对性的支持

农村社会工作有明确的社会理想和目标。要实现这些目标，前提是服务人群要希望改变社区现状，能够行动起来，参与到社区建设实践中去。服务对象有选择权，他们来决定选择什么路径、采取什么方式，包括拥有终止行动的权利。农村社会工作者在这个过程中需要扮演中介人的角色，为服务对象改变行动做好工作，及时整合资源，给予支持和配合。

（四）促进合作避免冲突

农村社会工作者在实际工作中要促成集体行动，就是要想办法处理好不同群体间的冲突，促进合作。农村社会工作者在介入社区公共事务时，应采取集体行动。

（五）做好结束服务的交接工作

农村社会工作者因工作需要或特殊原因，需要离开尚未完成的农村社区时，为了避免给服务对象和工作带来不必要的损失，农村社会工作者要坚持建立退出机制，要至少提前一个月告知服务对象，并做好新老社会工作者的交接工作，使工作不因人员的变动而影响效果。

四、农村社会工作的标准

按照我国《农村社会工作国家职业标准》和《美国全国社会工作者协会——社会关注从业服务标准汇编》，结合我国农村社区和农村居民的实际情况，我国农村社会工作的标准有以下五项。

（一）严格遵守社会工作专业的价值观和伦理规范

农村社会工作者要严格以我国《社会工作者国家标准》和中国社会工作者协会《社会工作者守则》作为涉及职业规范和伦理为难题的指导方针。农村社会工作者应对包括农村社区居民接受社会服务的权利在内的基本人权有所认识和把握。按照专业判断和专业理念采取行动，熟悉我国社会工作者协会的伦理标准。同时，作为农村社会工作者要在实践中不断探索和完善农村社会工作理论、政策和实践。

作为农村社会建设的专业人才，农村社会工作者应当遵守当地和国家规章制度和政策法规，了解村规民约。在出现有冲突的情况时，要以社会工作者协会的伦理标准作为决策的依据。

（二）尽心尽力完成本职工作

农村社会工作者要综合考虑工作的轻重缓急，按照优先次序，安排好时间步骤、工作程序，按时、保质保量地完成职责内的工作任务。农村社会工作者要与社会工作者督导、服务对象共同制定工作的有限次序。结合可获取的资源及时回应服务对象的需求，发挥农村社会工作者的专业知识和技巧，按照工作计划和服务方案开展工作。农村社会工作者要加强与基层政府之间的联系，及时沟通和了解相关的政策文件。

（三）应充分给农村社区服务对象增能

农村社会工作者应给农村社区服务对象增能，使其获得有效途径，有效利用社区、社会的正式或非正式的支持。增能的原则是结合当地农村社区的特点，根据服务对象的能力和权力结构，使其为自身争取权益。如农村社会工作者发现和培养社区权威和骨干，与其合作培养成为"社区领袖"。

（四）开展可持续的工作模式

农村社会工作者在开展专业服务的同时，必须培养当地专业社会工作者队伍，通过短期培训、专业训练等模式，培养当地的专职社会工作者成为农村社会工作的核心力量。

（五）整合服务资源，寻求跨专业合作

寻求跨专业联合，共同服务。当前农村社区资源相对单一，服务机构相对缺乏。在农村社区需求纷繁复杂的情况下，跨专业合作对于解决农村社区民众复杂的、多样化的需求是非常必要的。农村社会工作者要开阔眼界，打破专业壁垒，在坚守社会工作者专业价值观的同时，积极发展与其他专业机构、组织的合作，共同致力于农村社会工作的发展。

【实务案例】社会工作介入农村养老服务的思考

随着越来越多的农村青年向城镇迁移，传统的家庭养老功能日趋弱化，更多的老人需要求助于邻里和社区，然而，我国农村社区发展相对滞后，照料功能明显不足，这就为专业的社会工作的介入提供了广阔的发展空间。

（一）社会工作的介入有助于养老服务政策的执行

我国现有的农村养老服务人员大多文化程度相对较低，不但缺少养老服务方面的专业技能，而且对现有的养老服务政策的理解力较差，由此导致已经出台的很多养老服务的具体政策不能得到有效实施，养老服务政策的对象不能准确定位，老年人的需求不能得到合理满足等。农村养老服务的公益性和养老政策执行的不力都反映了社会工作介入农村养老服务的必要性。农村社会工作者通过长期在农村的工作，可以更深刻地感受农村老人的需求，从而对农村养老政策的执行产生积极的影响。

（二）社会工作的介入有助于养老服务资源的整合

我国农村养老服务更多地注重于老年人的温饱需求，而忽视了老年人的其他需求。农村老年人的需求主要依赖于个人、家庭、社区和社会的合力支持，而老年人由于自我能力的不断萎缩，无法利用自己所拥有的有限资源满足相关需求。社会工作介入农村养老服务，可以通过运用当前的资源和条件进行有效的整合，促进农村老人养老需求问题的改善。农村社会工作者通过与村委会的合作，充分利用已有的公共资源，将具有相同需求和特点的老年人联系起来，加强对各类农村老年人组织的建设与引导，从而构建新的社会支持网络，增强老年人的行动能力。

（三）社会工作的介入有助于养老服务质量的提高

由于农村养老资源的匮乏，以及养老服务人员专业水平有限，农村养老服务质量不高的问题日益凸显，如何提高农村老人的养老质量已成为一个急需解决的社会问题。农村社会工作者发挥自己的专业特长，以个案、小组和社区等社会工作方法帮助老人解决生活中遇到的各种困难和问题。社会工作者通过在农村社区对"尊老、爱老、养老、敬老"的大力宣传，还可以加强社区对老人的责任感。

（四）农村养老服务社会工作的发展缺乏专业的社会工作人才

当前专职的农村社会工作者的缺乏是制约我国农村养老服务发展的"瓶颈"，也是我国农村养老服务社会工作陷入困境的关键因素。一是专业的农村社会工作人才数量不足。《国家中长期人才发展规划纲要（2010—2020年)》明确提出，到2015年，社会工作人才总量要达到200万人，到2020年，社会工作人才总量要达到300万人，而目前我国从事社会工作的专业人才还不到20万人。二是缺乏本土化的社会工作理论。三是实际从事社会工作的人员的专业素质不高。在农村从事社会工作的一些行政人员往往是凭借已有的经验开展工作，往往缺乏专业的理论和价值观念的指导❶。

基本概念：

接纳；倡导；境遇化；利他关系

复习思考题：

1. 谈谈如何理解农村社会工作价值观的作用。

2. 谈谈你对农村社会工作者职业操守的认识。

---

❶ 魏娅. 社会工作介入农村养老服务的思考 [J]. 清远职业技术学院学报，2013（2）.

本章推荐阅读书目：

1. 罗肖泉. 践行社会正义——社会工作价值与伦理研究［M］. 北京：社会科学文献出版社，2005.

2. 罗能生，杨能. 可持续发展价值观的建构［J］. 学习与实践，2007.

第五章　农村社会工作理论

【导读】目前，学术界关于农村社会工作的研究呈现出两种状态：一种是针对宏观层面的路径探索，即就社会工作的本土化、专业化和科学化发展方向展开探讨。就理论视角选择而言，在克服传统的以"问题为本"的扶贫视角带来的弊端基础之上（张和清等，2008年），存在增权理论和优势视角的应用偏好，因为农村居民整体处于"能力和资源缺乏"的状态（聂玉梅、顾东辉，2011年）。就实践方向选择而言，以强调注重本土文化因素为主。如学者王思斌（2001年）认为，社会工作本土化需要以中国本土的文化与现有的经济制度为参考，并在此基础上采取依靠原有体系、注重生活文化的策略。另一种是微观层面的实务实践，多以项目运作为主，探讨社会工作在相关领域的介入方式，推进实务技巧的发展，如对农村留守儿童的教育问题与农村留守老人的休闲生活等方面的介入。综合来看，无论是农村社会工作的实践方向与视角选取，还是具体实务技巧的社会工作研究，都在逐步发展完善，为后人的研究奠定了基础。就其理论视角选择而言，除了增权理论、优势视角和社会生态系统视角，还存在底层研究理论视角，在某种层面上来说，底层视角的研究取向与社会工作的价值观是不谋而合的。❶

农村社会工作是一项专业性很强的服务和行动，其实践服务过程和工作方法是建立在系统的知识理论体系基础上的，而不是仅仅依靠工作经验的积累和总结。从事农村社会工作，需要了解、掌握和贯彻农村社会工作的理论。农村

---

❶ 万江红，黄晓霞. 底层视角下的农村社会工作实践反思——以 E 社工站为例 [J]. 社会工作，2014（1）.

社会工作理论分为基础理论和实务理论两个层面。基础理论揭示社区、社区与社会、社会三个不同层面关系的理论架构，主要理论来源于社会学、经济学、政治学、管理学、心理学、人类学和教育学等学科的相关社会科学理论。通过这些理论使农村社区工作者认识和理解其工作环境、工作对象和工作特点，从而选择相应的工作策略。实务理论是指社会工作者在工作中的具体策略方针、政策原则和模式方法等，是专业社会工作者的具体服务模式和计划安排。

第一节　农村社会工作基础理论

当前我国农村社会工作还处于摸索经验阶段，亟须理论的指导，同时还需要在实践中辨别不同理论取向的含义及其对我国农村社会工作的指导价值，在已有理论基础上发展符合我国国情的农村社会工作理论对于我国农村发展有着至关重要的意义。

一、实证主义理论

（一）何谓实证主义

实证主义是社会研究中的一种哲学和方法论，由社会学家孔德提出。孔德的实证主义主张用自然科学的方法研究人类社会，重视经验和感性资料在社会认识中的重要作用。

实证主义发展分为两个阶段，即早期的实证主义阶段和新实证主义阶段。第一阶段从 19 世纪 30 年代开始至 20 世纪初结束。这一阶段的代表人物有孔德、穆勒、斯宾塞等。孔德认为，因为实证主义是实证知识的体系即它只是叙述事实，而不是说明事实，所以它能克服"形而上学"的困境，剔除唯物主义和唯心主义的片面性，成为真正意义的哲学。穆勒认为，把功利主义置于实证主义的基础之上，目的是用实证主义的观点论证功利主义的快乐至上的原则。斯宾塞的实证主义思想与孔德的观点一致，他认为人只能认识事物的现象，而不能认识其本质，哲学的任务在于摒弃绝对的东西。研究经验的东西。实证主义思想发展的第二个阶段从 20 世纪 20 年代开始至今。这个时期的主要代表人物为迪尔凯姆，他将实证主义的社会科学思想推到高峰。他对孔德和穆勒的实证主义进行了批判，他认为："社会现象必须加以细致考察才能被真正了解，也就是说，研究事物，必须以事物为主，而不能以一般性原理为主。"❶迪尔凯姆提出社会事实的概念，制订了一系列研究方法和准则，并运用统计方法对自杀现象进行了实证分析。实证主义成为很多科学研究范式形成的基础，如功能主义、行为主义等。

（二）实证主义理论对农村社会工作的指导意义

实证主义理论对于农村社会工作实践具有积极的指导意义。

首先，实证主义视角下的专业农村社会工作，具有不同于以往的农村社会工作的优势。在当前我国特定的政治、社会和文化环境中，要发展农村社会工作，必须得到政府和社会的认同。这就要求专业农村社会工作在理论和方法上都要与传统的扶贫救济工作、政治思想工作、社会发展工作有所不同，能够产生新的积极效果，能被农村居民所接受，这样的农村社会工作才能够被政府信服和支持。实证主义理论指导的农村社会工作具有科学的理论和专业的工作方法，通过个案工作、小组工作、家庭社会工作、妇女及老年社会工作、社区工作等专业的方法技巧介入农村社会。在实践的过程中，不仅显示了农村社会工作的专业性，而且同时也取得了其他农村工作所不能达到的效果。

其次，农村社会工作者以实证主义为指导，尤其是以实证的量化统计分析界定农村社会问题、农民的最大需求等，认识社区，针对实际评估的情况有针对性地制定服务策略。这种建立在实证主义基础上的评估需求——提出对策的典型的社会工作模式，符合专业的助人自助理念，同时满足了政府和社会团体科学助人、可持续建立能力的需求，农村社会工作因此得到政府和社会团体的政策及资源支持。

最后，实证主义指导农村社会工作者开展实务时必须重视科学研究，减少随意性，提高工作绩效。农村社会工作面临的实际问题较其他社会工作领域更

---

❶ [法]. 埃米尔·迪尔凯姆. 社会学研究方法论 [M]. 北京：华夏出版社，1988.

为复杂多变，只有依靠科学的控制与评估方法，才能使农村社会工作者注重科学的工作程序和评估方法，通过建立关系—评估需求—制定计划—实施干预—效果评估—工作总结，这样一套完整的工作流程，而且每一阶段需要有方法、步骤和时间安排，确保提高工作效率，避免随意性和难以管理的情况发生，对于目标的实现具有重要作用。

二、功能主义理论

（一）何谓功能主义理论

功能主义是在实证主义的基础上发展起来的一门重要学派，在当代西方社会学理论中仍然占有重要地位。功能主义认为，社会是具有一定结构或组织化手段的系统，社会的各个组成部分以有序的方式相互关联，并对社会整体发挥着必要的功能。

功能主义的主要代表人物有帕森斯和莫顿。帕森斯认为，社会系统是行动系统的一个子系统。社会系统为了保证自身的维持和存在，必须满足四个条件，即适应、目标达成、整合、潜在模式维系。在社会系统中，执行这四项功能的子系统分别是经济系统、政治系统、社会共同体系统和文化模式托管系统。帕森斯认为，社会系统是趋于均衡的，四种必要功能条件的满足可以使系统保持稳定性。莫顿发展了结构功能的方法，提出了外显功能和潜在功能、正功能与负功能的区别。他主张根据功能后果的正负权衡来考察社会文化事项。莫顿认为，如果文化结构（目标和社会结构）之间发生脱节，就会出现社会失范状态，导致越轨行为。

（二）功能主义理论对农村社会工作的意义

功能主义理论对农村社会工作的指导意义首先在于它能够促进社会整合，稳定社会秩序。按照功能主义理论的观点，农村社会工作的良性运行需要现代福利系统的支持，农村社会工作的发展有利于现代社会服务体系的建立与完善。同时，功能主义"协调社会与个人的关系"是农村社会工作的基本功能，农村社会工作能够有效地调节农民个人、群体与社会组织（包括政府）的关系，有利于强化农民的社会功能。

第一，在农村发展和新农村建设中，农村社会工作扮演着社会服务提供者和传递者的角色。农村社会工作者在新农村建设中发挥协助者的作用。在农村教育、医疗、养老、文化等方面，他们能够协助其他人员开展服务。

第二，专业农村社会工作者的服务过程有助于激发农民参与新农村建设，培育民主管理，体现其主人翁精神。在政策执行过程中，基层政府习惯于行政命令的方式，村民自治制度没有发挥应有的作用。根据农村社会工作的特点，有必要在农村发展中发挥专业社会工作者的作用，提升基层政府与农民的积极性。在政府社会服务体系中培育一支得力的社会工作者队伍，促进农民的民主管理。

（三）功能主义理论取向的农村社会工作也存在一定的局限性

第一，功能主义的农村社会工作过于强调作为和谐社会"调节器"的作用，重视社会稳定，从而限制了其他取向的社会工作的发展。在农村社区工作中，过分重视社区规划、社区发展模式、社区功能发挥等，而忽视社会行动。这对于农村社会工作促进社会公正、关注民生、服务民众的价值观和历史使命都会有一定的阻碍作用。农村社会工作者应时刻警惕理论模式的僵化和教条化倾向。

第二，功能主义的农村社会工作容易固守决定论，将服务对象的问题本质化、刻板化和标签化，用专家的角色干预服务对象的问题。功能主义社会工作范式整体的思路和行动路线，限制了社会工作者从更宽阔的视野看待农村社会问题和农民生活状况，忽视复杂的社会结构对于农民生活所产生的影响，忽视了农民自身所蕴藏的巨大潜力。在服务过程中，农村和农民通常被视为被动的客体，而忘记了社会工作助人自助的价值观。

第三，功能主义指导下的农村社会工作容易陷入某些特定的具体方法上，容易导致技术主义，而忽视社会结构和权力关系的整体分析和动态探寻，忽视社会冲突的维度，走向保守路线。

三、认知行为理论

(一) 何谓认知行为理论

认知是指一个人对一件事或某对象的认知和看法，对自己的看法，对人的想法，对环境的认识和对事物的见解等。认知行为理论是一组通过改变思维或信念和行为的方法来改变不良认知，它是认知理论和行为理论的整合，是对认知和行为理论所存在缺陷的一种批评和发展。

认知行为理论将认知用于行为修正上，强调认知在解决问题过程中的重要性，强调内在认知与外在环境之间的互动。认为外在的行为改变与内在的认知改变都会最终影响个人行为的改变。其主要包括问题解决、归因和认知治疗原则三个方面。所谓问题解决是增强个体界定问题、行动目标、规划及评估不同行动策略的认知能力。达到能够在不同情况下不断调整自己的认知，能够从他人的角度看待问题和行动目标。所谓归因是指个人对事件发生的原因的解释。所谓认知治疗原则，指的是修正一些认知上的错误的假定，包括过度概括、选择性认知或归因、过度责任或个人肇因假定、自我认错或预罪、灾难化思考、两极化思考等。

(二) 认知行为理论对农村社会工作的指导意义

第一，有助于农村社会工作者改变过去单一的服务模式，将认知和行为治疗模式结合起来。在社会工作者实务中加入认知矫正，使对农村地区居民的专业服务更有效；第二，认知行为理论关注重点在于儿童、青少年、妇女及老人群体，应重视对他们当中不良认知和行为的调节。当前我国农村地区存在着大量的留守儿童及青少年、留守妇女及老人，认识行为理论指导的农村社会工作能够发挥其应有的作用。

认知行为理论也存在一定的局限性，如过于关注情绪问题，使得农村社会工作者在一定程度上忽视服务对象的一些基本问题。在传统观念较深的农村地区，如果过于强调认知行为理论，那么就会给农村社会工作的实际效果带来很大的冲突。

四、沟通理论

（一）何谓沟通理论

沟通理论综合了心理学、人类学、社会学、语言学及管理学等有关沟通的理论形成和发展起来的一个理论。主要侧重于人际沟通方面研究，认为人际沟通在人际关系中发挥着重要作用。心理学认为，人际沟通不仅是信息上的交流，而且还会给交往双方带来心理上及行为上的交互影响，结果使得沟通双方在情感、认知、行为和彼此关系上发生变化。

人际沟通对于个人和社会都有重要的意义，表现在以下三个方面。第一，人际沟通是人在社会中得以生存的必要条件，社会性是人的本质属性，人要在社会生存就必须完成社会化，而社会化的重要途径就是人际沟通；第二，人际沟通是社会中人与人关系建立和维持的必要条件，在社会中个人通过沟通建立自己的友情、爱情和亲情；第三，人际沟通是个体自我意识觉醒的必要条件，在社会中个人对自己的认知并不是完全来自自己的主观判断，更多的是通过与他人的交流认识自我的。

实现人际沟通的方式有两大类，分别是语言符号方式（口头、书面语言）和非语言符号方式（手势、面部表情、目光、肢体语言等）。沟通理论认为，鉴于人际沟通的重要性，如果个体不能在人际交往中很好地处理沟通的信息，必然会导致交往双方关系的障碍，进而影响问题的解决。

（二）沟通理论在农村社会工作中的运用

以沟通理论为基础的农村社会工作的基本任务就是帮助农村中的广大农民消除沟通障碍，使村民能够良好地相互沟通，与家庭、邻里、组织和政府沟通。农村社会工作者在服务时应当做好以下工作，第一，鼓励和动员村民提供畅通的信息；第二，对获得的信息应及时地给予评估和反馈；第三，提供工作者自身的一些行为信息给村民；第四，尽可能过滤掉来自村民的不精确信息。

沟通理论和方法技巧对于建立农村社会工作者和农村服务对象之间的关系将十分有效。但是，在农村从事社会工作也应在与服务对象交往的过程中把握沟通的尺度，不能将这一理论形式化和教条化，避免技术性痕迹过重而忽视沟通中的真诚、同情心及助人自助的工作原则和核心价值观。

五、权变理论

(一) 何谓权变理论

权变理论又称为应变理论、权变管理理论。是 20 世纪 60 年代末 70 年代初在经验主义学派基础上进一步发展起来的一种管理理论，"权变"是指"随具体情境而变"或"依具体情况而定"，即在管理实践中要根据组织所处的环境和内部条件的发展变化随机应变。权变理论认为，不存在一成不变、适应任何情境的管理方式。权变要求的就是根据环境的不同而对决策做出调整和变化，适宜地选择和采取不同的行为和方式才能取得最佳的管理效果。

权变理论包括组织结构权变理论和领导方式权变理论。组织结构权变理论把组织比作一个开放的动态系统，认为组织结构或模式必须要依据所处环境的不断变化而恰当地进行调整，没有一个一成不变、普遍适用的组织结构或模式。领导方式权变理论认为，要发现一个适合于任何组织的组织结构、任何性质的工作和任务、任何对象的固定的领导人格特质、领导类型和领导行为方式都是不可能的。领导所具有的有效性是由领导者、被领导者及环境因素三个变量共同决定的。因此，需要根据实际情况和具体情境来选择领导类型和方式。

(二) 权变理论对农村社会工作的指导意义

农村社会工作的核心是农村事务的管理，权变理论无论对于农村社会工作专业模式的构建，还是对农村社会工作者个人素质的培养都具有指导意义。首先，权变理论认为，没有普适的、不变的组织结构和模式。农村社会工作应根据所在地区的具体政治、经济、文化，以及受助群体的特征环境来适当选择社会工作的专业模式和服务方案，不能用一成不变的专业实践模式去对待所有的服务对象和农村地区；其次，权变理论的农村社会工作要重视农村社会工作者的培养。当前我国农村社会工作尚处于起步阶段，要依据权变理论，培养适时适地的农村社会工作专业人才。

权变理论也存在一定的局限性，如过度考虑复杂的环境、领导变量，以及两者之间的相互作用，会给农村社会工作的实践效果带来很多消极影响；现有的权变理论过于强调领导对于环境的适应性，不利于农村社会工作者主观能动性的发挥与调动，从而影响农村问题的解决和服务效果。

例如，权变理论对于农村基层民主建设有着重要的指导意义。现代管理理论中关于领导行为的研究，经历了领导特制论、专制论、民主论、任务导向型、关系导向型等不同的观点，但研究者们发现并不存在一种普遍有效的指导模式，领导行为的有效性取决于具体的情境条件，这也就是领导理论中的权变理论。受此启发，民主建设也因情境条件的不同而存在不同的模式，并非一种模式放之四海皆准，关键要看均衡格局的程度、经济发展水平的高低，对应于此，应采取不同程度的民主，这就是民主建设的权变式理论模型。在坚持以上原则的基础上，用民主建设的权变理论模型，积极探寻新时期农村基层民主建设的有效对策，定会取得预期效果❶。

六、社会生态系统理论

（一）何谓社会生态系统理论

社会生态系统理论把个人与其生存环境看作是由功能上相互依赖的各种元素所组成的系统整体，注重人与环境间各系统的相互作用及其对个人行为的重大影响，启发一种看问题的新视角——把人的需要和问题看作是人与环境相互作用的结果。美国威斯康星—怀特沃特大学教授查尔斯·扎斯特罗最先阐述了社会生态系统的层次性，他指出，个人的生存环境是一个完整的生态系统，即由一系列相互联系的因素构成的一种功能性整体，包括家庭系统、朋友系统、职业系统、政府系统、社会服务系统等，人是在环境中与各种系统要素持续互动的主体。在生存环境中，个体受到各种不同的社会系统的影响，也持续并富

---

❶ 王欣太. 权变理论视角下的农村基层民主建设［J］. 农业部管理干部学院学报，2012（12）.

有活力地与其他系统相互作用❶。

社会生态系统理论由布朗芬布伦纳于 1979 年在《人类发展生态学》中提出。他认为，个体的发展是处在一个与之相互作用并且不断变化的环境（他称之为行为系统）中；同时，他认为个体成长的生态环境是有层级的，按与个体的互动频率和密切程度依次向外扩展出四级——微系统、中间系统、外层系统和宏系统，并且构成了一个同心圆结构。微系统是指个体活动时直接产生联系的环境因素构成的系统。中间系统是指微系统之间的相互联系和相关关系。外系统是指个体没有直接参与却对他们的发展产生影响的系统。宏系统是指个体所处的包括以上三个系统在内的整个社会的组织、文化等社会环境。在布朗芬布伦纳所提出的模型中，还有一个时间维度，即"时间系统"，从而把时间作为了研究个体成长和变化的参照体系。随着时间的变化，个体成长的环境也可能随之发生变化，发生变化的原因可能是外在的，也可能是内在的。布朗芬布伦纳将这种变化称之为"生态转变"❷。

社会生态系统理论是系统理论的支柱之一，其核心观点就是生命系统与周围环境之间有着持续的交流和互动，强调在实务过程中要对人与环境两方面进行理智、平衡的把握。

（二）社会生态系统理论对农村社会工作的指导意义

社会生态系统理论给农村社会工作带来了很多的启示，给农村社会工作开拓了新的思路。首先，农村社会工作者在农村社区开展工作时，要改变传统的管理模式框架，树立服务"三农"的理念，应认识到为农民提供专业的社会工作并不是管理和治理，重点在于服务；其次，以社会系统理论为基础的农村社会工作不应当只把目光聚焦在服务对象上，而更要关注目标、行动和改变媒介等系统；第三，农村社会工作者应当认识到农村居民与各个系统之间的关系是动态的、发展的，需要对农民与环境的关系不断地及时地作出判断，对农民出现的问题应从整体系统出发，把问题放到微观—中观—宏观的各个层面系统

---

❶ CHARLES H. Zastrow understanding human behavior and socialenvironment［M］. 6th. Edition. THOMSON BROOKS/COLE, 2004：412 – 418.

❷ 邵志东，王建民. 中国农村转移人力资源开发体系构建研究——以社会生态系统理论为视角［J］. 湖南科技大学学报（社会科学版），2013（7）.

中加以分析和处理。

社会生态系统理论也存在着一些局限性，一方面，由于过分强调人与环境的相互依赖，因此不利于农村社会工作者发现服务对象与环境之间已有的冲突和矛盾；另一方面，由于系统论具有非方向性，致使农村社会工作能够包容任何一种理性介入方法，因此容易变为福利管理主义。

七、解释学理论

（一）何谓解释学理论

解释学是由 19 世纪德国哲学家 F. E. D. 施莱尔马赫（1768—1834 年）和 W. 狄尔泰在前人研究的基础上开创的。施莱尔马赫致力于圣经释义学中的科学性和客观性问题的研究，提出了有关正确理解和避免误解的普遍性理论，使神学的解释成为普遍解释理论的一种具体运用。狄尔泰被看作是西方传统解释学的集大成者，他仿效为自然科学奠定哲学基础的 I. 康德的"纯粹理性批判"，提出了作为"历史理性批判"的解释学现代解释学的开创者是 20 世纪的德国哲学家 M. 海德格尔，他把传统解释学从方法论和认识论性质的研究转变为本体论性质的研究，从而使解释学由人文科学的方法论转变为一种哲学，并发展成为哲学解释学。海德格尔通过对"存在"的分析达到对一般"存在"的理解，并把理解作为一种本体论的活动。他提出了"解释学循环"这一著名理论，认为解释者对被解释对象的"认识预期"是待解释的意义的一个部分，理解活动的完成因而依赖于理解的"前结构"，即一组在理解之前业已存在的决定理解的因素。于是，这一基本"循环性"始终存在于"前结构"与解释者的"情境"之间。不过，他强调这不是一个"恶性循环"，而是"存在"进行认识活动的基本条件。

解释学提倡反实证主义，韦伯主张社会学的基本研究单位是人的社会行动，通过把握人的行动动机理解社会现象的主观意义。在韦伯的解释社会学和胡塞尔的现象学的基础上，舒茨建立了现象社会学，关注社会互动过程中生活世界的主观意义，提出对意义的理解是"互为主观"的。加芬克尔创造了常人方法学的理论和方法，认为社会秩序是建立在行动者对行为的主观意义共同理解的基础上，而这种共同理解或共同的现实感是通过语言运用的技术来实现的。库利的"镜中我"理论、米德的"心灵自我"理论、布鲁默的符号互动论等理论，都强调互动及相互意义的理解，反对实证主义范式。哈贝马斯在批判的基础上提出社会研究的"价值介入论"和"共识真理观"，反对实证主义的"绝对真理观"。

（二）解释学理论对农村社会工作的指导意义

解释学理论取向的社会工作者相信，要处理的问题不是个体的社会适应问题，而是要帮助服务对象厘清意义和重构问题，因此深入地沟通、交流和相互理解对于个人和群体的生存有根本性的意义。社会工作者从服务对象的主观经验评估问题，通过聆听、安慰等方法，帮助服务对象理解经验的意义，促使其自我探索并发挥潜能。

解释学理论对于农村社会工作有着特殊的指导意义。

第一，解释学理论视角的农村社会工作者要关注如何有效地融入农村社区，要放下身段，走进和融入农民的日常生活，有效地理解和评估农民需求。农村社会工作者要运用深度访谈、参与式观察和口述史等方法，逐步熟悉和理解农村的文化传统、风俗习惯、人际关系及社会资本等状况，从农民视角看问题和寻求解决问题的途径。

第二，解释学取向的农村社会工作强调从农民视角，同时通过大量的调研去了解农民的真实需求。而不是简单地为了应付上级任务，自上而下下达命令，导致农民不领情和不需要，严重损害了干群关系和政府形象。解释学取向的农村社会工作强调与农民同行，共同应对农村社会问题及谋划农村发展。

第三，解释学取向的农村社会工作要求最大限度地动员农民参与项目，强调农民的参与。农村社会工作应当尊重农民的生活方式和农村的发展环境。解释学视角下的农村社会工作认为，农村社会工作者应当谦虚和慎重地对待地方性知识和文化遗产，重视农民的想法和创意，在相互理解的基础上促进工作目标的实现，避免"专家干、农民看"的局面。解释学取向的农村社会工作重视服务对象的个案管理和深层描述。

解释学取向的农村社会工作也存在一定的局限性，如过分重视社会现象的主观因素和象征意义，容易走向相对主义而忽视社会现实的客观性。

八、发展理论

（一）何谓发展理论

发展理论是在"第二次世界大战"后受当时世界环境的影响而蓬勃兴起，其研究对象更多地关注发展中国家，寻求这些国家落后的原因及如何改变其落后的状况，实现独立自主，走上现代化的发展道路。发展理论由现代化理论、依附理论和世界体系理论组成。现代化理论兴起于 20 世纪五六十年代，基于传统和现代化两极对立的现状，指出现代化是一个从传统社会向现代社会转型的过程，发展中国家要实现现代化，就必须在传统社会与现代社会之间补充"现代性"；依附理论从现代化理论中存在的局限性出发，为研究发展问题提供了新的角度。发展理论由阿根廷学者劳尔·普雷维什于 20 世纪六七十年代最先提出。该理论认为，广大发展中国家与发达国家之间是一种依附、被剥削与剥削的关系。该理论是新马克思主义的一个重要理论学派之一。它将世界划分为先进的中心国家与较落后的边陲国家，后者在世界体系中的地位使之受到中心国的盘剥，故得不到发展，或产生腐败等弊病。世界体系理论作为一种理论和方法主要兴起于 20 世纪 70 年代的美国，其主要标志是美国纽约州立大学伊曼纽尔·沃勒斯坦于 1974 年出版的《现代世界体系（第一卷）：16 世纪资本主义农业和欧洲世界经济的起源》。这种理论和方法是西方学术界继 20 世纪五六十年代现代化理论之后出现的一种新理论和新方法，其影响遍及政治学、经济学、社会学、历史学和地理学等主要社会科学领域。世界体系理论创造性地融合了社会发展理论中的主流学派与非主流学派。

（二）发展理论对农村社会工作的启示

发展理论对农村社会工作有以下三个方面的指导意义。第一，农村社会工作应当从实际出发，不能用凭空构想的专业服务模式在农村开展工作，一切应以介入所在农村社区的实际情况出发；第二，依据发展理论，农村社会工作者应当充分认识到农村居民是促进农村发展的主要力量，农村社会工作应努力促使农民主体意识觉醒，更好地建设农村地区的经济、政治、文化等系统，进而推动农村社会的全面发展；第三，农村社会工作者应意识到在农村社区开展工作的最终目标是实现人的全面发展，实现人与社会、人与自然的协调发展。

发展理论也不可避免地存在其局限性，如农村社会工作过于重视农村地区发展目标，而忽视了专业服务实施过程中的细节问题。开展社会工作只关注解决外部系统，而忽视系统内部的工作。

九、社会批判理论

（一）何谓社会批判理论

社会批判理论是指通过揭露制度和文化中的霸权对畸形社会（如奴役、不平等、压迫等）的制造和复制，启蒙人的自觉、反抗的意识和能力，以获得自由、解放的理论。其中，霸权即特权群体通过能够行使权力的各种机构，尤其是政治、司法和教育制度，来维护其对其他群体统治地位的方式。社会批判理论最早来源于康德和黑格尔的哲学批判传统，之后以马克思主义学派、法兰克福学派和新马克思主义学派最为著名。马克思、恩格斯认为，只有科学地批判不合理的社会现实，才能改造世界。曼海姆对意识形态进行批判，卢卡奇揭示了虚假意识，葛兰西提出文化霸权理论，霍克海默、马尔库塞等人为社会批判理论都作出了重要贡献。当代批判理论的代表人物是哈贝马斯，她对当地社会批判的重心是针对科学理性对人类的控制，并将批判理论与解释学理论结合起来，提出了著名的沟通行动理论。

（二）社会批判理论对农村社会工作的指导意义

社会批判理论对于社会工作的最大影响在于强调个人问题的社会结构、社会制度和社会秩序的因素，尝试从政治和权利的角度寻求社会变革，期望通过社会行动实现人性的解放。因此，社会工作应当以社会公正为己任，尊重服务对象的地方性知识和经验。农村社会工作者侧重于分析市场化及全球化对"三农"问题或社会公正的影响，在介入策略上，社会工作者以农村社区或农民需求为本，努力改变各种不合理的权力结构或制度安排，致力于创造一个社会公平的环境，以从根本改善农民生计和生活水平。

以促进社会公平和社会进步为己任的农村社会工作者应当以增能和倡导理论为基础，努力提升贫困地区农民的权利意识和改善生计的能力。尽力为农村地区争取更多的资源，推动政府决策部门相关社会政策的调整和体制创新。社会批判理论弥补了实证主义和功能主义的"修补者"范式和"权力盲点"，同时也避免了解释学忽视客观结构的倾向。但是批判主义也有其一定的局限性，在具体开展农村社会工作的过程中，农村社会工作者要避免过于理想化，或者把自己的主观意愿强加于农民。

十、女性主义理论

（一）何谓女性主义理论

在人类历史的长河中，妇女运动主要分为两个时期，第一个时期发生在19世纪末期，强调良性平等、参政权利，突出女性在智力和能力上与男性没有差别；第二个时期发生在20世纪60～80年代，这次运动主旨是消除性别歧视和性别差异。

女性主义理论可以划分为宏观理论和微观理论网大类。女性主义宏观理论包括一些对世界和历史加以阐释的宏大叙事，如世界体系理论。女性主义的微观理论也是门类繁多，如交换理论、网络理论、角色理论、地位期望理论及符号互动理论等，这两大理论都对性别差异及男女不平等的现象及其原因进行了阐释。

（二）女性主义理论对农村社会工作的指导意义

农村社会的男权主义思想相比城市更为严重，因此在农村社会工作中要特别强调女性主义理论指导下的性别平等和妇女解放思想。传统的农村社会重男轻女现象严重，当今农村社区虽然已经有所改善，但是男女不平等现象依然存在。很多农村女性在受教育权利、家庭地位等方面地位低下，尤其没有生男孩的妇女受到歧视。随着人口流动，农村出现大批的留守妇女，她们不但要承担家庭劳动的负担，而且还要承担农业生产的重任，同时还存在对丈夫在外打工出轨的担忧，以及村里男性的骚扰等。农村妇女是弱势群体，农村社会工作者应当始终有性别平等的敏感度，用女性主义理论来指导实际工作。

在宏观方面，农村社会工作者要与政府部门沟通，推动出台尊重妇女劳动和保护妇女权益的各项政策，鼓励妇女参政议政，为实现农村妇女的基本权益作出最大的努力；在微观方面，通过个案工作提升妇女的平等权利意识，调整妇女的自我错误认知，提升其自我价值和自信心。通过小组工作，将农村妇女组织起来，充分发挥团体动力的作用，鼓励她们相互交流和支持；还要通过社区工作，动员社区成员发挥自我潜能，建立社区支持网络。

十一、后现代主义理论

（一）后现代主义的基本内容

后现代主义是于 20 世纪 60 年代在欧美兴起，20 世纪七八十年代在世界普遍流行的一种社会思潮。后现代理论主要通过社会批判，从微观层面去解构现代社会，致力于将人从制度、结构、实践和话语等社会规训中解放出来。后现代主义的代表人物福柯对现代知识、权力的运作机制进行了解构。他认为，现代社会是依靠一整套所谓的"真理"权力机制实行社会控制，而"真理"是权力斗争的结果，现代社会通过话语及知识、权力实践，实现对主体的文化权利控制，从而维护现成的社会秩序。

后现代主义的基本理论取向有四个方面：以强调内在联系的实在性为特征；突出整体有机论；强调过去和未来之间有一种新的时间联系；具有创造性和多元论的理论取向。同时，后现代主义具有三种取向：激进的或否定性的后现代主义；建设性的或修正的后现代主义；简单化的或庸俗的后现代主义。

（二）后现代主义对农村社会工作的启示

后现代主义的诸多理论对我国农村社会工作具有启示意义。第一，后现代主义中的关系多样性、思考多元化的理论主张提示农村社会工作者应当多角度认识农民，不要将农民当作被动接受的工具，而要充分认识他们的主体地位，激发他们的创造力，更好地解决所遇到的问题；第二，后现代主义把社区作为恢复主体权利、培养成员自我意识和参与行动、养成共同体意识的重要场所，在农村社会工作中，要充分重视社区工作，实现社区之间、社群之间、社区成员之间的协调和沟通；第三，后现代主义比较关注边缘群体和弱势群体的生活现状和心理状态，因此，农村社会工作者需要主动关心农民的境况，更诚心地为农民服务；第四，后现代主义对话语、符号暴力的分析提醒农村社会工作者要注意与服务对象及与广大农户进行交流时所使用的语言及语言表达方式，防止符号暴力。

后现代主义对农村社会工作的启示是，在开展农村社会工作时，不要局限于现有的认识和思维方式，要多思考、多实践，开辟农村社会工作的多种可能性。

后现代主义的局限性在于，它并没有提出一套具体的、有建设性意义的服务和介入模式。同时，它一味地批判传统价值观但却没有提出一个被普遍接受的新的价值观。对不确定性的过分强调会使工作开展无据可寻，容易形成工作的随意性。

第二节　农村社会工作实务理论

一、社会资本理论

（一）何谓社会资本理论

20 世纪 70 年代以来，经济学、社会学、行为组织理论和政治学等多个学科都不约而同地开始关注一个概念——社会资本（social capital）。于个人而言，社会资本是指个人在一种组织结构中所处的位置的价值。于群体而言，社会资本是指群体中使成员之间互相支持的那些行为和准则的积蓄。社会学家布迪厄从围观角度界定社会资本，他指出，一个人拥有社会资本量的衡量既取决于其调动资源关系网络的规模，也取决于这个网络内人群拥有资本的数量。科尔曼则从社会结构的层面指出社会资本是由其功能而来的，它不是单独的实体，而是具有各种形式的不同实体。这种社会资本不是通过市场交换产生的，而是在稳定、封闭的社会结构中互动形成的。帕特南认为，社会资本是指社会组织的特征，如信任、规范和网络，它们能够通过促进合作行为来提高社会效率。社会资本会促进自发的合作，并渗透到政治秩序的内在结构要素中，必然能推动政治的有序运行，而最重要的影响力是在社会和政治生活中。

（二）社会资本理论对农村社会工作的实践指导意义

首先，农村社会工作要致力于增强农村社区居民之间的互助，重建约束和帮扶机制。随着我国进城务工人员的增加，农村原有的社会网络逐渐淡化甚至瓦解，约束和帮扶机制逐渐消解，从而导致各种问题层出不穷。要消除农村社区的各种问题，就必须重建农村社区及农村居民之间的社会网络，加强对农村社区社会资本的重建，促进农民之间的互助网的建立；第二，在开展农村社会工作的专业服务时，要重视农村社区及邻里之间的关系，努力改善村与村之间不协调的关系。重视农村社区的家族关系，避免群体性事件爆发；第三，农村社会工作者应当认真做好"功课"即学习政府有关农村发展和保护农民利益的相关政策，努力利用这些政策的优势去服务农村社区。

二、社会支持理论

（一）何谓社会支持理论

社会支持是指"重要的他人如家庭成员、朋友、同事、亲属和邻居等为某个人提供的帮助功能。这些功能典型地包括社会情感帮助、实际帮助或信息帮助"。一般可以把社会支持分为物质性支持、情感性支持、工具性支持、满足自尊的支持、网络支持和抚育性支持等。作为一种理论范式，社会支持源于"社会病原学"，最早是和个体的生理、心理和社会适应能力联系在一起的。也正基于此，一些学者的研究将其限制在"社会心理健康"领域。但就已有研究来看，国内外对社会支持的使用都已超越了原有的解释，将其扩张为一种用于指称为弱势群体提供精神和物质资源，以帮助其摆脱生存和发展困境的社会行为的总和。社会支持理论基于对弱势群体需要的假设，也就是说在对弱势群体形成科学认知的基础上，判定弱势群体需要什么样的资源才能改善和摆脱现存的不利处境。

依据社会支持理论的观点，一个人所拥有的社会支持网络越强大，就能够越好地应对各种来自环境的挑战。个人所拥有的资源又可以分为个人资源和社会资源。个人资源包括个人的自我功能和应对能力，后者是指个人社会网络中的广度和网络中的人所能提供的社会支持功能的程度。以社会支持理论取向的社会工作，强调通过干预个人的社会网络来改变其在个人生活中的作用。特别对那些社会网络资源不足或者利用社会网络的能力不足的个体，社会工作者致力于给他们以必要的帮助，帮助他们扩大社会网络资源，提高其利用社会网络的能力。

中国学者多从社会网络等的角度对社会支持理论进行阐释，将社会网络分为正式的社会网络和非正式的社会网络两种。正式的社会网络指官方的、制度性的支持，包括政府、企事业单位、社区组织和市场等；非正式的社会网络指非官方的、非制度性的，包括血缘关系、亲缘关系、业缘关系、地缘关系和私人关系。

（二）社会支持理论对农村社会工作的实践指导意义

社会支持理论作为实务理论更有利于建立农村弱势群体的多层次、多形式的现代社会关系支持系统，切实帮助他们建立可持续的、有效的解决问题的支持网络。农村社会工作者应促使农村弱势群体自觉并自助获取社会资源。例如在农村留守问题上，要帮助和动员农村留守老人、妇女及儿童加入社会支持网络，如老人活动中心、妇女之家、"四点半课堂"等，为留守群体建立彼此之间的支持和帮助，提升他们处理问题的能力，提供心理支持。

三、亚文化冲突理论

（一）何谓亚文化冲突理论

亚文化又称集体文化或副文化，指与主文化相对应的那些非主流的、局部的文化现象，指在主文化或综合文化的背景下，属于某一区域或某个集体所特有的观念和生活方式，一种亚文化不仅包含着与主文化相通的价值与观念，也有属于自己的独特的价值与观念。主文化是指在社会中具有主流作用的文化，即在社会上占据主导地位，为社会中大多数成员所接受的文化。主文化体现的是一个特定社会中文化的同质性和共通性，能够对大多数社会成员的价值观、行为方式和认知思维模式产生重要影响。

亚文化有各种分类方法，亚文化分为人种的亚文化、年龄的亚文化、生态学的亚文化等。如年龄亚文化可分为青年文化、老年文化；生态学的亚文化可分为城市文化、郊区文化和乡村文化等。由于亚文化是直接作用或影响人们生存的社会心理环境，其影响力往往比主文化更大，它能赋予人一种可以辨别的身份和属于某一群体或集体的特殊精神风貌和气质。

亚文化在一个社会发挥着其一定的功能。首先，亚文化具有一定群体认可的凝聚力，是属于这一文化群体的成员间交往的中介和共同的价值标准。亚文化理论认为，在当前复杂的社会环境中包含着众多的亚文化，其中每个亚文化都有其独特的标识、符号、价值观、行动模式和行动目标；其次，亚文化对于处于文化内的社会成员起着提高认同的作用，而对于文化外的成员都有启发、激励其了解认同和接纳亚文化的作用。

(二) 亚文化理论对农村社会工作的指导意义

随着全球化加速，主流思想观念渗透到世界的每一个角落，尤其是占主流的西方思想逐渐辐射到世界各地，尤其是发展中国家。这种情况在我国农村尤为明显，西方思想对农村传统文化形成很大的冲击。坚持文化多元性，亚文化理论取向的农村社会工作，对于在农村社区开展工作具有一定的指导作用。农村社会工作者应坚持文化多样性的价值理念，不能盲目地在所在地区树立文化典型和文化束缚，应当在农村地区恢复建造相对于主流文化以外的亚文化，使农村文化多元发展，形成"百花齐放"的局面，丰富农村居民的精神生活。

农村社会工作者要多运用亚文化理论指导工作，认识到农村某些传统文化往往被视为亚文化群体。在对农民开展专业服务时，要给工作者和服务对象各自的角色予以定位。如在开展农村青少年越轨行为矫治工作中，要充分考虑亚文化的影响，认清角色，不能仅从服务对象角度出发考虑问题。

四、增权理论

（一）何谓增权理论

增权理论的社会工作模式是将焦点集中在服务对象的能力和优势上，而不是将焦点放在他们的弱势和问题上，强调工作过程是工作者和服务对象的集体共同参与，并透过这一过程达到发展和提升服务对象的自我控制能力和社会影响力的目标，最终达到个人生存发展状况的改善，同时对社会资源的重新分配产生影响。增权的理论视角和实践模式体现了尊重个人、相信个人具有自我发展能力的信念，并从人与环境相结合的角度发掘资源，有效实践了社会工作的价值观。与增权息息相关的一个词就是无权或称失权。

对于农村的大多数农民来说，他们无疑处于一种相对的"能力和资源缺乏"状态，是需要增权的对象。

（二）增权理论对农村社会工作的指导意义

增权理论可以在农村社会工作中发挥较大的作用，具体来说，可以从以下五个方面展开。

1. 农村社会工作人员要进行自我增权

探讨以增权理念开展农村社会工作在目前还是一个设想，当前最重要的问题是，合格的农村社会工作人才非常缺乏，农村社会工作专业化队伍尚在建设中。农村社会工作者应该是通才，他们必须具备开展个人、家庭、群体，以及整个社区工作的能力。

他们所扮演的角色包括：（1）直接服务角色——做个人、夫妻、家庭和群体的工作（如为酗酒、家庭暴力、药物滥用、抑郁等提供 24 小时危机热线服务等）；（2）资源专家——乡村社会工作者必须清楚政府或社区拥有哪些资源，应如何有效地配置资源等；（3）社会服务行政管理者和社区组织者——乡村社会工作者常常扮演协调社区所有服务的角色；（4）乡村社会工作者需要具备同社区的权力结构建立起联系的能力。社会工作者在实践中也要扮演多种角色，譬如，参加商谈者、经纪人、调解者、倡导者、咨询者、个案管理和协调者、小组领导、组织者、顾问、政策制定者等。

然而，目前我国的农村社会工作服务人员还比较匮乏，在农村进行服务的社会工作人员的个人知识与能力也比较欠缺。增权理论相信服务对象自身的能力和优势，并且努力挖掘服务对象身上的潜力，培育、激励、协助、支持、激发和释放人们内在的优势，增强服务对象的权力感，提升服务对象获得和运用权力的能力。农村社会工作者对于如何培育、激发农村居民的权能，如何引导农村居民进行自我增权，都还缺乏相应的知识和能力。因而，农村社会工作人员首先需要进行自我增权，提升自身的发展潜力，使自身成为合格的农村社会工作人才。

首先，要对现有农村社会工作人员进行培训，让他们接受增权理念，从专业知识、专业能力等方面进行自我增权。可以让有社会工作专业背景的社会工作者进行督导，聘请专家举办讲座，选派农村社会工作人员进修学习，以提高农村社会工作者的工作能力与素质。

第二，要鼓励、激发农村社会工作人员参加社会工作师资格考试，以提高社会工作者开展社会工作者服务的能力与素养。

第三，要建立农村社会工作者的培训队伍，激发农村社会工作者的潜能，提高农村社会工作者服务农村社区、服务农村居民，以及将所学知识与当地农村实际相结合的能力，开展适合当地农村需要的服务项目，推进农村社会工作的发展。社会工作者要扮演教育者、资源整合者、领导者、呼吁者、倡导者等角色，而当前的农村社会工作人员还不具备这样的能力，还需要多方训练，以提升整体素质与能力。这就要求农村社会工作者领导班子和一线社会工作者应认清农村社会工作者的发展要求和自身欠缺，首先进行自我增权。

2. 推动农村社区教育，从知识与技能两方面为农民增权

增权理论的目标在于通过增强服务对象的权力使其能够控制自己的生活，并在一定程度上促进社会进步，去实现社会正义，并给予人们安全、政治、社会等方面的平等。从目前来看，农村居民普遍因缺乏相关知识和技能而导致无权。我国4.9亿农村劳动力的平均受教育年限只有7.3年，受过专业技能培训的仅占9.1%，接受过农业职业教育的不足5%，绝大多数农村劳动力仍属于

体力型和传统经验型农民，还没有掌握现代生产技术。许多农村居民受教育程度不高，缺乏相应的有技术含量的种植技术、养殖技术，想发展经济作物，开展养殖产业，许多农民最终会因缺乏相应的知识和技术而失败；有的因缺乏知识与技能，干脆就会放弃发展的念头。

另外，随着各地因新农村建设、城镇化建设、旧村改造等带来的征地拆迁、环境污染、土地承包、农村股份制改造等新问题，许多农民由于缺乏相关知识，同样会陷入无权的不利处境。因此，发展农村社区教育是农村社会工作者为农民增权的首选。我国农村社区教育发展中存在很多问题，乡镇政府、一些社会组织也在开展农民技术培训等项目，但是许多培训并不适合当地农民的需要。社会工作者在社区教育中要充当资源整合者与资源推广者的角色。农村居民的素质参差不齐，必须根据村民实际情况选择和制定教育、培训内容。

在农村社区教育中，社会工作者需要扮演各种资源的联系者、计划者的角色，设计出适合当地农民需要的培训与教育，然后联系有相关经验的学校、专家对农民进行有效的教育培训。村民的年龄不同、文化层次不同，采用的培训形式也应该有所不同。对有一定基础的农民，要有针对性地培训，教授他们一些新技术、新工艺，以及实用的经济知识与法律知识；对有文化基础的年轻农民，要鼓励他们参加农校、职校等学历教育，进行系统的培训和学习。

同时，农村社会工作者站可以整合发达地区和当地的社会资源，在农村居民中宣传、推进农业远程教育，引导村民学会运用先进的教育技术，逐步在当地农村实现传统媒体和现代媒体的相互衔接和配合使用。农村社会工作者应该通过开展教育培训、推广服务、科学普及和信息传播等推动农村社区教育，使农民能够切实提高知识和技能，在自身能力方面得到增权。而在这一过程中，可以引进增权内容的丰富性和多样性，使农村社区教育对农民真正发挥作用。在农村社会工作的开展过程中，由社会工作者推动的农村社区教育，可以作为农民增权的主要切入点。

3. 开展村民调查，按需进行个体增权

所谓个体增权，是指个体得以控制自身的生活能力，以及对所处环境的融合与影响能力，包括实际控制能力和心理控制能力两个方面。也就是说，个体增权聚焦的是个体自身的生活能力和影响社会环境的能力的提高。对于当代中国农民来说，外出打工者、留守儿童、留守妇女、留守老人成为几个典型群体。而在农村的众多群体中，留守妇女、留守儿童和留守老人在农民进城打工潮中成为留守农村的庞大弱势群体。这些农村居民整体缺乏自我发展能力，整体处于无权状态。而不同的个体，其需求又有所不同。增权取向实践特别强调尊重服务对象，鼓励服务对象对其问题与需求的自主性。社会工作的介入必须以回应服务对象认定的需求为依归，农村社会工作者应该开展居民需求调查，根据居民的不同需求来设计增权计划。

在农村社会工作中，对于不同的村民对象，个体增权的侧重点应该有所不同。就年老力衰的老年人而言，他们自身的增权能力比较弱，靠自身的力量很难适应生活和环境的变迁。因此，个体增权主要应该是生活技能的训练、自我效能的提升，让其感受到老有所依、老有所乐，降低疏离、孤立与无权感。对于需要照顾第三代的留守老人，可以从引导其与第三代沟通的能力入手，提高老人与孙辈的和谐程度。对于年轻农民或外出打工的流动人口，其个体增权的基本目的是发展适应环境的能力，以及在各种不利环境下表达需要的能力，因此个体增权主要包括获取和控制资源的能力、主动的自我控制能力和社会交往技巧等。

对于留守妇女和农村无业者，主要是培养其自重自尊、自强自信的人格，引导其发现适合自己的权能，增加个人权力感，进而使其通过行动去改善所处的环境。对于那些留守在农村的中青年村民来说，如果其想要搞点副业，却苦于没有技术、没有销路，那就要从进行培训，增加其养殖、种植经济作物等知识与技术方面入手。对于留守儿童，主要是培养其自信自强和感恩的心，增强留守儿童与父母、亲朋、同辈群体表达爱的能力，使其充满信心地顺利完成学业。各地的农村社会工作首先要对当地农村社区状况及农民需求展开调查，确认人群处于何种无权状态；第二，要根据不同群体的需要和特点，制定适合该群体的增权实践计划；第三，要根据计划实施操作。

4. 以项目带动进行小组增权，引导农民走向新的联合

在增权实践中，从长远考虑需要训练服务对象的领导能力、熟悉政治经济等信息，继续增进与维系服务对象的改变，使其最终成为掌握自身命运和机会的有权力者，这在农村社区可以通过项目小组的形式实现。在大多数农村地

区，农民因缺乏有效的联合而导致无权。我国普通农民尽管人数众多，但对社会的影响力与其数量不成正比。受文化程度、社会地位、投资生产等的限制，市场经济中的农民适应农村社区的能力和自我发展能力严重不足。在经济生活中，分散的农户与国内、国际市场的连接往往需要中介组织，但大多数的中介组织并非农民利益的代表者，难以在农产品的生产、加工和销售之间建立合理的利益分配机制，而农民并不具备讨价还价的能力，只能成为利益受损者。

在社会管理中，农民和农村几乎没有任何分配资源的权力，扮演的永远是被管理的角色。普通农户因为太分散而缺乏有效联合，不利于他们在经济和社会生活中维护自己的利益，从而削弱了他们的积累和自我发展能力，需要新的联合以增强其权能。为此，在当前形势下开展农村社会工作，应该引导农民逐步走向新的联合，尤其是发展农民的经济性合作组织，以便真正代表和维护农民的利益，使农民在市场中合理享受他们创造的价值，逐步增强农户的经济实力和农村社区的自我发展能力。另外，这种合作组织可以为农民提供有效的社会支持网络，帮助他们在参加联合的过程中发展与他人平等交往的能力。

目前，有的基金会资助的社会工作项目，就是以一定的项目带动村民形成合作小组，并取得了一定成效，但是还没有形成系统。农村社会工作可以通过发动农村精英带头的经济合作小组，可以联系外界资源与当地农村合作，以项目的形式招募结合成小组。小组应遵守"利益共享，风险共担"的原则，把自己的利益和他人的利益较好地统一起来，这是农民克服困难和自身狭隘性的一种较好形式。

当然，项目小组在开展之初，可以遵循"引导农民种，帮助农民销，增加农民收入"这样的理念。在这个过程中，培养农民自己的小组骨干和小组领导，让小组自我增权。当农民互助小组走上正轨以后，社会工作者再顺利撤离。随着农民互助小组的发展，希望能够做到合作空间越来越大，延伸到产前、产中、产后经济与社会发展后的全过程。小组成员既享受各种权益，又受到各种约束，并能充分发挥自己的积极性，这无疑是对农民进行增权的一个非常好的手段。如果社会工作在农村能够这样发展下去，那么就一定能够帮助农民走上合作致富的新路，有助于新农村建设的良性发展。在农村开展社会工作，社会工作者可以根据当地农村社区的特色，联系相关社会资源，以适合当地农村特点的项目为切入点，以点带面，通过一个小组的发展逐步带动农民走向新的联合。

5. 改善农民的参与、表达意识，优化当地农民的社会资源结构

农民因缺乏话语权而导致无权。究其原因，从宏观层面来说，由于长时期以来国家对农业投资不足，致使农业的积累和农村自我发展能力都呈现严重弱化，农业的弱质产业地位很难改变。尽管 20 世纪 90 年代中、后期党中央一再强调为农民减负，从 2006 年起全面免征农业税，国家在政策层面开始逐步重视"三农"问题，农村的发展有了一定的转机。但是长期的资源外流不可能在短期内得到扭转，特别是教育政策、教育资源的城乡差别，使整个农村相对于城市、农村居民相对于城市居民来说，缺乏话语权，整体处于弱势地位。另外，迫于生活的压力和眼界的限制，普通村民和农村精英之间也存在较大的差距。

许多农民对自身的权利不了解，当他们的权益受到侵犯时习惯于逆来顺受，客观上也助长了农村资源内部的不平等分配。农民即使有表达自身利益诉求的能力及渠道，但也往往由于缺乏话语权而无法达到。这种状态需要尽快缓解，使农民在话语权方面得到增权。

近几年来，我国颁布的惠农政策较多、力度较大，如全面减免农业税等，农民也的确从中得到了实惠，但是仅仅出台这些政策还是不够的，政府必须加大对农业信息化基础设施的投入，多渠道传递农业科技信息、市场供求信息、相关政策法律信息，引导农民优化农业结构，合理组织生产。所以，农村社会工作者需要扮演倡导者、呼吁者和教育者等角色，整合当地农村社区资源，帮助农民在社会层面获取权利，引导农民通过正常渠道表达他们的诉求，从整体环境层面改善农民的无权地位，提供更多的资源。

农村社会工作者可以通过对农村和农民的调查与认识，为农民表达自己的真实需求提供渠道，形成科学解决方案，影响决策者的决策，以利于从宏观层面优化当地农民的社会资源结构。社会工作者倡导者、呼吁者角色的发展，对于农村社会工作的开展是非常重要的，而这一方面的能力和意识，也正是社会工作者亟须加强的。增权实践的最终目的是弘扬社会正义和减少社会不平等。

在开展农村社会工作中，我们不需要对现行政策加以解释和粉饰的社会工

作人员，而需要对于农村居民不平等、不合理待遇进行大声疾呼的社会工作人员。

在农村社会工作开展的过程中，社会工作人员需要想方设法地改善农民的参与意识和表达意识，优化当地农民的社会资源结构，为当地农民群体的增权尽心尽力。

总之，我国有必要加紧构建有利于农民增权的社会参与制度、机制和渠道，以及帮助农民增权的专业机构和队伍，利用专业化、职业化的社会工作这一外部力量以辅导和协助农民的增权过程。要通过制度和体制建设，为农民增权创造可行而便利的途径和资源。另一方面，我们还要大力发展非营利组织和专业社会工作者队伍，为农民的增权实践提供专业服务。

这些都需要国家、社会重视农村社会工作，加大对农村社会工作的支持与投入。❶

五、标签理论

（一）何谓标签理论

标签理论（Labeling theory）是解释越轨行为如何产生及其发展的理论。其理论源于符号互动理论，即从符号互动论的角度探讨越轨行为，认为越轨是社会互动的产物。标签理论是以社会学家莱默特（Edwin M. Lement）和贝克尔（Howard Becker）的理论为基础而形成的一种社会工作理论。这种理论认为，每一个人都有"初级越轨"，但只有被贴上"标签"的初级越轨者才有可能走上"越轨生涯"。一个人被贴上"标签"，是与周围环境中的社会成员对他及其行为的定义过程或标定过程密切相关的。

因此，社会工作的一个重要任务就是要通过一种重新定义或标定的过程来使那些原来被认为是有问题的人恢复为"正常人"。标签理论形成于 20 世纪 50 年代的美国，20 世纪 60 年代开始流行起来，到 20 世纪 70 年代它甚至已成为美国社会学界研究越轨行为的具有统治地位的理论。标签理论的代表人物是贝

---

❶ 聂玉梅，顾东辉. 增权理论在农村社会工作中的应用 [J]. 理论探索，2011（3）.

克尔（Howard. Becker）和莱默特（Edwin M. Lement），但是贝克尔并非标签理论的首创者。笔者认为，标签理论的形成和发展大致经历了三个阶段：萌芽期，即1938—1951年；形成期，即1951—1963年；繁荣期，即1963年—20世纪70年代。

标签理论在社会学中是一项崭新的理论。这一理论重新分析越轨行为的社会成因，并把重点由个人移转到社会的脉络及社会的反应；由规则的破坏者（rule - breakers）移转到规则的制定者（rule - makers）；由接受社会规范及法律为中立的性质移转到它们皆是优势团体为了巩固自己既得的利益所制定的产物。它使我们了解到越轨行为并非少数人的行为，而是普遍存在的现象，但只有少数人会因此而付出代价。这些人往往是弱势团体的组成分子，缺乏磋商能力，容易成为社会的牺牲品。它使我们还了解到：一个被社会遗弃的人，他所经历的是多么不人道的历程。标签理论的提出，对整个社会来说是一大震撼，它不仅为犯罪研究学者打开了一扇新的窗口，而且也为医学、种族、教育、女性主义等研究领域找到了新的思考点。

（二）标签理论对农村社会工作的指导意义

农村社会工作是一种实务性很强的学科，标签理论在农村社会工作领域中的价值是巨大的。

第一，标签理论强调给"越轨者"张贴标签的过程对越轨者的重要催化作用。从"越轨者"被"贴标签"的前后，我们可以深切地体会到，"贴标签"是一种反社会工作的行为，甚至是一种不道德的行为。农村社会工作的目的是帮助农村弱势群体，而不是在先伤害弱势群体后再极力地去补救和治疗。所以标签理论对社会工作的第一个启示就是要深刻体会社会的变迁与时代的脉动，扬弃不当的权威观念，重建民主式的社会伦理，尽量避免对"越轨者"进行张贴标签；即使发现了某些人发生了某些越轨行为，也不要随意地张贴标签。农村社会工作者对待越轨农民的服务对象时，要摒弃偏见，尊重服务对象对自身行为选择的权利，理解其越轨行为的独立性。农村社会工作者要调整服务对象的认知，重塑其"自我"意识，促进服务对象的发展。

第二，标签理论注重"越轨者"在被张贴标签后的社会反应，认为社会反应，诸如冷漠、轻视等都会促使越轨者踏上"越轨生涯"。所以在社会工作的服务过程中，社会工作者不应对不幸被"贴上标签"的越轨者另眼相看，表现出轻蔑和嘲讽的态度；同时社会工作者也不应对越轨者表现得太过殷勤，这样会使越轨者认为社会工作者对自己的帮助是一种同情和怜悯，从而确定自己真的是坏人。所以社会工作者在辅导越轨者的时候要采取适中的态度，本着"人人平等"的价值观，否则不适当的工作态度会适得其反地促使越轨者新的不正常的自我形象的形成。

第三，加强农村社会工作服务机构的建设，积极发挥其功能。笔者认为，目前我国的越轨行为被公开标签之后有两种后象。一种是越轨行为触犯了国家的法律、法规，越轨者被直接交予检察机关、司法机关公开审理，并被处以正式的、强制性的惩罚；另一种则是由大众传媒去争相报道，某些越轨者的越轨行为不足以触犯法律、受法律的惩戒，但大众传媒却出于某些目的都争相对越轨者的"越轨事迹"进行报道，这样经过大众传媒的宣传，原先偶然的越轨行为就会被公开，于是越轨者就会受到大众的指责，其自身的生活环境也会发生急剧的变化。

农村社会工作者在农村社区要拓宽专业服务范围，积极地对服务对象所在的非正式群体做好家庭、邻里、社区等组织的辅助工作。在农村社会工作的实践中，农村社会工作者除了积极鼓励和引导服务对象回归社会，还要注意社会的消极影响和人们的负面心理等标签，要尽力减弱标签的副作用。

六、社会分层理论

（一）何谓社会分层理论

社会分层（social stratification）是指社会成员、社会群体因社会资源占有不同而产生的层化或差异现象，尤其指建立在法律、法规基础上的制度化的社会差异体系。社会分层是以一定的标准区分出来的社会集团及其成员在社会体系中的地位层次结构、社会等级秩序现象，体现着社会不平等。采用地质学中的分层现象来比喻人类社会各社会群体之间的层化现象。如果从学术上给社会分层下定义的话，社会分层是指社会成员、社会群体因社会资源占有不同而产生的层化或差异现象，尤其指建立在法律、法规基础上的制度化的社会差异体系。

社会分层理论的代表人物有卡尔·马克思和马克思·韦伯。卡尔·马克思最早提出了系统的阶级分层理论。马克思认为共同的生活方式、阶级利益和教育程度是划分阶级的必要条件。马克思反复论证在阶级产生中经济因素的决定性作用，但他同时也认识到政治和生活方式等因素的影响，避免片面性。马克思·韦伯提出多元社会分层理论，包括综合标准论，主张用经济标准、社会标准和政治标准来进行社会分层；阶层论，用秩序来表示社会分层，认为秩序是高低不等的权力的表现。权力分为经济秩序、政治秩序和社会秩序；阶级论，一是阶级是以财产界定，二是市场是决定个人生活和社会地位的基本条件，阶级的情况是由市场的情况决定的；社会团体论，马克思·韦伯以生活方式来界定地位，认为地位团体具有独特的生活方式、排外性、特权性三个特征。

我国改革开放三十多年来，中国社会结构发生了重大变迁。迄今为止，中国社会仍然处在分化、解组、整合、流动比较剧烈的时期。研究证明，社会分化和社会分层已经成为激化社会矛盾的重要背景，几乎所有社会冲突都与分层问题有关，社会分层是今日中国关乎社会安全、社会和谐、社会稳定的研究领域。❶

（二）社会分层理论对农村社会工作的指导意义

根据我国现阶段的城乡二元结构的实际情况，社会分层理论对农村社会工作具有指导意义。农村社会工作应致力于消除城乡差异，努力维持社会公平与正义，缓解当前对农村和农民的不平等制度，为农民谋取应有的福利待遇。农村社会工作者在解决农村社会问题时，要从多个维度出发，从经济、权利、教育等方面认识到服务对象的需求，不能从单一维度片面开展专业服务。农村社会工作者在农村开展专业服务时，要认清农村和农民的现实地位，放下主观偏见，理解服务对象在社会中的真实处境，按照农村社会现实的分层来为其提供

有效的服务。

八、优势视角理论

（一）何谓优势视角理论

"优势视角"（strengths perspective）是一种关注人的内在力量和优势资源的视角。意味着应当把人们及其所在环境中的优势和资源作为社会工作助人过程中所关注的焦点，而非关注其问题和病理。优势视角基于这样一种信念，即个人所具备的能力及其内部资源允许他们能够有效地应对生活中的挑战。优势视角的重要原则包括：每个个体、团体、家庭和社区都有优势；创伤、虐待、疾病和抗争都具有伤害性，但是也都包含着挑战和机遇；社会工作者服务可以以最好的成绩服务于对象；所有的环境都充满资源等。

优势视角相信人可以改变，每个人都有尊严和价值，都应该得到尊重。优势视角认为，每个人都有自己解决问题的力量与资源，并具有在困难环境中生存下来的抗逆力。即便是处在困境中倍受压迫和折磨的个体，也具有他们自己从来都不曾知道的与生俱来的潜在优势。优势视角认为，在社会工作助人实践过程中关注的焦点应该是服务对象个人及其所在的环境中的优势和资源，而非问题和症状，改变的重要资源来自于服务对象自身的优势，个人的经验是一种优势资源。

优势视角超越了传统的问题视角的理论范式，关注点在于服务对象的优势和潜能。它强调要把注意力聚焦于服务对象如何生活、如何看待他们的世界，以及从他们的经验里找出意义。

运用社会工作优势视角的观点思考服务对象问题时，并不是要刻意忽略其痛苦或是不足之处，而是期待以另一种角度出发，协助服务对象以另一种态度去思考自己的问题与改变的机会，使得问题对于服务对象或其他人较不具威胁性，当危险性降低时，服务对象与他人愿意解决问题的动机便会提高。

（二）优势视角理论对农村社会工作的指导意义

优势视角理论对农村社会工作者的启示，相信个体、环境及观念都有改变的可能性；每个个体都有抵御压迫、灾难和困境的能力和资源；个体经验本身就是一种优势。在农村社会工作中要运用好优势视角理论指导实际工作。

首先，要提升农民的权利意识和参与意识。在农村发展过程中，农民常常是被动的、依附的、没有话语权的，这样的习惯在很大程度上影响了农民权利意识的形成。从优势视角出发，农村社会工作者在村民权利意识和参与意识提升的过程中，要动员村民参与到农村社区管理的实践中，发挥其主动性。

其次，运用优势视角培养农民的认同感。社区身份不仅仅表示社区成员，而且还包含着社区成员在社区内的权利和义务。村民社区性的培养，实际上是权利意识和义务责任的建设过程。

九、参与式发展理论

（一）何谓参与式发展理论

参与是农村社会工作中的重要的专业价值理念。农村社会工作只有运用参与的理念，才能实现农村社会工作的目标。农民的参与行为是一项基本的权利。群众参与能促使社区居民密切合作，是居民学习自由发言、表达意见、参与表决、分享权利和义务，从而达到民主自治的基石。透过社区参与，群众能提高个人的潜能，特别是对社区问题的分析能力及领袖才能❶。

（二）由社区发展战略到参与式发展方式的过渡阶段

到了20世纪60年代末期和20世纪70年代，社区发展战略逐渐推动了其主导地位，参与式发展方式开始成为国际发展领域中创新性的理论与实践方面的突破。20世纪70年代末期对不发达国家的分析开始为贫困人口之所以贫困的原因提供了不同的说辞，认为贫困人口被置于广泛的社会参与和直接的发展活动之外。世界银行在1976年曾经就一些参与效果的经验进行研究，例如通过对用水系统管理研究得出结论，如果能使得用水户参与决策与管理，用水系统的供应将更加成功。同一时期，国际劳动（ILO）的世界就业大会提出"参

---

❶ 胡文龙，林香生. 社区工作价值观和原则 [C] //甘炳光等. 社区工作——理论与实践. 香港：香港中文大学出版社，1994.

与"应作为基本需求战略的重要因素，而经济发展所（EDI）在"社区参与"研讨会上强调了各种参与式工具的重要用途。在这段时期内，提出了新的项目设计形式，同时发展政策制定者和规划者实施种种战略以使社会参与制度化，农业系统研究快速农村评估参与式农村评估等方法先后被应用到各种发展研究与实践中去。也就是说，在过去的 10 年中，各种促进当地人参与的努力形成了发展的主流，这种参与是对非参与实践的计划体制的从态度到方法论上的彻底变革。

（三）参与式发展全面兴起阶段

20 世纪 90 年代初期，一些主要的援助机构，如世界银行等开始将其援助重心和发展重点向促进参与式发展方面实行全面转移，参与式发展方式在全世界范围内真正蓬勃兴旺起来。

同时，参与理念在历史上的社会运动中不断得到发挥与完善。19 世纪中期恩格斯在英国第一次工业革命时期为了探询危机的原因，利用"参与式观察法"亲自参加了工人大罢工。而同一时期，马克思在法国革命中根据其成为机构性访谈的结果建立了无产阶级公社的哲学基础。20 世纪初期，意大利政治家安东尼奥·葛兰西（Gramsci·Antonio，1891—1937 年）倡导的"工人知识的重要性"对参与式发展的历史起源有着重要的影响。

20 世纪 60 年代，拉丁美洲产生的"解放理论"和"解放社会学"强化了社会学家在阶级斗争中的作用，同时也为后来的参与式方法，以及参与式研究方法的基本原则奠定了基础。在冈纳·缪尔达尔（Gunnar Myrdal，1898—1987年）1968 年出版的《亚洲的戏剧》一书中，"参与"的意义也可见一般。他对于"民主计划"的概念与实践曾进行过深入探讨。他指出："制定计划和在计划中执行的政策不仅应该取得民众的支持，而且在准备和执行计划的过程中，应该有他们的积极参与。"他的这一观点实际上反映了后来人们赋予参与式发展的涵义中的"让群众成为受益群体、让群体参与到发展的过程之中去"的内容。Schumacher 也曾在他著名的《小的最好》中就发展中的扶贫干预问题发表看法。他指出："如果我们能把我们关心的问题转向贫困人口的真正需求上来，那么无疑我们将赢得这场战争。"

20世纪70年代初期，巴西哲学家和教育学家保罗·弗利埃（Paulo Freire，1921—1997年）在其《被压迫人口教育学》（1970年）中提出"文盲启蒙运动"概念，即通过对社会政治经济矛盾进行评判性分析，有组织地采取行动来解决现世问题并反抗剥削压迫阶级。弗利埃提出了"主题调查法"，即群众进行自我问题分析并寻求解决办法。这一过程蕴含了一种诺曼（Norman Uphoff，1941年）和罗伯特·钱伯（Robert Chambers，1932年）等人提出的"外来专家角色转换"的过程。外来人员不再是主导者，而是以"合作调查者"的身份出现；而同时那些通常意义上的目标群体在分析过程中成为积极的参与者。

（四）参与式发展理论对农村社会工作的指导意义

20世纪90年代，参与式发展理论逐渐引起中国学者的关注，但它并非完全是"舶来品"，我国20世纪二三十年代的"乡村建设运动"的实验者们创造并运用了大量的参与式发展的理论与方法，尤其是作为其两大流派的定县实验和邹平实验更是如此。这是参与式理论的中国本土实践与贡献。邹平实验与定县实验"都比较重视乡村建设人才的培训，也都认为农民的主动参与是乡村建设成功的前提"，都创造和运用了大量的参与式发展的理论和方法。

梁漱溟领导的乡村建设运动在山东邹平的实验，是一种全方位的社会综合发展实验，其参与式发展理论与方法的创新集中体现在其"乡农学校"的组织结构上。"乡农学校"是梁漱溟在引进西方文化的长处"科学技术"和"团体精神"的基础上，结合中国儒家传统而设计的一种地方自治组织，而并非是国民教育意义上的"学校"。梁漱溟认为，它与当时的"乡村改进会"有些相似。事实上，这就是目标群体自我组织、自我管理，全面地参与到与外来者的合作中。

定县实验的创始人晏阳初先生，他早年投身平民教育事业，并于1926年将"中华平民教育促进会"总部迁至河北定县，把定县作为中国社会综合发展的实验县。晏阳初先生从事乡村改造事业六十余年未间断，并与诸多国际发展机构、学术机构和诸多国家政府及非政府组织（NGO）有着广泛的联系，其乡村改造的经验被广泛应用于亚洲、非洲和拉丁美洲各地，对参与式发展理论的贡献颇多。鉴于对国内外的参与式发展产生了深远的影响，定县实验与邹平实验一起成为 20 世纪二三十年代中国乡村建设运动的两大主流派别。晏阳初先生认为，任何社会革新计划都应有当地人（即目标人群）积极参与，否则很难取得成功，有了当地人的主动参与，还要发挥专家的作用。

参与式发展研究与实践方法以具有行动含义的社会动员为手段，通过启动研究对象的知识系统、解决问题的能力及将研究过程与研究行动变成研究对象自己的活动，从而建立起所谓的"拥有意识"，并在这样一个过程中来获得信息数据，进行分析和对比。

【案例分析】社会工作介入农村社区自组织的可行性探析

农村社区自组织性质上就是一种社区自治组织，其范围包括原来的村民委员会，以及由此转变而来的农村社区居民委员会。它是在乡镇街道党（工）委和社区党组织统一领导下，按照"社区自治"原则设立的，实行社区民主选举、民主决策、民主管理、民主监督的运行管理机制。作为一种村民自我管理、自我教育、自我服务的基层群众自治组织，对农村社区发展及社会主义新农村建设具有极为重要的作用。

由上述农村社区自组织的定义不难看出，农村社区自组织的性质主要体现在基层性、群众性和自治性三个方面。其中，基层性是农村社区自组织最基本的特征之一，这是就其自治的范围而言的。农村社区自组织基于"社区自治"原则设立，自治性是其最显著特征。群众性是自治主体的表现，对于农村社区自组织来说，其自治主体则限定在社区居民的范畴之内。社区居民是自治主体，享有自治权。显然，农村社区自组织则是代表居民意志，为维护居民利益行使自治权，管理农村社会公共事务的机构。

基本概念：

实证主义；功能主义；权变理论；标签理论；参与式发展

复习思考题：

1. 谈谈你是如何理解功能主义理论在农村社会工作中的运用的？试举例说明。

2. 联系实际论述农村社会工作的某一基础理论对农村社会工作的意义。

3. 试述如何在农村社会工作实务中应用实务理论，如增权理论、分层理论、社会支持理论等，并试用一个理论予以说明。

本章推荐阅读书目：

1. 何雪松. 现代社会工作理论［M］. 上海：华东理工大学出版社，2005.

2. ［美］詹姆斯·S. 科尔曼. 社会理论的基础［M］. 北京：社会科学文献出版社，1990.

第六章　农村社会工作过程

【导读】 来自农村服务实践的农村社会工作发展策略❶

2012 年，华南农大开展"广州民政局农村基层建设社会工作服务项目"。项目以广州市某镇 35 个行政村为基地，农村社会工作服务试点工作的主要任务是协助村党支部、村委会积极发动和组织村民参与村务服务管理、培养农村社区社会组织，提升村务服务管理水平，推动农村社区建设发展。同时为广州市社会工作介入农村工作的模式及为培养农村专业社会工作者探索新路。根据调查的第一手资料和以往的服务经验，社会工作者团队制定了服务方案。在社区建设的服务商，主要针对公共环境和资源建设、文化精神建设、基层组织建设。社会工作者团队与村委会共同制定工作计划，确定工作目标，并组织实施。运用社会工作理念和方法，开展小组、社区、外展等服务，提升村民对本村经济、社会、文化、环境等建设的关注度，推动村务服务和管理水平的提升。项目实施 3 年，共组织 5060 次社会工作专业师生进村服务，培育了 239个村级社会组织，开展小组及社区活动 225 场，为 151 个帮扶对象开展个案服务，开展 7 次社会工作者能力培训，服务覆盖村民约 22640 次。在项目执行过程中，还进行了专业的督导和评估。

农村社会工作的过程是指为达到农村社会工作的服务目标而实施的一系列有逻辑的连贯的工作方法与步骤，以及运用的专业技巧。

结合社会工作服务的通用过程，可以将农村社会工作的过程纵向划分为前

---

❶　易钢，张兴杰，魏剑波. 农村社会工作发展策略——来自三年服务实践的案例［M］. 北京：科学出版社，2015.

期准备阶段、中期服务阶段和后期评估阶段；横向内容包括参与式分析农村社区问题及需求、制定服务方案、实施服务方案、中期评估、终期评估等方面。

第一节　准备阶段

农村社会工作前期准备工作主要是为制定农村社区服务计划寻找科学的理论依据和现实需求，要通过实地的调研、参与获得真实的第一手资料。准备阶段包括进入农村社区和了解农村社区。

一、进入农村社区

1. 计划进入社区

在开展农村社会工作之前要通过好的方式进入农村社区，通过熟人关系或公务关系等不同渠道进入到某农村社区，要让当地行政部门和当地居民知晓和认可农村社会工作者的身份和任务，避免出现猜疑等不必要的麻烦。进入农村社区后，要熟悉该社区的自然情况和周围环境，即以社区工作中的社区行、入户访谈、座谈会等方式开展工作，以便对即将开展工作的社区有一个完整的了解。同时，还需要做大量的文献工作，如学习与该农村社区相关的历史资料和研究成果、当地村规民约及地方史志等档案资料。

2. 协商进入社区

与计划进入农村社区密切相关的是为计划和将来的存在获得初步的支持和认同，整合农村社区的资源支持要开展的社会工作。首先，要获得当地政府部门的支持，农村社会工作者要与当地政府部门相关人员接触沟通，要阐明社会工作者的目的和工作内容，政府部门的支持对农村社会工作的开展有着至关重要的作用。其次，村支两委作为当地的正式组织，通过沟通交流，对该地区的主要工作、存在问题及村支两委的工作目标有着清晰的了解和掌握，要配合其工作，获得他们的认同，为今后顺利开展工作建立良好的关系。最后，如果有机构也在当地社区开展项目，那么也要争取这些机构的支持与认可。从事农村社会工作，需要来自不同机构的社会工作者的支持与合作。

二、认识农村社区

在做农村社会工作服务的前期准备工作中，首先必须详细了解农村社区的基本情况。获得大量、真实、有效的第一手资料，这是制定科学合理的服务方案的基础。同时，了解农村社区的基本情况的过程也是与农民建立信任和专业关系的过程。

1. 了解村庄的历史及现状

（1）挖掘村庄的历史文化与传统

农村社会工作者要做的首要工作就是深入了解村庄的历史沿革。首先要研究该村的官方的地方志、村史，没有档案材料的可以通过走访村民了解村庄的历史，很多村落就是通过口口相传来记录历史的。为此，口述史研究方法成为了解村史的重要途径。同时，还可以搜集和整理村的族谱和家谱，走访村里年长的村民或重要人物等。深入了解村史有助于农村社会工作者开展下一步的工作，做到有据可查和言之有物。通过口述史和村史的研究也可以有效地提升农村社会工作者的能力。

（2）了解村庄的自然环境及公共资源

地理环境指村庄的面积、地理位置和地形特征等；自然资源和土地状况包括村庄的自然资源、土地面积和耕地状况等；社区的公共设施指村庄的水、电、道路、卫生、文体、广播电视及通信等硬件设施的状况；教育情况指学校、教师、学生及教学设施状况；社区服务及商业指商业网点和社会福利服务状况。

（3）掌握村民的基本情况

农村社会工作者要通过与村民和谐相处，充分掌握村民的基本情况。村民的基本资料包括人口规模和人口流动情况、人口年龄构成、性别构成、家庭类型和规模、民族构成和分布等；居住状况包括是否有足够的住房、住房面积及结构等；职业状况包括务农、经商还是外出打工的基本状况。生产和生活状况包括农作物种植和家畜家禽养殖状况，劳动及生产方式等、村民的饮食起居习惯及特点。村民的风俗习惯和价值观念是指当地的风俗习惯，包括服饰、民居、婚丧嫁娶、民间文艺、宗教信仰、禁忌习俗及价值观念等。

2. 了解村庄社会组织的发展

农村的社会组织包括正式组织和非正式组织。村庄的各种组织直接影响着村民的价值取向和行为规范。农村社会工作者不仅要深入了解组织的规范和功能，而且还要善于运用各种组织资源为农民提供相应的服务。

（1）农村的正式组织

首先，农村的正式组织包括党政组织和权力机关。我国农村乡镇设有中国共产党的基层组织，下属的行政村都设有党支部和党小组，乡镇人民代表大会是本级政权的最高权力机关，具体的执行机关是乡镇人民政府。农村正式组织还包括人民法庭、公安派出所等国家派出机构。农村基层组织还包括政府职能部门和群团组织，职能部门包括"七站八所"，"七站"是指农业技术推广站、林业站、水电站、文化广播站、畜牧兽医站、经管站、计划生育服务站；"八所"指财政所、司法所、民政所、派出所、土地所、工商所、税务所、粮管所；另外，还有供销社、信用社、邮政局、卫生院及中学、小学、幼儿园等；群团组织包括共青团、工会和妇联组织等。

其次，农村的正式组织还括村民自治组织。我国农村实行村民自治制度，设立村民委员会。村民自治就是全体村民组织起来，在本地区依照国家宪法、法律和政策实行自我管理、自我教育和自我服务，真正行使当家作主、自我管理的民主权利。村民委员会按照村民参与、民主决策的原则，制定村规民约，处理公共事务和公益事业。

此外，正式组织还包括农村经济组织，如农村股份合作制经济组织、新型经济合作组织等。

（2）农村的非正式组织

农村非正式组织包括两种类型，一种是传统宗族和宗族组织不断复兴；另一种是村民骨干组合的兴趣小组，如秧歌队、腰鼓队等文艺队、体育队和民间工艺小组等。

农村社会工作者在工作前期准备阶段，应当通过研究组织的运行模式及组织之间错综复杂的关系，深入觉察村庄的政治、经济、社会环境和文化脉络，为下一步的工作打下良好基础。

三、如何认识农村社区

农村社会工作者要做到耳聪目明、手脚勤快，做到眼观六路、耳听八方。眼观六路就是要善于观察细节，耳听八方就是要掌握聆听的技巧。要在农村社区开展工作，首先要广泛深入地开展调查研究。

认识农村社区要通过鼓励社区内居民参加社区活动，动员社区居民协助发现、筛查社区存在的问题及服务需求，参与讨论并提出解决问题的可行性方法。认识社区有三项重要工作，探索社区背景、探索社区方向、探索社区动力并建立社区关系。探索社区背景包括社区的基本资料：人口及其特征、社区历史沿革、社区服务内容、环境设施、社区价值观念及社区资源等；社区居民及团体关系，权力分布；社区问题及社区需要。❶

具体方法有以下四个。

1. 文献分析法

农村社会工作者在前期要获取丰富详实的第一手资料。主要获取途径有：人口普查数据；地方志或政府相关文件资料；媒体报道资料等。

2. 参与观察法

农村社会工作者进入农村社区直接参与和观察，可以到社区活动场所、街道、田间地头等村民经常聚集的日常活动场所，通过与农村居民聊天、在共同劳动中自然交流，近距离观察其行为方式，了解社区居民真实的生产和生活状况。农村社会工作者不是被动的、纯粹的观察者，而是需要主动参与其中，与村民进行真诚交流。

3. 访谈法

通过一般自由式聊天到深度访谈和口述史方法，获取一些社区的信息。

4. 普查法

通过上面的研究积累，精心设计问卷或访谈提纲，农村社会工作者对村民

---

❶ 莫邦豪. 认识社区［C／／］甘炳光等. 社区工作技巧. 香港：香港中文大学出版社，1997.

挨家挨户地进行深入调查。这种方法适用于服务的整个过程中，普查能够系统全面地了解村民的要求和期望，能够跟踪评估服务的效果，并及时对方案加以修订。农村普查包括以下五个步骤：① 确定调查的主题和目标；② 界定调查的问题与范围；③ 设计问卷；④ 问卷调查；⑤ 数据整理分析。

第二节　介入服务阶段

一、建立专业关系阶段

建立关系是农村社会工作的关键一步。这里所说的关系是指专业性关系，即社区工作者与服务对象之间为了完成共同的目标，在特定的时间和地域内，农村社会工作者运用专业知识和方法与服务对象进行心理、情感及外在资源整合互动，从物质上和精神上做好疏导治疗的充分准备。农村社会工作者要和村民建立专业关系，是为了让农村社区居民自我认知和主动需求帮助，同时让村民知道农村社会工作者的身份和作用。农村社区工作者面对的服务对象更多的是整个社区的机构、团体和个人，很多农村社区在社会工作者介入之前，已经形成定型的价值观，具有历史传承下来的社会规范和历史文化传统。这些固有的观念使得村民对农村社会工作者的工作持怀疑和观望的态度。所以农村社会工作者非常有必要让农村社区的所有机构、团体和村民了解社会工作者的角色和功能，得到村民的认可和接纳，主动配合社会工作者的工作。由此可见，专业关系直接关系到社会工作者服务效果的好坏。

（一）专业关系的类型

农村社会工作者与服务对象在这一阶段建立的专业关系有以下九个方面。

1. 提供配合服务对象需求的服务信息沟通渠道；

2. 了解与评判农村社区居民所遇到的问题，以及他们的自主自愿情况；

3. 决定如何提供进一步的服务计划；

4. 让农村社区居民了解社区工作机构的职责，以及社区工作者的能力与职责；

5. 解释清楚社会工作者服务的范围，认定服务对象的资格；

6. 建立和谐、畅通与合作的专业关系；

7. 共同协商服务契约的建立；

8. 确定农村社区居民、社区组织与社区领袖的角色；

9. 在服务的最初期就要为服务对象提供专业的帮助，获得专业的信任和树立专业权威。

【案例】 如何尽快与村民建立信任关系❶

A 手袋厂位于 DJ 村内，集中了不少本地村民和外来务工人员，是一个出口型企业。在走访与开展工作的过程中，社会工作者在下班时间进入到厂内，进行有关资料的收集和社会工作服务的宣传，并以开展体育活动为契机成功与厂内一些员工及其子女形成良好的互动关系，短时间内较好地了解到厂内员工的生活状况和需求。

另一组社会工作者探访村中的"五保户"、困难户和残疾人等特殊人群。因为卫生站提供的名单已经过时，而且地址等信息没有登记清楚，使社会工作者开展工作进度缓慢。幸好该村的妇女主任是一位热心和有责任心的人，她主动了解社会工作者相关的工作，抽时间带社会工作者挨家挨户地走访该村的特殊人群，带去关心和问候。村民们也趁此机会认识社会工作者，开始了解社会工作者的工作，并表示以后会积极支持和配合社会工作者的工作。有了该村妇女主任和骨干村民的支持，其他村民也更快、更好地认识社会工作者，因此大大加快了社会工作者熟悉社区和熟悉村民的步伐。

根据社会工作者的实践经验和探索，为了尽快与服务对象建立信任关系，尽快熟悉农村社区，社会工作者大致的工作思路为：与村干部取得联系和沟通—找村干部收集文字资料—认识"村民领袖"—走访农村社区。通过与村民交谈沟通，全面了解农村社区村民的想法。这是一个自上而下的过程。

---

❶ 易钢，张兴杰，魏剑波. 农村社会工作发展策略——来自三年服务实践的案例［M］. 北京：科学出版社，2015.

因为有村干部的带领，所以农村社会工作者调研走访会非常顺利。其原因是：第一，有了熟悉村内情况的村干部带领，可以少走很多弯路，还能从村干部身上得到很多有用的信息；第二，农村很多村民对外面的世界不够了解，可能还没有听说过"社会工作者"这个职业。如果社会工作者开始工作时就单独走访，很可能要吃闭门羹，甚至会被当作推销人员或其他不良分子而被拒绝；第三，社会工作者往往对农村社区不熟悉，甚至村庄的地形、住户分布都不清楚，会出现事倍功半的情况。农村社会工作者在开展服务之初，如果有村干部的认可和带领，不仅能够向村民讲清来历，让村民放心，而且同时还能增加社会工作者在村民心目中的分量，为社会工作者今后开展工作奠定基础。

（二）建立专业关系的原则

农村社会工作者与服务对象建立专业关系，应遵循以下原则。

1. 接纳原则

农村社会工作者对于服务对象要无条件接纳，不能抱有成见、偏见和排斥的态度，应当理解和尊重服务对象。目的是为了消除服务对象的疑虑和心理障碍，使其在一个轻松的环境中说出真实想法，以便全面准确地了解服务对象的问题，更好地帮助服务对象解决问题。

2. 沟通原则

农村社会工作者不仅要把服务对象看作弱势群体和被动接受服务的人群，更要视服务对象为朋友，以真诚的态度对待服务对象，积极主动地向他们表达自己的角色和服务计划。

3. 尊重服务对象隐私和保密原则

社会工作者应当恪守尊重服务对象隐私和保密的职业道德。在双方互动过程中，社会工作者要对所获得的有关服务对象的信息和资料要做到保密，应签署保密协议，以确保服务对象的隐私和权益不受侵犯。这样做有利于维护社会工作者的信誉和形象，更有利于下一步工作的开展。因此，尊重服务对象隐私和保密的原则是社会工作者与服务对象建立良好的专业关系的前提。

4. 服务对象参与和自决原则

农村社会工作者不能越俎代庖，包办代替服务对象，而是要引导服务对象积极参与分析问题、帮助其厘清思路，更好地认识自己，培养其自尊自信、理性健全的人格。提高服务对象解决问题的能力，使他们重新投入生产和生活。

5. 个别化原则

农村社会工作者所面对的服务对象各不相同，要区别对待，不可千篇一律、千人一面。这就要求社会工作者因人而异，重视服务对象的个体差异，做到有的放矢。

6. 角色互换原则

即同理心原则，社会工作者要站在服务对象的角度，设身处地考虑服务对象的处境，而不是把自己固定在工作对象个体上，这样才能开阔思路和视野，更好地实现与服务对象的互动。

二、需求评估阶段

掌握了服务村庄的基本情况，建立了与村庄的专业关系后，农村社会工作者的主要任务就是对收集到的信息和资料进行系统的分析与整理，界定村庄和村民的问题和需求，对农村社区的动力和资源加以分析，明确工作中可以借助的资源。

（一）了解社区的问题和需求

如何了解和分析农民需求，对开展有效的社会工作非常重要。农民需求的界定取决于社会工作者看问题的视角。以优势视角看待农民问题，社会工作的介入关注农民能力和资产建设；以问题外化视角看问题，就会致力于提升农民的意识，使其独立自主地面对现实。如果用缺乏视角看问题，社会工作者的介入会侧重专业服务。以不同的视角看问题，社会工作者采取的介入策略各不相同。

1. 描述社区问题

在运用社会工作方法和参与式研究方法对村庄进行了解时，都会发现村民对于问题的轻重缓急是有自己的排序的。村民会格外关注一些问题，描述问题就是通过村民将村庄的问题详细描述出来，弄清楚村民的真实想法和对问题的认识，深入理解村民的需求。

2. 梳理社区问题

要弄清楚村民所认同的问题是如何界定的，为什么这样界定；是一种问题还是一种状态；是历史问题还是概念问题；厘清问题的性质，要从村民的立场和视角去思考，而不能从社会工作者自己的观点出发界定社区的问题。

3. 明确问题性质

弄清楚问题的影响有哪些；哪些村民受影响；问题持续的时间，以及村民认定的程度；问题集中点和人群；涉及的价值观念冲突有哪些；改善这些问题对社区和个人有哪些影响等。

4. 分析问题的原因或影响因素

找出问题产生的原因及影响因素，接下来思考是否有可以解决问题的关键人物、行动的方法、行动的条件等。

（二）分析社区发展动力和资源

1. 寻求社区动力

社区动力是指可以对社区的发展起到积极推动作用的力量。例如，社区村民的类型、社区中的骨干和"领袖人物"、专业的人员、支持和观望、反对社会工作服务的村民等。判断社区中是否有其他从事服务或公益事业的社会团体或组织，能否进行资源整合和效果最大化，开展多赢的合作。

2. 发掘社区资源

发掘农村社区中可以借助的人力或物质资源，如医院、学校、幼儿园、敬老院、社区活动中心、残疾人温馨家园等，有些是可以共享的人力资源，有些是可以共享的物质资源。农村社区的干部、社区中有威望的人、专业技术人员、教育工作者等都可以成为积极参与行动的人员，成为"村民领袖"，可以协助农村社会工作者开展宣传、倡导和引进资源，以协助社区开展工作。

三、制定服务计划

制定服务计划就是运用一些专业理论知识和原则、标准，按照实际的需求、环境条件，配合不同的资源，将社会工作者服务的时间安排和步骤合理规划出来。工作计划要能够保证按照既定的方向进行，同时可以加强工作人员之间的沟通和协调分工，使资源合理配置。农村社会工作服务计划由：服务背景、服务目标；内容、服务方式；策略；服务可行性评估四部分组成。

（一）服务背景资料

农村社会工作服务背景是指根据农村社区基本情况，总结分析农村社区所面临的社会问题及村民的需求。邀请社区居民参与，一起就问题进行排序，并整合出解决这些问题及需求可以利用的资源，以及短缺的资源、获取短缺资源的途径等。

农村社会工作者在确定农村社会问题时，需要反复斟酌问题的真实性、紧迫性。动员社区居民参与分析服务人群的基本需求。

1. 在叙述问题时，尽量用比较详尽的语言描述，不用或少用判断性、形容性的词语，如很差、很落后、不好等；

2. 协助农村社区居民确定问题的性质，并找出导致这些问题的原因；

3. 协助农村社区居民确定问题的严重程度及影响范围；

4. 引导村民思考通过自身努力可以解决哪些问题，需要采取什么办法等。

（二）服务目标及工作步骤

农村社会工作的服务目标包括长期目标和短期目标。长期目标是指比较宏观的目标，一般涉及社会政策的改变和社会不公平状况的改变。短期目标是指近期可以直接实现、可量化的目标。

目标确定后，制定服务计划的内容则相对容易。农村社会工作者可以为社区居民提供社区宣传、社区教育、个案工作、小组工作，辅导就业、政策倡导等服务项目。

在确定服务目标及内容时，农村社会工作者必须综合考虑可应用的人力、物力和财力。服务目标及内容必须切合实际，不可好高骛远，也不能畏手畏脚、裹足不前。

（三）服务方法及策略

农村社会工作方法主要包括个案工作、小组工作、社区工作及社会工作行政方法等。行动策略主要是指农村社会工作者采取什么方式动员社区居民、调动资源及面对突发事件时的应急机制。农村社会工作服务策略包括冲突策略和合作策略。冲突策略包括服务对象合法的上访、集会、新闻发布会、静坐等形式，给相关部门施加压力，达到改变的目的。合作策略是指服务对象通过沟通交流、协商谈判等形式，选择双赢的方式达到预期的目标。农村社会工作者无论采用哪一种策略，都要以农村社会稳定和服务、对象利益为前提，做到遵纪守法，不能给农村社区居民造成任何伤害和不利。服务要能够促进村民福利改善、潜能发挥。服务还要能够促进村民组织健康成长。

（四）可行性评估

服务计划一旦制定，下一步就是要对各个活动的可行性进行评估。列出计划优缺点，要让村民参与进来，同时也要考虑资源的情况。评估服务计划可行性的一个重要方面是需要考虑到可能遇到的困难和阻力，进而讨论如何克服这些困难。除此之外，还需要随时根据实际情况的变化发展，重新修订或调整服务计划的内容。

可行性评估包括三个层面的内容：是否有可靠的行政资源保障，例如政府部门的支持、社会工作者服务督导系统等；是否有资金保障；是否有人力保障，例如农村社会工作是否能够坚持按照服务周期完成每一个阶段的任务，农村社区是否有居民愿意参与服务项目的实施等。

四、实施服务计划

制定服务计划后，要根据服务计划实施每一个步骤的工作。

（一）资源准备

1. 寻找合作伙伴

农村社会工作者要评估和联系相关的政府部门，建立合作关系，得到这些相关部门对服务的大力支持。

2. 搭建活动平台

为了尽快吸引服务对象参与进来，社会工作者要联系村委会，利用村委会的活动中心或其他公共场所、会议室等开展群众感兴趣的活动。如，利用村内卫生室部分空间，使村民能够解决共同关心的问题。再如，建立农村社区服务中心，设有活动室、康复运动室、培训室、图书室等。增强村民的康复信心，提供了康复者资源，并能吸引其他社区居民参与。

3. 培养社区组织

农村社区存在的问题之一就是缺乏组织而导致四分五裂、一盘散沙的局面。因为缺乏组织这一聚合机构，所以使得农村社区失去动力和依靠。组织就意味着力量和有序化，只有把群众组织起来才能发挥其主观能动性。社区组织有三类，即全民参与的组织、代表参与的组织和分开参与的组织。全民参与的组织适合小型的社区；代表参与的组织适合较大的社区；分开参与的组织适合各类社区。为了更有效地开展农村社区服务，实现服务对象的自我服务、自我管理和可持续发展，社会工作者要注意组建社区互助协会，对于老人、残疾人、妇女和儿童可以分别组建，开展各类丰富多彩的活动。

在建立新组织的同时，要注意发展和联系旧组织。联系当地已经存在的村民组织、社团、宗教团体、福利机构或把工作性质相同的团体组织起来，建立更大的组织或结成联盟，目的是交流信息、整合资源和实现目标。

4. 构建社区支持网络

在农村开展社会工作者服务，支持网络建设是核心内容之一。要通过社区支持网络建设，增强服务对象之间的联系，保障服务对象通过支持网络系统获取相关资源。

5. 建立可持续服务机制

农村社会工作分为两类，第一类是驻村社会工作者，可以长期开展所在村的社会工作。他可以深入了解村庄的特点，分析其发展的优势和存在的问题，制定可持续的长期服务计划，达到推动所在村庄全面发展的目标。第二类是以项目形式开展的为期几个月或几年的有时间限制的服务。这样的短期项目为了保证项目结束后，项目所开展的各项服务内容能继续开展，并发挥原有的作用，农村社会工作者要特别注意三个问题：第一，是培养"小组领袖"，选拔社区骨干，确保在项目退出后，"小组领袖"和社区骨干能继续组织相关人员的活动；第二，是推动当地的民间组织建设，使其能够承担部分的社区服务和组织工作；第三，是积极协助社区申请新的项目或者建立基金项目，使农村社会工作者服务常态化和可持续发展。

总之，农村社会工作者在实施具体的服务计划中，要综合考虑、评估当地社区的特点，服务对象的特殊性及资源的状况，在服务中要因时因地调整服务计划，采取不同的方法达到社区发展的目标和村民能力提升的目的。

（二）行动阶段

在这一阶段，农村社区工作者和服务对象共同运用各种手段采取切实行动解决社区面临的问题和需要，提高服务对象解决问题的能力，实现预定目标。实现目标的方法多种多样，使用什么手段依工作目标和工作者、服务对象的选择而定。农村社区工作目的是通过社会改良巩固社会秩序。

1. 为居民提供服务

这种农村社会工作的方式是最温和、最常态、最没有争议的方法，不会造成冲突或对抗，其所针对的目标不是资源、权力及地位分配的制度或结构问题，而是群众所需的社区服务的缺乏。农村社会工作所提供的服务是赢得群众支持的有效方法，这些服务内容多样，可以为老人提供社区养老服务，还可以为妇女提供社会支持，还可以为儿童和青少年提供学业和个人成长道路上的辅导、为社区举办家庭知识讲座，最常见的是为社区居民提供文娱康乐活动。

2. 制造社会舆论压力

这种方式所针对的目标不是表层服务不足，而是社会制度结构不合理，其目的是改变某一政策，或改变资源、权力等方面的分配不公。要成功地制造社会舆论的压力，首先要争取大众的同情与支持，其次是引起大众传播媒介的报道。

3. 专业谈判

这是一种比较激进的功能做法，要谨慎采用。其目的在于通过对话解决双方的矛盾，以求得政府政策或做法的改变。如果要在谈判中处于有利地位，使当权者接受所提出的要求和条件，那么拥有充足的证据和论证过程是关键。在行动过程中，要激励更多的群众参与到激烈的社会行动中来，同时争取社会舆论、社会团体及知名人士的支持。

（三）巩固成果阶段

农村社会问题的产生大多是因为农民缺乏组织性，缺乏凝聚力和战斗力。解决问题最好从组织群众入手，问题解决后，为巩固成果和促进发展，应当从巩固组织开始，巩固已经建立的正规组织或非正规组织。

1. 加强组织成员之间的联系

组织是按照一定的结构而结成的具有共同目标的人们之间的关系状态。组织有没有力量取决于成员之间关系的性质，组织内部有层级关系，加强组织力量就是要理顺成员之间的关系，这样的组织才是有效的。为此农村社会工作者要确立组织成员发展个人化的友谊关系；要了解成员参与组织的个人需要和动机，正确的给予肯定和帮助，不正确的应给予纠正。

2. 加强组织内部的分工合作

随着组织的发展壮大，组织内部的结构和职能不断扩张，需要更多的人员承担一定的职责，而原来的职位和新设的职位，其功能也可能会随着时间的推延而重新界定和调整。

3. 建立组织稳定的资源系统

在人力资源方面，注意从居民中吸纳会员，从附近的学校和机构中招募义工；在物质资源方面，注意从辖区单位、居民、企业和慈善组织中筹集资金。

4. 对组织成员开展专业培训

提高其专业素质和工作能力，尤其要提升其处理农村社区问题的实务能力。

【案例分析】流动人口社区融入视角下的社区发展农村社会工作规划

本项目以社区发展规划为研究对象，从流动人口社区融入的视角，分析流动人口在社区融入中面临的问题与挑战，探讨在社区发展规划中，如何以社区融入带动社会融入，从而破解流动人口聚集区社区管理的难题。

一、Z 村社区发展概况

京郊 Z 村是一个流动人口聚集的区域，本村常住人口 600 多人，而流动人口高达 15000 多人。大量流动人口的涌入在带动"瓦片经济"繁荣的同时，也给该村的管理和服务带来较大压力。社区流动人口居住集中，阶层分化较明显，融入问题突出，具有传统的社区工作的一般模式，所以研究选取该社区作为典型实例。大多数居民居住在社区平房区，住房小，环境差，存在卫生、健康、防火等安全隐患。流动人口来此时间长，举家迁徙，就业方式多样化。随着居民需求与社区环境的变化，流动人口的问题成为该社区管理的主要难题，迫切需要改善社区实践工作，以回应流动人口的现实需要。

二、Z 村流动人口社区融入面临的问题

通过调查分析，发现该社区流动人口在社区融入中面临的问题集中体现在社会交往封闭，流动人口对社区活动、社区管理的参与不足，缺乏可及的社区服务等方面，从总体上看，社会融入处于自发的低水平状态。而流动人口自身的特征，以及社区服务体系的局限则共同构成了限制其融入的复杂因素。

1. 社会交往没有互动的共存

流动人口的社会关系主要基于老乡、家庭与工友的非正式网络关系，与城市居民之间近乎是"平行生活"的状态，"没有互动的共存"。流动人口交往最多的是老乡，大多数流动人口仍然与家庭、亲属初级群体保持着紧密的联系，社会交往较封闭。表明流动人口并没有很好地整合到城市社会。然而，随着流动人口在城市居住时间的延长，非正式社会网络的支持将随之减弱。在该村，流动人口与社区中的当地居民缺乏互动与交往，即使有互动和交往也仅仅限于客户关系。流动人口住房条件差，生活空间边缘化，这些现象都限制了流动人口与当地居民的交往。流动人口对社区缺乏归属感和责任感，既限制了流动人口的城市融入，也加大了社区管理的难度。尽管大量流动人口的涌入带来了当地"瓦片经济"的繁荣，但是当地居民对外来流动人口仍然存在着较大的排斥心理。

2. 社区活动：参与不足，闲暇生活单一

流动人口在社区活动中参与不足，缺乏可及的休闲服务。流动人口在社区活动中缺乏参与，其主要原因是，流动人口认为"不知道""没有用""没有闲暇时间"，以及缺乏机会、信息、支付能力或时间等。大多数流动人口生存压力大，消费能力低，流动性大，这些也影响着他们在社区活动中的参与。工作之余，他们大多只能在家看电视、做家务、读二手报纸，在繁华都市的背后过着黯淡的生活。因此，应当通过专业社区工作的介入，为流动人口提供更多的休闲机会和相关的服务，促进流动人口参与社区活动。

3. 社区管理缺乏沟通，流动人口缺乏参与的渠道

在现有的社区管理中，流动人口往往是被动的管理对象，缺乏有效的信息沟通的正式渠道，不能平等地参与到社区管理中。在 Z 村流动人口集中居住的区域，秩序与安全问题都成为社区管理的难题，村里相关部门的管理工作往往趋于简单化，引导与服务的工作还不到位。

4. 社区服务缺乏可及的专业化服务

在社区工作中，存在重管理、轻服务的问题。现有的社区服务仍然没有覆盖到流动人口，缺乏可及的正式的社区服务与资讯。大多数流动人口从来没有向村委会求助过，因为长期以来他们获得的来自村里的帮助太少。在社区的调查中，了解到村委会对社区工作有着高度的责任感，具有一定的社会动员与组织能力，这些都有利于流动人口社区实务工作的开展。近年来，社区在外来人口的管理中，曾提供过一些助民服务。例如，简化"暂住证"的办理，并降低收费，社区"青年汇"也曾组织过少数几次涵盖流动人口的活动，但是村委会现有的工作模式仍倾向于被动的问题导向型工作模式，而不是发展导向型工作模式，仅仅侧重于日常管理。例如，卫生、治安、证件发放、登记、收费、计划生育等。特别是少数社区工作人员仍然对流动人口持有偏见与歧视。

二、社区融入视角下的社区发展农村社会工作规划

围绕城市多元化的输入，发展专业社区工作，使流动人口能够依托接受社区逐步融入城市社会，充分地参与到国家的经济、社会文化与政治生活中，并为城市的发展作出更多的贡献。

1. 鼓励发展流动人口社区组织

社区工作者应致力于发展社区流动人口组织与社区服务型组织：① 社区流动人口组织：例如妇女小组、流动人口之家、职业小组等。通过非正式的社区组织的方式，组织成员通过非正式的网络与社会纽带，获得社会支持，增加社会资本，改善流动人口组织与个人的能力；② 发展为流动人口服务的专业化社区组织，更有效地传递服务与资源，提供更多的机会，开展多元化的社区行动，将决策者与受益者之间的社会资本联系起来，在赋权的过程中实现社会融入。

2. 发展专业化的社区服务中心

在流动人口服务组织的基础上，促进社区服务中心的专业化建设。以现有社区组织为依托，发展专业化的社区服务中心，社区工作与社会工作、心理健康服务、经济咨询等广泛的专业紧密结合起来，能够提供儿童照顾、休闲服务、社区教育、社区安全等综合性社区服务。可以从以下三个方面实现社区服务中心的专业化：① 为社区工作者提供专业化培训。转变工作理念与工作模式，全面地理解流动人口社会融入政策的意义，并获得专业知识，增强工作能力，包括协调不同的利益的能力，与社区行政工作者、专业研究者的沟通能力，在有限的资源中有效地管理复杂项目的能力等，逐步将村委会相关工作人员发展为专业的一线社会工作者；② 积极引导高校社会工作专业的毕业生到基层就业，建立专业化的社会工作者队伍；③ 改善社区中心的办公设备，提高工作效率，逐步实现社区管理的现代化与规范化。

3. 制度的支持与资助保障

流动人口的社会融入需要长期的过程，意味着社区工作需要一个持续的、灵活的与稳定的基础，而不是短期的"特定项目"。流动人口的社区融入需要相应的资金与制度支持：① 国家与相关部门应该回应流动人口的社会融入，对社区组织提供相应的资助与制度支持，以保障社区组织能够稳定地运作和发展，同时社区工作者在社区融入中的角色与贡献应得到充分的肯定；② 流动人口的社区参与权利逐步获得制度支持，尤其是保障其平等地参与到社区选举中，参与到各种社区组织的活动与行动中，通过制度支持，消除歧视性障碍，逐步获得社会认可，从允许、默许流动人口参与，发展为必须有流动人口代表的平等参与。

4. 积极发展网络工作与合作关系

网络工作与合作关系作为融入策略的重要方法，其实践意义主要体现在两个方面：① 网络合作工作模式涉及多个主体的参与：政府、私有部门、志愿者组织、流动人口、城市居民与权威部门等，在更平等的权利关系中开展合作工作，创造一个开放的、互动的、参与性的决策过程，这样的决策过程有助于多主体之间达成更多的共识；② 在社区融入的过程中，加强社区之间的联系与交流，通过网络工作，在更广泛的社区建立社会资本，逐步影响到决策与服务提供。通过网络工作与合作关系，使决策能够真正反映现实的需要，有效地推进政策的实施，及时地传递服务，在市民社会的背景下，促进全面的参与，实现社会和谐。

5. 加强宣传教育工作，营造融入文化

通过媒体以及文化教育体系，宣传促进流动人口社会融入的理念，加强流动人口与城市居民融入意识，主要是两个方面的调适：① 流动人口主动地调整行为方式，改变过客心理，明确权利与义务，加强社区的认同，适应新市民的角色；② 城市居民以科学的观点、人本的态度接纳外来流动人口，改变刻板印象、偏见、歧视和排斥，通过调适产生彼此和谐的关系，共同营造一个开放平等的社会，促进流动人口的社会融入。这不仅是社会发展的需要，也是保护弱势群体促进社会公平的要求。

（资料来源：北京农学院社会工作者系党支部调研报告，2015 年）

第三节　评估阶段

农村社会工作评估的主要内容涉及服务计划设计是否合理、服务是否达到预期目标、服务受益群体效果和经验总结。评估阶段是对前一阶段工作成效、工作方法、资源利用状况的全面检查。评估的目的在于回顾过去、检视当前、展望未来。评估过程要重视总结经验教训，明确今后的工作思路，改进工作，少走弯路，避免失误，同时也是向社区居民、社会工作者主管部门及项目资助部门作出一个全面的汇报和工作经验提炼的过程。

一、评估的类型

评估根据时间和评估的角度可以分为问题评估、计划评估、过程评估和结果评估。

1. 问题评估

在制定农村社会工作计划时，需要对农村社区的问题作出评估。问题评估包括需求评估、问题确定、问题原因分析和资源评估。需求评估包括收集、排序和分析与问题有关的新信息。农村社区居民的需求一般有四种，即感觉到的需求、表达出来的需求、禁止的需求和比较需求。

确定问题的困难在于，问题的主观性强，而问题的客观性受到影响。问题原因分析包括经济、政治、文化价值和个人态度等几个方面。资源评估包括对所有解决问题的实际的和潜在的资源的分类。具体工作包括搜集参与或赞同该项社会工作服务计划的机构和农村社区组织，找出潜在的资源，确定社区中的支持者。

在进行问题和需求评估时，一是要对涉及个人、家庭的问题进行评估，如残障儿童的家庭关系、老人的生活质量等；二是对涉及多个个体、家庭或组织及社区的问题进行评估。如农村社区普遍存在的贫困、资源紧张、交通不便等问题。

2. 计划评估

计划评估是指为了改善目前和将来活动的服务计划和行动而进行的评估。在制定计划时，要系统收集相关的资料和成果，以评估服务计划的可行性和有效性。对计划进行评估的目的是使设计更适合农村社区，同时通过评估可以了解计划实施后目标有可能实现的情况及预期效果。计划评估主要看以下四个方面。

（1）提供服务资料并不断完善服务计划；

（2）农村社会工作者对于服务计划要不断地检测效果；

（3）使机构能够选择对组织及其参与者最为有效的计划；

（4）提供在农村行之有效和行不通的方法的资料，以便不断总结经验。

3. 过程评估

农村社会工作者按照农村社会工作的步骤，实施服务计划，解决农村社会问题，达到社会工作者服务的目标。对农村社会工作实施过程进行评估，目的在于获取有关服务的类型和数量的描述性资料；关注计划实施过程在多大程度上符合原定的设计。可以收集以下资料。

（1）提供多长时间、多少人次的服务；

（2）有多少人接受服务，其基本状况如何；

（3）受助者提出哪些关注的问题；

（4）参与这项工作的人员如何分工，时间如何分配等。

通过资料收集，农村社会工作者对服务计划就有了基本了解，一旦发生突发情况，社会工作者就能及时整合资源、调整计划。过程评估是对社会工作者服务过程监督和评价的重要工具，评估工具包括资金流动情况、认识变动情况、培训和吸纳进项目的参与者的报告、实地考察及建立服务对象反馈机制等。

4. 结果评估

结果评估是为了了解服务过程是否实现了预期目标，结果评估是农村社会工作开展过程的重要组成部分。结构评估能够保证服务效果，可以促进和改善农村社会工作者的工作更好地开展，有利于经验的总结和及时发现问题并予以修正。例如，在农村社区开展为老服务，在活动开展的过程中，要针对老年群体对象的人数、性别及参与率等进行评估反馈。考察社区老年人是否通过社会工作者的服务达到了预期的各项指标的改善；老年人是否知晓社会工作项目并积极参与；通过服务社区的老年活动是否增加并能持续开展等。

通过结果评估，获得的信息可以帮助农村社会工作者更好地了解服务计划开展情况，以及对服务对象的影响情况。

二、评估的具体步骤

（一）界定评估目标

如果没有清楚界定目标，就很难测评计划是否能取得预期效果，在制定服务计划目标时，工作者要明确以下四个方面。

1. 所测评的结果必须是适当的。由于农村社会工作者的计划通常会涉及不同方面的目标对象的改变，所以在制定评估目标时，应当明确指出计划的预期对象，即从该项服务中受益的个体、团体、组织或社区，只有清楚界定计划的目标对象，才能清楚地考核服务对象在哪方面发生了预期的改变。

2. 评估目标的描述必须清楚且明确。农村社会工作者应该知道社会工者的介入要达到一个什么样的结果。目标要明白具体，便于操作，同时也有利于数据的收集和分析。为了使目标更清楚明确，可以在一般目标下分解出子目标。

3. 农村社会工作者要在评估目标上达成共识，避免纷乱争议。

4. 评估目标与农村社会工作的目标要联系起来，如果是阶段性评估，评估的目标一定要与过去的目标相联系。过去的目标为下一步目标奠定了基础。

（二）项目目标设计是否具体

农村社会工作服务是否合理、可行并有可持续性效果，首先要评估服务设计的目标是否具体、是否可量化、是否可操作。

1. 农村社会工作服务目标应当同服务对象的需求一致，能够对比分析服务开展前后服务对象是否发生变化，服务是否有效果。

2. 服务目标应当与农村社会工作的使命和价值观一致，不能偏离农村社会工作的终极社会目标。

3. 服务目标设计要可操作、可测量。服务的受益人群数量、次数要明确，服务的内容要明确等。

【案例分析】农村小组评估报告

一、背景资料

（一）小组名称：农村社区暑假亲子小组

（二）小组性质：成长发展型小组

（三）小组活动的次数及周期：一周两次，共六次。

（四）参加者资料：

（五）参加人数：8～26人

二、小组活动目标

本小组希望通过开展自我认知与成长小组和组员间的相互支持，来帮助（外）祖父母及孙辈儿童认识自我、认识他人，（外）祖父母学习如何科学教育孙辈儿童，以及使每个组员能够体会并学习到带小组的专业知识和技巧，提升小组成员的专业知识、技巧和素质。

三、小组活动过程

第一节 活动内容

日期及整节活动时间：7月29日8：30—9：30

个别活动时间	地点	目标	内容	所需物资
1）15分钟	妇女之家	组员与工作人员的相互认识	1）点名：确定学生到场的具体情况。 2）组员与工作人员的自我介绍（包括姓名与在组中扮演的角色）。 3）介绍本次活动的时间、内容和主要目的（看情况可以邀请书记、主席讲话）。 4）让孩子们依次进行自我介绍：（此处需要注意：①对孩子自我介绍的引导，包括姓名、年龄、爱好、家长姓名等；②及时对孩子进行鼓励，特别是在遇到个别孩子害羞，以及有其他孩子对其表现有打断、嘲笑等情况时，需要顾及孩子的自尊心）。 5）让每个孩子在大彩纸上写上自己的名字，制作《花名册》。	考勤表 大彩纸一张（制作《花名册》） 马克笔一支
2）5分钟		说明需要注意的安全问题	1）"天黑黑，静悄悄"：与组员约定"天黑黑，静悄悄"。课程中，主持人说"天黑黑"的时候，孩子们就要坐好，保持安静，并且说"静悄悄"。 2）给家长和儿童说明需要注意的安全问题：a. 防止孩子的手指夹在桌子中间，以及孩子在穿梭座椅时受伤；b. 上厕所时，家长带领孩子可以自行离开，并注意走动时的安全。	

个别活动时间	地点	目标	内容	所需物资
3) 15分钟		游戏活动，吸引组员对活动的兴趣	1）孩子报数分组，每组 5~6 人，邀请家长一起做"我是小交警"游戏。 2）游戏步骤： a. 每组分别发三张画有圆圈的硬纸，并且让孩子分别涂上红、黄、绿三种颜色。 b. 邀请一名家长先扮演交警，孩子扮演司机，孩子手握拳头放在胸前做开车状，并且口中发出"嘀嘀"的声音。然后，家长把交通规则教给孩子，例如：红灯停，绿灯行等。 c. 当司机开车接近交警时，"交警"举起不同颜色的纸板，要求孩子做出相应的动作，例如：红灯停，绿灯行等。当"交警"再一次举起"绿灯"的时候，"汽车"才可以继续向前行驶。 d. 家长与孩子进行角色互换，由家长来当"汽车"，邀请一名孩子来当"交警"，再一次进行游戏。	六张硬纸 两盒水彩笔
4) 20分钟		安全教育，让儿童和家长从各自角度学习安全知识	1）给孩子发放110、120、119、警车、救护车、消防车的相关图片，依次让孩子描述自己手中图片的内容。 2）让孩子去找与自己同一组的小伙伴，如警车、110、警察、坏人为一组，救护车、120、医生、病人为一组，看哪一组找得快。 3）回顾总结：带领大家一起回忆今天学习的安全知识的内容。 4）作业：请孩子把今天学到的安全知识向没有参加活动的家长进行讲解，请今天到场的家长进行监督，下次上课时对每一位完成作业的孩子奖励一朵小花。	12张图片

个别活动时间	地点	目标	内容	所需物资
5）5分钟		结束游戏，放松组员心情和身体	1）"今天你辛苦了。"：让所有孩子、家长围成一个圈，朝向一个方向，然后每一个人都为前面的组员敲敲背，一边敲一边走，一起说："今天你辛苦了。" 2）给每位家长发一个"孩子家庭安全教育10妙招小贴士"，并由孩子交给家长（小贴士主要是教授家长科学育儿的内容，每次活动结束都会结合当天活动内容发放相关的"小贴士"）。 3）工作人员嘱咐组员注意安全，再次强调下次活动时间，宣布今日活动结束。	12份小贴士

第二节　活动内容

日期及整节活动时间：7月31日8：30—9：30

个别活动时间	地点	目标	内容	所需物资
1）10分钟	妇女之家	热身游戏，集中儿童的注意力，为后续工作的开展营造轻松愉快的氛围	1）点名。 2）热身游戏"大雨小雨"：游戏开始时，主持人需要为组员做示范，及时给提示，游戏过程中需要特别注意组员的安全问题。 3）游戏步骤： a.当听到小雨——轻拍手；听到中雨——拍打大腿；听到大雨——用力踩脚。 b.工作人员念一下内容，请儿童与家长听到"小雨""中雨""大雨"时，分别做出相应的动作。 乌云密布，小雨噼噼啪啪地下起来了，行人慌忙躲避；很快地，小雨变成了中雨，中雨变成了大雨。过了一阵，雨渐渐地变小了，大雨变成中雨，中雨变成小雨……一阵雷声，小雨突然变成了大雨，大雨转为了中雨，中雨又变成了小雨。雷声又响起来了，大雨又降临了！但仅仅一会儿，雨过天晴啦！	花名册

151

个别活动时间	地点	目标	内容	所需物资
2）10分钟		回顾上节课的课程内容，巩固知识内容	1）"天黑黑，静悄悄"：与组员约定"天黑黑，静悄悄"，课程中，主持人说"天黑黑"的时候，孩子们就要坐好，保持安静，并且一起说"静悄悄"。 2）主要以提问形式，帮助儿童回顾上节课程的内容。 3）了解完成"作业"情况，回家是否把上节课的安全知识讲给没参加活动的家长；完成者可在《花名册》上奖励一朵花，由孩子自己选择彩笔颜色，自己在《花名册》上为自己画上一朵花；对于未完成者，鼓励其下次努力完成任务。	水彩笔一盒
3）35分钟		开始今天礼仪礼貌的学习，提升儿童素质	1）通过图片（故事+漫画）教授儿童礼仪礼貌的相关内容，如"正确使用称呼""礼貌用语不离口""尊重长辈""体谅父母""学会分享玩具""我会赞美别人"。 2）每两个人一组，每组发一个内容，由家长讲故事，并将图片上的相应的礼仪教给儿童，15分钟后，请儿童分享自己学到了什么。（家长教的内容可不完全按照图片上的知识，只要根据其所拿到的与主题相关的礼仪礼貌知识均可。家长在教授过程中应多鼓励孩子，即使儿童没有全记下来，或记不住，也不要大声责骂孩子，要有耐心，不要去与其他孩子进行比较，注重质量而不是数量。） 3）回顾总结：带着大家一起回忆今天礼仪礼貌知识的内容。 4）作业：请孩子把今天学到的礼仪礼貌向没有参加活动的家长进行讲解，请今天到场的家长进行监督，下次上课对每个完成作业的孩子奖励一朵小花。	"故事+漫画"图片12张

个别活动时间	地点	目标	内容	所需物资
4） 5 分钟		结束游戏，鼓励组员心情和身体	"你真棒"：让大家围成一个圈，都伸出大拇指，对大家说："今天，你真棒!" 给每位家长发一个"礼仪三字歌小贴士"，并由孩子交给家长（小贴士主要是教授家长科学育儿的内容，每次活动结束都会结合当天的活动内容发放相关的"小贴士"）。 工作人员嘱咐组员注意安全，再次强调下次活动时间，宣布今日活动结束。	"礼仪三字歌小贴士" 12 张

第三节　活动内容

日期及整节活动时间：8 月 4 日 8：30—9：30

个别活动时间	地点	目标	内容	所需物资
1） 10 分钟	妇女之家	热身游戏，培养孩子之间的合作默契，调动课堂氛围	1）点名。 2）游戏：圈里有你、也有我 a. 用绳子围成大小不一的三个圈儿，放音乐，音乐停止后，所有孩子和家长的脚都进入绳内。 b. 收一个绳圈，重复上面的步骤。 c. 再收一个绳圈，重复上面的步骤。 d. 将绳圈缩小，重复上面的步骤。当绳圈缩小到组员觉得不能再缩小时，问组员："有信心继续挑战吗?"强调只要所有人的脚都在绳圈内即可。 e. 如果有组员觉得不能完成，告诉组员坐下即可成功。	1. 花名册 2. 塑料绳一卷

个别活动时间	地点	目标	内容	所需物资
2) 10分钟		回顾上节课的课程内容，巩固知识内容	1）"天黑黑，静悄悄"：与组员约定"天黑黑，静悄悄"，课程中，主持人说"天黑黑"的时候，孩子们就要坐好，保持安静，并且一起说："静悄悄"。 2）主要以提问形式，帮助儿童回顾上节课程内容。 3）了解完成"作业"情况，是否回家把上节课的礼仪礼貌知识讲给没参加活动的家长；完成者可在《花名册》上奖励一朵花，由孩子自己选择彩笔颜色，自己在《花名册》上为自己画上一朵花；对于未完成者，鼓励其下次努力完成任务。	
3) 35分钟		进行第三次课时的内容，让组员熟悉键盘	1）将准备好的涂色卡以抽签的形式发给儿童。 2）请每个儿童简单描述他手中图片的内容。 3）请孩子对图片进行涂色，颜色任选。 4）涂完颜色后，请儿童分享其涂色的理由，并说说自己最喜欢的颜色。 5）将事先准备好的已涂过颜色相同的图片送给孩子，并说明这是工作人员来之前其他小朋友画好送给他们的。 6）作业：请每个小朋友回家后完成一幅画，内容不限，家长不要干预，下次活动时交给工作人员，并请小朋友互相赠送自己画的画儿。 （1）~5）步骤，家长不要对儿童进行干预，不要告诉他应该涂什么颜色，让孩子自由发挥。	12张涂色卡。
4) 5分钟		结束游戏，活动组员身体，增加组员间的交流	1）带领组员一起唱《幸福拍手歌》：大家可以围成一个圈儿，在主持人的引导下一起唱《幸福拍手歌》。 2）给每位家长发一个"不要扼杀孩子的好奇心小贴士"，并由孩子交给家长。（小贴士主要是教授家长科学育儿的内容，每次活动结束都会结合当天活动内容发放相关的"小贴士"。） 3）工作人员嘱咐组员注意安全，再次强调下次活动时间，宣布今日活动结束。	"幸福拍手歌"音乐 "不要扼杀孩子的好奇心小贴士" 12张

第四节　活动内容

日期及整节活动时间：8 月 6 日 8：30—9：30

个别活动时间	地点	目标	内容	所需物资
1） 15 分钟	妇女之家	集中儿童的注意力	1）儿童可以独立完成绘画。 2）每一位儿童顺利描述自己画中的内容。	1. 水彩笔三盒 2. 绘画纸若干
2） 10 分钟		热身游戏	游戏"木头人" 1）基础版"木头人"：在原地，在工作人员说"1、2、3"时，儿童可以动，工作员说出"木头人"时，所有的儿童不可移动，不能说话，不能笑。 2）升级版"木头人"：儿童靠着墙开始向工作员移动，在工作员说"1、2、3"时，儿童可以动，工作员说出"木头人"时，所有儿童都不可移动，不能说话，不能笑，有任意一名儿童摸到工作人员后，所有儿童都往回跑。	
3） 30 分钟		儿童学习礼仪礼貌	礼仪礼貌学习 1）给儿童讲一个关于小朋友在超市捡到陌生阿姨钱包的故事。 2）告诉儿童如果自己遇到了这样的情况应该怎么办，应该怎么还给别人，应该说什么。 3）工作人员藏钱包，让儿童找，并请找到钱包的儿童说出还钱包时应该说的话，工作人员拿回表示感谢。 4）请捡到钱包的儿童进行下一次的藏钱包，依次类推，直到每位儿童都说过捡到钱包如何归还。	钱包一个
4） 5 分钟		结束游戏，活动组员身体，增加组员间的交流	1）儿童自己收拾用过的水彩笔、画完的画儿和椅子，告诉儿童每样东西怎么收拾，最终放到哪里。 2）奖励每位儿童一朵小红花，以表扬今天其表现，并告诉儿童如何贴小红花，以及后面纸条不可以乱扔，要放到工作人员手里。 3）合影。	小红花若干

第五节 活动内容

日期及整节活动时间：8 月 11 日 8：30—9：30

个别活动时间	地点	目标	内容	所需物资
1）5 分钟	妇女之家	集中儿童的注意力	工作员带领儿童绕着古树慢跑	
2）15 分钟			1）儿童可以独立完成自己的绘画。 2）每一位儿童顺利描述自己画中的内容。	1. 水彩笔三盒 2. 绘画纸若干
3）10 分钟		热身游戏，增加儿童的参与感	游戏"老鹰捉小鸡" 有一名工作人员当"鸡妈妈"，一名男孩当"老鹰"。	钱包一个
4）20 分钟		分组教育，因材施教	五岁组学习写自己的名字 三岁组做"木头人"游戏	1. 水彩笔 2. 绘画纸若干
5）10 分钟	妇女之家	结束游戏，活动组员身体，增加组员间的交流	1）儿童自己收拾用过的水彩笔、画完的画儿和椅子，告诉儿童每样东西怎么收拾，最终放到哪里。 2）奖励每位儿童一朵小红花，以表扬今天其表现，并告诉儿童如何贴小红花，以及后面纸条不可以乱扔，要放到工作人员手里。	小红花若干

第六节 活动内容

日期及整节活动时间：8 月 18 日 8：30—9：30

个别活动时间	地点	目标	内容	所需物资
1）10 分钟	妇女之家	热身游戏，培养孩子之间的合作默契，调动课堂氛围	1）游戏： a. 在地上画出圈圈儿，放音乐，有音乐时孩子在圈儿外走，音乐停后，所有孩子都进入规定的圈儿中。 b. 画两个圈儿，要求孩子在音乐结束时按男生女生分类进圈。 c. 画三个圈儿，要求孩子在音乐结束时按年龄分类进圈（三岁、四岁、五岁）。 d. 要求孩子在音乐结束时按头上有无小辫分类进圈。 e. ……	

个别活动时间	地点	目标	内容	所需物资
2) 10分钟		回顾课程内容, 巩固知识内容	1) 主要以提问形式, 帮助儿童回顾学习归还捡到的别人东西, 学会使用文明用语的课程内容。 2) 进行捡钱包情景再现 (1次)。	
3) 20分钟		进行第二次礼仪礼貌学习	1) 描述一些正确和不正确的行为, 让儿童进行判断。 2) 根据相关内容进行情景再现。	12张涂色卡
4) 10分钟		结束游戏, 活动组员身体, 增加组员间的交流	游戏: 我的宝宝在哪里? 游戏玩法: 每个家庭由一名家长和一名幼儿参加, 请幼儿手拉手围成圆圈儿, 相应的家长蒙上眼睛站在圈内, 幼儿手拉手边唱歌边绕着家长转, 唱完歌曲立定, 然后请家长去寻找自己的宝宝。 游戏要求: 幼儿不能发出声音, 去找家长, 家长通过触摸找到自己的宝宝。	布带若干
5) 10分钟		发小红花	由小朋友给自己的奶奶贴小红花, 并感谢奶奶	小红花若干

四、评估方法

1. 在每个下一次小组活动中, 对上一次课后任务完成情况进行分析;

2. 以工作人员在小组活动进行时的观察进行分析;

3. 从出席率及参与、投入程度作评估;

4. 透过与孩子和家长的倾谈来知道他们对小组的感受及意见。

五、评估内容

(一) 目标是否实现

通过小组的评估, 组员反映此次小组弥补了组员因隔代教育不利因素导致家长科学育儿知识的空缺, 发掘儿童的天性, 增强家长对儿童的了解, 促进家庭教育在农村家庭的可持续发展。此次暑期实践得到了家长和儿童的认可, 镇领导、村领导也十分肯定本次活动所取得的成绩, 本次实践基本完成了预期目标。

（二）活动内容及方式是否有效

由于小组的组员都是3~5岁的学龄前儿童，所以本次小组的内容以游戏为主，让组员在游戏中探索道理，在游戏中达到我们所预期的目的。由于游戏的方式是小朋友比较容易接受的，因此他们参与的积极性都非常高，小组活动的预期目的也达到了，所以说小组活动的内容和方式是比较适当的。

（三）参与者的表现

在前两次活动中，有三名组员一直表现得非常活跃，其太活跃，因而导致活动场面比较混乱。但通过社会工作者的介入，这些组员的表现都有所改善。还有一名组员性格比较内向，在第一次活动中基本上都没有表露自己，参与游戏的积极性也不高。社会工作者在此过程中对该组员比较关注，给予该组员以更多的表现机会；在后两次活动中该组员的积极性有了极大的提高，表现出了其积极的一面。

（四）小组互动

1. 小组气氛

由于学龄期儿童缺乏极强的规范性，自主表达较随意，他们参加小组活动时，现场气氛很活跃，内向的组员在工作人员的引导下适应小组的活动模式，组员间气氛较为融洽。

2. 沟通

由于小组成员大都是来自榆林村本村的村民，大家基本都相互认识，所以组员间沟通不存在着问题，工作人员与组员初次接触时沟通也没有明显困难。

3. 小组规范

本小组规范主要是尊重所有小组成员遵守保密原则，每次活动大部分组员能够提前10分钟到场，做到不迟到、不早退，积极参加每次活动；但也有个别儿童因为一些原因或迟到或早退。各成员在活动中都能发挥得很好，除了有个别人临时有事来不了的，大部分人都能遵守我们的小组规范。

4. 小组凝聚力

小组成员本来都是有感情基础的，所以从一开始就有了较好的凝聚力基础了。在活动中，大家的感情又不断地增进，交流增多，彼此更加了解，凝聚力也不断增强；凝聚力的增强使小组的活动顺利地开展，还能够更快更好地处理在活动中出现的问题。

5. 小组领导模式

我们小组每次活动时都培养每个成员成为"领导人"，发掘儿童的优点和特长，因材施教，每位组员都在不同的活动中发挥"领导"能力，例如，有的组员带领大家收拾场地、材料；有的组员组织大家合影；有的组员示范动作等。但是大家都处于平等的地位，相互之间都比较自由，"领导"的模式也不是很明显。

6. 小组决策方式

强调小组组员的民主参与，鼓励小组成员积极参与到小组活动中来，活动的目标和活动方案应由小组成员一起参与决策。

7. 解决冲突的方式

在第五次活动中，由于参加小组的组员年龄分层明显（三名三岁儿童、三名五岁儿童），因此选择分组带活动。其中三岁儿童中有一名女孩十分厉害，脾气较大，出现无故咬人、打人的现象，工作人员采取劝说并教育打人的女孩的方式，组员安慰被打的女孩，经过工作人员与组员的共同调解，俩人关系有所缓和，但最终打人的女孩被其家人接走，提前离开小组。

（五）小组发展的阶段

1. 2014 年 7 月 29 日，第一次活动，工作员选择通过绘画的形式了解儿童与其（外）祖父母之间的沟通模式和基本情况。随后正式开始工作人员与儿童的相互认识，工作人员、儿童自我介绍，介绍小组内容与目标，向家长说明安全问题。本次活动主要是让儿童学习在路上行走，并认识交通信号灯，学习红灯停、绿灯行，带领儿童进行"我是小司机"的游戏。工作人员带领儿童认识 110、120、119、警车、救护车、消防车的相关图片，让儿童描述图片的内容、用途和使用方法；布置本次任务：回家后将课堂上学到的安全知识分享给其他的家庭成员。通过"今天你辛苦了。"这个小游戏来增强儿童的爱心。

2. 2014 年 7 月 31 日，工作人员带领组员回顾上节课学习的识别交通信号灯、110、120、119、警车、救护车、消防车相关图片的内容，以及用途和使用方法。之后，由儿童选择自己喜欢未填色的涂色卡，并对其涂上自己喜欢的颜色，由儿童对自己卡片进行描述。工作人员拿出事先准备好的已涂过色的相同卡片，引导儿童识别是否与自己的卡片相同，并将已涂色的卡片送给儿童。与此同时，另一位工作人员向家长介绍各年龄段孩子绘画的特点，让家长更加了解儿童的成长过程。最后奖励每位儿童一朵小红花，以表扬他们当天课上的良好表现。

3.2014 年 8 月 4 日，工作人员在活动的院子中选取不同种类的叶子八种，引导儿童认识不同的叶子，并对其大小、长短等进行比较和描述；每位儿童选择一种叶子在院子里找，并带一片相同的叶子给工作人员。规定寻找的范围。通过认识叶子、找叶子增加儿童对环境和植物的认知。通过热身游戏"大雨、小雨"使儿童提高活动时的注意力。通过前几次活动的铺垫，以及家长与工作人员之间产生的信任，在本次绘画及绘画过程中，大部分家长不干预儿童绘画，也不打断儿童绘画。之后，工作人员又教授组员折飞机、飞飞机，以锻炼儿童的动手能力。最后，工作员奖励每位儿童一朵小红花，以表扬他们在课堂上的良好表现，并告诉儿童如何贴小红花，以及后面纸条不可以乱扔，要放到工作人员手里，以提高儿童的环保意识。

4.2014 年 8 月 6 日，在本次绘画及绘画过程中，家长基本上不再干预儿童绘画，也不打断儿童绘画。通过游戏"木头人"，增强儿童的注意力，以及自我规范。之后，工作人员给儿童讲一个关于小朋友在超市捡到陌生阿姨钱包的故事，以故事代道理告诉儿童，如果小朋友自己遇到了这样的情况应该怎么办，应该怎么还给别人，应该说什么。再通过情景再现工作人员藏钱包，让儿童找，并请找到钱包的儿童说出还钱包时应该说的话，工作人员拿回表示感谢，训练儿童完整的表达过程。游戏结束时，儿童自己收拾用过的水彩笔、画完的画儿和椅子，工作员告诉儿童每样东西应怎么收拾，最终应放到哪里。最后，工作人员奖励每位儿童一朵小红花，以表扬他们今天的表现，并告诉儿童如何贴小红花，以及后面纸条不可以乱扔，要放到工作人员手里，以培养其环保意识。

5.2014 年 8 月 11 日，工作人员组织组员进行轻松的慢跑运动，规范儿童的行为。在本次绘画及绘画过程中，家长基本上不再干预儿童绘画，也不打断儿童绘画，儿童思考的速度和绘画的速度也有了明显的提高，绘画内容更加丰富。通过游戏"老鹰捉小鸡""木头人"，工作人员带动儿童的积极性。五岁儿童通过学习写自己的名字，更好地认知自我。儿童已经逐步养成小组活动结束前自己收拾水彩笔、画完的画儿和椅子，最终放到哪里，并且最终使儿童养成了不乱扔东西的意识。

6. 2014 年 8 月 18 日，通过热身的"分组"游戏，使儿童更好地了解自己，以及区分自己与他人不同之处，并可以辨别出来。之后，工作员带领组员回顾学习过的捡到他人东西应该怎么办，讲授如何使用礼貌用语"谢谢""不用谢""对不起""没关系"；讲授玩玩具时与他人分享，玩幼儿园公共玩具时与他人轮流玩；问儿童如果只有一把椅子在自己和奶奶身边，是给奶奶坐还是自己坐，请儿童给屋外的奶奶搬椅子，并说"请奶奶坐"，以培养儿童关爱他人的意识。工作员引导儿童认识自己的五个手指，并学习每个手指叫什么名字，使儿童更好地认知自己。通过游戏"我的宝贝在哪里?"增加儿童与家长之间的情感。后来，工作人员邀请所有小朋友在一张大彩纸上绘画，并在规定时间内完成，绘画完成后自己收拾用过的水彩笔、画完的画儿等，培养儿童协作的意识。最后，工作人员奖励每位儿童一朵小红花，并将小红花给自己的妈妈或奶奶佩戴，并对妈妈或奶奶说"谢谢"；再给每位妈妈或奶奶发小红花，为自己的孩子佩戴小红花，邀请儿童将奶奶或妈妈坐的椅子搬回室内并摆放在规定位置。

（六）社会工作者的角色，以及其专业态度、知识和技巧的运用

小组初期社会工作者的角色：领导者、鼓励者、组织者、统筹者；小组中期社会工作者的角色：工作者、辅导者、调解人、支持者；小组后期社会工作者的角色：资源提供者、能力的促进者、引导者、支持者。运用了沟通和互动的技巧、控制小组进程技巧和小组会议技巧。

六、未能解决的问题

组内大部分组员得到了不同程度的收获和成长，但还有一小部分组员还没能突破自我，没有完全掌握教育知识。

七、建议

1. 当小组出现吵闹、混乱的局面时，社会工作者应该及时介入，以控制吵闹的局面。

2. 社会工作者在开展活动的时候，应当多注意性格内向、不太爱表现自己的成员；在他们发表自己观点的时候，可以让这样的成员多起来说话，以表达自己的想法。

3. 在活动过程中，社会工作者应当适当地树立威信，主导活动，以便活动的顺利进行。

（资料来源：北京农学院社会工作者系项目 2014 年）

（三）设计评估指标，评估服务效果

为了检测农村社会工作所取得的效果，需要设计一些可操作性的指标。操作性指标是通过服务目标具体化为可观察、可度量的过程而得出的。

1. 操作性指标要使用具体的、可测量的专业术语

如具体社区为老服务中有多少老人受益，通过哪些活动提高老年人的社会参与度，如何建立老人的社会关系网络，服务前后老人生活有哪些变化等。

2. 测量指标应当有效

如要了解某农村社区居民生活质量，以便设定以经济收入多少作为评估标准。但是，经济收入只能是测量社区居民生活质量的一个方面，如果要想更全面地了解其生活质量，就需要全面评估当地居民的收入水平、安全感、幸福感、文化生活、社会保障等。

3. 使用多元化的评估标准

为了更好地评估农村社会工作服务效果就要设计多元化的测量标准。如评估一项农村妇女儿童服务项目，要评估该项目设计了哪些具体活动，这些活动有哪些作用，预期目标是什么等。

（四）建立成果评估方法

评估目标和指标去顶后，在评估中，成果测量的操作化是十分重要的，即把目标转换成可以观察和量度的指标。在将成果测量操作化时，一定要使操作性指标具体、可供量度，并且有效而适当。

（五）选择适当的研究设计

目标对象的改变受到多种因素的影响。在农村社会工作中，往往很难分辨出哪些是影响问题得到改善或解决的主要原因。因此，为了证明服务计划或服

务措施是否有效，可以采取控制组和时间序列测量的方法。将一个接受服务的群体和没有接受服务的群体加以对比分析，发现其不同之处。时间序列测量方法就是测量和比较不同时间段的成果变化，观察同一参加者在不同时段的差别。

（六）收集评估材料，撰写评估材料

收集资料的常用方法有问卷调查、深入访谈、观察法等。应用不同的资料收集方法，所获取的资料有很大的差异，而全面准确的资料对农村社会工作评估有着非常大的影响。

在实际工作中，农村社会工作很难被严格分成几个界限分明的阶段，每个阶段的内容也是交叉重叠的。农村社会工作者在从事实务工作时，不要拘泥固定的程序，要根据具体情况具体分析，灵活运用评估方法和手段。

【案例分析】农村社会工作介入农村留守老人的专业服务

农村社会工作者可以直接或间接地参与到对农村留守老人的生活中去，以专业的社会工作理论、方法和技巧来帮助农村留守老人，让他们能够公平地、有尊严地分享社会资源。

农村老年社会工作如果能介入留守老人的生活照料，就可以发挥预防、恢复、发展及支持的功能，预防和减缓老年人在生理、心理及社会功能方面的衰退，恢复及提升老年人受损的社会功能，帮助老年人不断发展、完善自己，以及整合各方资源，构建并完善农村老年人的社会支持系统。

针对农村留守老人的家庭，社会工作者可以联系距离他们较近的亲属，加强老人与亲属之间的联系，从亲属中帮助老人寻找生活照料的资源。针对老人外出务工的子女，社会工作者可以搭建一个便利快捷的交流平台，通过电话、网络等形式促进子女与老人之间的沟通和了解。社会工作者还可以在老人外出务工的子女返乡期间，组织他们学习老年护理、疾病预防等知识，提高他们对父母的关怀度。

大量农村留守老人的出现是我国现代化、工业化、城镇化和社会转型的必然结果，农村留守老人的生活照料困境在一定时期内将长期存在。青壮年劳动力外出务工，拉大了与家中父母的空间距离，使农村留守老人的数量不断增多，以近距离为基础的老人的生活照料问题因此遭遇很大的危机。

在以政府为主体的社会保障体系尚不完善、农村老人无法公平、公正地享受社会发展的成果的前提下，农村留守老人的生活照料困境恰恰给专业社会工作提供了介入的渠道。❶

基本概念：

农村社会工作通用模式；参与式社会观察；社会工作介入；社会工作评估

复习思考题：

1. 如何制定好一个农村社会工作服务计划？试结合实例予以说明。

2. 如何介入农村社会开展农村社会工作？

3. 农村社会工作评估的步骤有哪些？请联系实际问题予以分析说明。

本章推荐阅读书目：

1. 张和清等. 文化与发展的践行——平寨故事［M］. 北京：民族出版社，2007.

2. 甘炳光. 社区工作技巧［M］. 香港：香港中文大学出版社，1997.

3. 夏建中. 社区工作［M］. 北京：中国人民大学出版社，2009.

4. 钟涨宝. 农村社会调查方法［M］. 北京：中国农业出版社，2001.

---

❶ 刘昱君. 对老年社会工作介入农村留守老人生活照料的分析［J］. 理论观察，2013（11）.

第七章　农村社会工作模式

【案例导读】农村妇女能力建设社会工作模式探索

农村妇女能力建设，一是指农村妇女本身具有的潜能和地方性、乡土性知识，如农事经验、农村文化知识、乡土人情、地方戏曲、中草药知识、民族手工艺等；二是指随着社会发展，农村妇女需要具备的新能力，如子女教育知识、健康养生知识、实用技术、民主参政意识等。农村社会工作对妇女能力建设主要围绕以上两个方面展开。农村社会工作者通过对妇女经历和认识的肯定，增强妇女的自信心和自尊心，从而赋权于妇女。另外，能力建设包括发现和巩固原有的社会关系网络和社会资源，妇女不能处理和解决的问题，其主要根源在于其不善于发现和充分发挥现有资源关系的优势。因此，农村社会工作者的任务包括促使妇女意识到现有资源和关系的重要性，帮助她们梳理和整合这些资源。

模式是指解决某类问题的路径和方法，是在实践探索中经验的总结与提炼，以及对方法的总结和归纳所做的理论概括，是可以推广的解决问题的方式。美国社会学家瑞泽尔解释，模式是对客观事物的综合描述和科学抽象，它由与研究对象有关的因素构成，体现了各种因素的特征及内在逻辑形式，并对现实具有指导作用和借鉴意义。

第一节　农村社会工作模式的涵义与特征

一、农村社会工作模式的涵义

农村社会工作模式是对农村社会工作实务中解决各类问题的方法所做的总结和归纳，它对农村社会工作具有重要的指导意义。尽管农村社会工作的对象千差万别，其面临的问题错综复杂，在实务工作中使用的具体方法、技巧各不相同，但其中的专业理念和方法具有一定的共同性，这也是农村社会工作实务模式产生和发展的基础与必然。农村社会工作模式就是在农村社会工作服务中逐渐形成的具有普遍性的工作方法，是农村社会工作基本规律与农村社会工作实务本质特征的理论化说明。

二、农村社会工作模式的特征

农村社会工作是社会工作实务的一个重要领域，具有社会工作模式的一般特征，如中介性、普适性、稳定性等。由于农村社会工作服务的领域和人群有着其自己的特殊性，因此，农村社会工作模式还有其自身的独特性。主要表现在以下五个方面。

（一）指导性

工作模式具有普遍的、规范的实务指导性。农村社会工作服务强调应针对服务对象的不同特征和不同处境选择最适合的工作模式，在该模式的基本框架下开展专业服务。在同类型的服务过程中，模式有普适性。农村社会工作模式是针对农村特殊场景和人群的特定问题，通过无数次的实践探索出的解决方案和最佳实践的理论提升。农村社会工作实务模式的提炼使得农村社会工作的开展超越了感性探索的主观局限性，向专业化发展。在农村社会工作者的实际服务中，农村社会工作者面对的服务对象包括老人、残疾人、妇女、儿童、青少年等。他们面临的问题有相似性和共通性，因此对于同一类型的问题可以采取相同的服务模式。

（二）中介性

农村社会工作模式需要理论为基础，同时，更需面向实践，具有鲜明的应用性，并且还应指出实务中需要注意的处理原则和服务方法。

（三）历史性

由于农村社会发展的不同阶段所面临的问题也各不相同，因此农村社会工作模式也具有不同的时代特征。对于农村社会工作者来说，要随着时代的发展不断探索符合农村社会特征的农村社会工作模式。

（四）本土性

本土性是指应立足于我国农村发展现实，具体问题具体分析，灵活运用社会工作模式。要把来自西方的社会工作理论及实务方法与我国农村的传统文化和人们的价值观有机地结合起来，使农村社会工作模式具有本土化和可操作性，从而有效地服务农村，推动农村社会发展。

农村社会工作的本土化体现在以下三个方面。一是针对服务对象，要缓慢地改变。农村的生活方式相对于城市来说是比较缓慢的，因此要因时因地调整工作模式，要有足够的耐心和信心，给予服务对象更多的关心和支持。二是在社会工作模式运用的过程中，农村社会工作被称为"系统功能主义"，农村社会工作实践要能够运用系统的知识、价值观和技术发挥作用，使农村社会实现良性发展。三是在具体的工作方法上，既强调微观的个案工作和中观的小组工作，也强调宏观的社区工作及社会行政。农村社会工作模式强调和鼓励服务对象运用各种社会支持网络去建立互助支持组织形式。

（五）差异性

农村社会工作和其他领域的社会工作一样都需要面对不同的问题和情况，因此要关注每项服务独特的价值基础、政策目标、实务内容、服务对象和行动策略。不同实务模式所聚焦的问题各不相同，在评估服务对象环境时所选取的指标也不一样。因此，在开展农村社会工作服务时，要区分各种服务模式的差异。在农村社会工作的服务中，可能要面对的问题是多种多样的，如农村老人赡养问题、留守妇女与儿童问题、干群关系问题等，因此在针对不同的对象、不同的问题时，社会工作者要选择不同的服务模式。

第二节　农村社会工作服务模式的类型

根据不同的原则和标准，可以将农村社会工作服务模式分为不同的类型。按照干预方式，可以分为直接干预模式和非直接干预模式。直接干预模式是指农村社会工作的目标和选用的方法都是由农村社会工作者决定的，社会工作者在服务中处于主导地位。这一模式的优势在于效率高，但缺点是不够民主；非直接干预模式是指在农村社会工作开展过程中，服务的目标和方法完全由农村社区居民来完成，社会工作者角色处于被动地位，服务对象处于主导地位。这一模式的优点是民主程度高，但缺点是效率较低。

一、地区发展模式

（一）何谓地区发展模式

美国学者罗夫曼（J. Rothman）认为，地区发展模式是社区工作的介入模式之一，目标是建立社区自助的能力和社区整合；运用的方法是推动社区居民的广泛参与，界定社区需求，采取行动改善社区问题，从而推动社区的发展。

地区发展模式的问题假设是基于问题视角，是问题对策式的发展模式。通过寻找社区及居民存在的问题，然后有针对性地提供服务，解决问题。目的在于建立和谐的社区关系，改善社区条件，维护社会稳定，促进社区及个人的良性发展。

社区问题分析及工作策略一览表

社区问题分析	工作策略
居民的冷漠及疏离感	个人发展：以互助活动增强居民办事能力及责任感；以成功的合作经验鼓励居民参与，以增强居民的自信心
邻里关系恶劣	邻里团结：以多元化的社区活动推广社区成员的归属感和认同感；建立基层联系网络，改善邻里间的沟通，进而改善邻里关系
社区资源陌生	社区教育：提供现存的社会服务及社区资源常识；鼓励居民善用社会常识及资源来改善生活
对政府部门不满	社区参与：提供建设性的投诉途径及争取改善的办法；鼓励社区居民表达不满情绪，反映民意，疏导民愤；建立政府与居民的有效沟通，促进互相了解和理解
缺乏社区资源	发展资源：挖掘和训练"社区领袖"；引进外来专业人士及人民代表作为顾问；鼓励地区组织联盟，加强声势
环境及设施问题	解决困难：以集体形式参与解决问题；以居民小组或组织的力量来改善社区环境
缺乏社会服务	提供服务：提供社区服务，如转介服务、社区文体活动、教育活动等；整合社区资源，以互助形式提供服务

资料来源：张和清主编. 农村社会工作［M］. 北京：高等教育出版社，2008.

地区发展模式采用的主要策略是，一是公民应当并且愿意参与农村社区事务；二是农村社区问题的主要原因是缺乏合作与有效沟通，因此应通过参与来改善沟通与合作，以解决问题。

（二）农村社会工作者的角色以及对地区发展模式的评价

1. 农村社会工作者的角色

在地区发展模式中，农村社会工作者扮演着使能者、中介者和教育者的角色。使能者的角色是指农村社会工作者协助农村居民表达不满，推动农民组织起来，促进农民广泛参与，帮助农民进行良好沟通，以催化服务目标的实现。中介者的角色是指农村社会工作者要协调、动员农村社区资源，投入到社区发展项目中，帮助农村组织发展项目，解决社区问题；教育者的角色是指培训农民提高自我组织能力，提升其参与和自决的能力。

2. 地区发展模式的优、缺点

地区发展模式对于解决农村社会问题有明显的优势。地区发展模式强调农民的参与、合作和自决，这样有助于农民能力的提升；地区发展模式注重营造良好的沟通和互动关系，有利于民主协商共谋发展。

地区发展模式还存在着不可避免的局限性。过分强调和谐稳定，却忽视了社会问题的复杂性和结构性，不利于社会问题的彻底解决。假设市区内不同利益群体之间具有一定的相容性，那么通过沟通合作就可以化解他们之间的冲突。但是，因为农村的很多社会矛盾不是个体层面的，所以很难运用社区调解的方法加以解决，相信只要人们广泛参与，便能达到解决问题及自助的效果。但实际上，村民问题的解决和自助能力的提升单靠村民力量是远远不够的。

【案例分析】万载模式：农村社会工作的本土化实验

江西省万载县，一个农业县，社会工作者人才到哪里去找？又如何体现社会工作的专业特色？江西省民政厅的负责人首先想到的是省内高校中社会工作者专业的师生们。在南昌，江西师范大学、南昌大学、江西财经大学都设有社会工作专业，但苦于缺乏实习基地，实务教育一直处于"跛足"状态，而政府正在大力推进社会工作，双方因此找到了最佳结合点。江西省民政厅和高校很快就建立了长期友好的伙伴合作关系。目前，三大高校的社会工作实践基地已经创建了八个。

如何体现社会工作的"专业"特色？在马步乡寨下村，社会工作者发现56岁的低保户王某家里养了二十多只兔子，他本人有通过养兔脱贫的想法，想扩大养殖规模。社会工作者认为，王某有十几年的养兔经验，他的妻子和母亲可以帮助他饲养，他们有获取种兔和销售兔子的渠道，这是他的长处，但王某的资金不足。根据社会工作"优势视角""助人自助"的理念，社会工作者决定帮助王某发展生产。经过努力，"低保户创业"项目获得各级领导的大力支持。江西师大社会工作专业学生吴勋与村干部一道，通过协调县民政局，通过有关部门筹措资金，购买种兔，王某高兴地与县民政局签订了《致富脱保协议》。

万载实验的意义在于，不仅发达地区可以开展社会工作，中西部地区也可以引入社会工作，农村地区也一样需要社会工作。万载社会工作虽然才刚刚起步，但已经具有了一个本土化的雏形。

二、社会行动模式

社会行动假设有一群处于不利的群体，他们需要组织起来，联合其他人去向整体社会争取资源，以及取得符合民主及公平的对待。社会行动模式的农村社会工作就是组织缺乏资源、失去权利和受到不公平待遇的村民，通过集体行动，获取资源，维护权益，并在行动中提升自身的能力。

（一）问题假设及策划过程

1. 社会行动模式的问题假设

社会行动模式认为，社会问题的出现是由于社会不同利益群体存在着利益冲突，而社会的转变是基于这些不同群体的利益争取和发展，可见利益的争取是解决问题的关键。而社会问题的出现可能是由于当权群体对弱势群体的了解和关注不够，或者二者之间缺乏适当的沟通，导致未能反映各自的需求，甚至存在着不公平的资源分配及决策权分配不均。

2. 社会行动模式的工作策略

社会行动模式下，农村社会工作的目标是为农民争取权利和资源，改变不合理的社会政策或体制，推动农村社会的变迁和发展。根据社会行动手段的激烈程度划分，社会行动有四种策略及其相应的形式。一是对话性行动，主要形式有游说、请愿、宣传等；二是抗议性行动，主要有签名运动、记者招待会、请愿、游行、静坐、群众集会等；三是对抗性行动，包括罢工、拖欠或拒交有关费用等；四是暴力性行动，主要是与相关部门人员发生冲突。

（二）社会行动模式工作者的角色及模式的优、缺点

1. 社会行动模式中社会工作者的角色

社会行动模式中社会工作者的角色有四种。一是倡导者。倡导改变不合理的分配机制，或倡导重新修订不合理的社会政策，或倡导农民团结起来，维护自身利益。二是组织者。包括细致入微的农民组织工作，具体行动的组织动员以及活动的策划等，以保证目标的达成。三是教育者。工作者应当通过社会行

动使农民提升意识，协助人们认清问题，找出问题的根源，思考可能的解决办法。四是资源提供者。农村社会工作者要及时向农民提供行动所需要的各种人力资源和物力资源。

2. 社会行动模式的优、缺点

社会行动模式的农村社会工作的优点在于，首先，易于广泛吸纳群众，社会行动通常都是从村民最关注及最急需解决的事件入手，因此容易将村民联系起来。其次，能够迅速解决问题。因为社会行动较多采用集体行动、社会冲突等途径，所以可能造成较大的社会影响，使问题得到迅速解决。最后，村民自我意识及能力得到提升。

社会行动模式重视对村民各项技能的培训，易于培养"村民领袖"。但是，在我国农村运用这种模式也存在一定的风险。一方面，在社会行动过程中，一些利益集团会抓住机会利用和操纵群众，以达到自己的目的；另一方面，在社会行动过程中，社会矛盾可能会激化而造成社会不稳定等。这些风险在服务计划制定过程中要准确把握和提出对策。

三、社会策划模式

社会策划模式强调通过一个技术过程去解决农村社区问题，如农村老年人问题、留守群体问题、农村教育问题、农村社会秩序问题等。社会政策模式就是运用理论知识和调研资料设计工作模式。理性、精心策划和控制变数是社会策划模式的关键。

（一）问题假设及策划过程

1. 何谓社会策划模式

社会策划模式认为，解决农村社区问题需要依靠专家的社会地位和专业能力；每个人都是理性的，人际关系都是理性选择的工具性交换关系，这种关系不会导致人际关系的异化和疏离，反而在理性原则的指导下，人际互动会带来社会劳动效率的提升，来满足人们日益增长的各种需求。社会策划模式还认为，人必须进行管理和规范才能带来社会的秩序和合力，否则人本性的自私动机会带来社会的混乱和人际冲突；社会策划模式主张通过社会发展进行研究并掌握内在规律，统一计划、管理和促进社会的发展变迁。

具体到农村社会工作，社会政策模式强调农村社会工作的专家地位和专业能力，要求农村社会工作者在进入农村之前必须依据科学的调研，充分了解和评估农村社区居民的需求，制定切实可行的计划，然后选择最佳方案开展社会工作者服务。

2. 社会策划模式的工作策略

社会策划模式的工作策略包括，澄清工作机构的服务理念和规划者的专业素养；农村社区的问题要进行详尽的调查与评估（可以通过调查走访、开座谈会、发放问卷等形式）；对于农村社区进行需求评估和目标界定；厘清农村社会工作者可调动的资源；服务方案制定、分析和优选；服务方案的预调查、测试和调整；服务方案的执行；服务方案在执行过程中的反馈和调整；服务方案的评估。

（二）农村社会工作者的角色及模式的评价

1. 社会策划模式中农村社会工作者的角色

在社会策划模式下，农村社会工作者在服务计划制定过程中每一步都处于主导地位，并发挥专家的作用。同时，农村社会工作者也是服务方案的执行者。在具体的专业社会工作者服务的过程中，社会工作者扮演着服务策划、服务执行、服务监督、专家协调、意见反馈、村民组织及服务评估等多重角色。在社会策划模式下，农村社会工作者要定期评估社区及社区居民的需求，主动向社区居民提供服务，运用各种工具开发社区资源，帮助农民建立社区支持网络，倡导新的服务项目，以满足农村社区的需要。

社会策划模式对农村社会工作者的能力有较高的要求，社会工作者需要具备扎实的理论基础和实务能力，要有从事科学调研、优选方案、组织管理、监督实施、评估检查等技能。

2. 社会策划模式的优、缺点

社会策划模式是一种自上而下的模式，它既保证了专业的权威性，同时又能够避免社会行动的风险。该模式的不足之处在于，忽视了农民的主体性和参与能力，导致服务对象被排斥在决策过程之外，由主导者变成旁观者。专家主导的介入模式，容易造成农民的被动参与和对专家的依赖性。

四、能力建设模式

农村社会工作重视能力建设，能力建设模式是由国际上农村发展工作关于民众参与、增能、民间社会和社会运动的思路而来的。

（一）能力建设模式的问题假设与工作策略

1. 能力建设模式的问题假设

能力建设模式认为，每个个体都有平等和公平获得资源的权利，是发展的主体，有成为发展主体的权利，有自我发展和自我成长的潜能，一切抑制发展主体的能力发展、剥夺以上权利的力量都是造成贫困和苦难的根源。

基于以上假设，能力建设模式被界定为一种方法和手段。能力是指一切不管是个人还是集体所拥有的能改善当地群众生活质量、决定自身发展道路的资源和力量，包括技术知识、领袖才能、社会网络、开放的文化、不断学习的态度，以及信任和互助精神等。

2. 能力建设模式的工作策略

能力建设模式的工作策略是，首先，提升民众的自信心，加强当地民众掌握自己的发展道路和实现自我价值的能力。竭力协助当地民众看到是什么因素和力量使得他们没有意识到自己的权利；其次，要与当地民众同行，一起寻求和发掘他们增能和发挥潜力的途径，以便战胜那些他们被排斥和边缘化的力量。

3. 能力建设模式的重点

第一，关注社会和政治关系的问题，侧重于深入理解当地的社会政治和经济环境。这样才有可能正确评估社区的问题。

第二，人的能力的发掘和建设是一项长期而艰苦的工作，农村社会工作者要做好长期工作的思想准备。

第三，能力建设必须要认清造成当地群众思想混乱的复杂因素，如不同的身份、等级、性别、权力关系、年龄、社会经济地位等。

第四，能力建设是一项艰难而又充满风险的行动计划，必须长期扎根于社区及群众中，做好组织发育和提升自我能力的工作。

第五，能力建设的目标是为了促进社会变革。

（二）能力建设模式中农村社会工作者的角色

能力建设模式表现在促进个人层面的能力发掘和提升，这既体现了对当地群众个人能力的提升，又体现出农村社会工作者自身能力的不断发展。能力建设同时也是农村社会组织和社区层面的能力培养，不仅体现了对当地社会组织或农村社区能力的建设，而且也体现出对社会组织和农村社会工作机构内容的能力发掘。

能力建设模式下的农村社会工作者具有"同行者"的角色。社会工作者通过与当地群众的同行，不仅使群众，而且也使农村社会工作者自身不断被增能，使双方的能力都得到提升，能够改变贫困现状，发掘群众潜能。在长期的同行的角色中，能力建设不仅致力于改变农村居民个人的命运，而且还要解决社会问题，改变社会现状。

五、青少年、儿童为中心的模式

青少年、儿童为中心的模式是农村社会工作的重要实践模式之一。它以社区综合服务中心为平台，应用社会工作方法和技巧，为农村社区青少年、儿童提供专业服务，如课业辅导、成长小组、个案管理等。通过专业服务，增强青少年、儿童对农村社区的责任感、认同感和归属感，从而保障农村社区建设有充足的人力资源和储备力量。

（一）问题假设与工作策略

1. 问题假设

青少年、儿童为中心的模式的问题建设在于，一是认为青少年、儿童是农村社区发展的核心力量和主体，能够充分利用社区资源建设好农村社区；二是农村青少年、儿童作为农村社区建设的接班人，有选择不同生活方式的权利，社会应当为其选择创造机会；三是农村青少年、儿童作为未来社会建设的核心人群，有权平等享受未成年人能够享受的所有权利。

青少年、儿童为中心的农村社会工作服务模式，既是一种服务，也是一种农村社区建设的方法。其目的在于通过农村社会工作的专业服务，改善农村社区青少年、儿童的生活品质，通过提升他们参与社区事务、社区教育、社区活动等，增强他们建设家乡和服务家乡的责任意识。

2. 工作策略

第一，特别关注当地社区青少年、儿童对本社区的认同感、归属感和责任感建设。农村社会工作者还应梳理主流价值观对农村青少年、儿童的自我认同和社区认同的影响。首先要弄清楚影响当地青少年、儿童自我认知、社区认知的原因是什么？为什么会造成这样的影响？这些影响将导致的后果是什么？

第二，农村社会工作者要清楚地认识到，要使农村社区青少年、儿童享受未成年人可以享受的各种权利，需要一个长期的过程，要做好持久工作、缓慢见成效的心理准备。

第三，以青少年、儿童为中心的服务模式的目标是以改善服务对象的生活品质、文化素质、自我认知、社区认知为重点，以增强服务对象的自我认同感和社区归属感。

（二）农村社会工作者的角色

在以青少年、儿童为中心的模式中，农村社会工作者的角色有多重，其中最重要的是服务提供者和教育者。服务提供者主要是指农村社会工作者根据农村社区青少年、儿童的特点，以及他们在学业、生活、成长、人际关系等方面面临的问题和需求，有针对性地提供各种社会工作服务，如课业辅导、心理咨询、自我认知等；教育者角色主要是农村社会工作者通过村史教育或文化素质培训等形式，增强农村社区青少年、儿童对当地社区的认同。通过服务，要使服务对象树立正确的价值观，选择适合的路径去实现自身的价值。

六、社会资产模式

社会资产视角的农村社会工作模式日益得到重视，社会资产模式强调在开展农村社会工作服务时，要立足需求为本，整合社区资源，服务社区群众。在我国目前的农村社会工作服务中，农村社会工作者在根据社区居民需求制定服务计划方面做得比较好，但是在整合社区资源方面还有很多局限和障碍。主要表现为，一是农村社会工作者权力有限，可以调动的资源不多；二是社区本身所有的资源匮乏。社会资产为视角的模式提出了新的思路，认为农村社会工作的服务对象——个体的"人"本身就是一种资本，公共空间的重塑也是资本，重构农村社区公共资源更是一种资本建设。

（一）问题假设与工作策略

1. 问题假设

社会资产模式关于问题的假设有三个方面，一是人人都是一种资源；资产包括有形资产和无形资产，每个人都有丰富的无形资产；每个人都可以充分利用个体的无形资产，与他人建立资产网络，这样可以有效地解决个体及群体面临的问题与需求。

2. 工作策略

社会资产服务模式的核心是服务对象的资产网络建设，资产网络建设的核心是农村社会工作要树立大资产观，即资产应当由无形资产和有形资产组成，无形资产的挖掘和建设对问题的解决和需求回应同样有效。

社会资产模式的重点，一是社会资产强调从优势视角出发，重建服务对象的无形资产，农村社会工作者协助服务对象认清主流资产观的局限性，使其树立新的资产观，即个体的无形资产同样重要。二是相信资产包括无形资产和有形资产，每个人均有丰富的无形资产，但是受到市场观念的影响，让服务对象改变只看重物质资本而忽视社会资本的观念需要一个长期的过程。这就要求农村社会工作者应将优势视角的理念贯穿服务的始终，在工作过程中树立服务对象的社会资产观。三是社会资产模式的目标一定是促使形成适合农村社区特色的社区发展模式。

（二）农村社会工作者的角色

在社会资产模式中，农村社会工作者的核心角色是咨询者和支持者。咨询者是指农村社会工作在服务对象面临资源短缺的时候，协助服务对象从自身出发，挖掘可利用的社会资产，通过资产网络建设，整合各种资源，从而解决服务对象面临的困境。支持者是指农村社会工作者根据服务对象对社会资产的信赖程度、整合资产的能力、支持网络建设的情况等而有针对性地给予不同形式的支持，如提供信息、必要的物质支持等。

七、团结经济模式

团结经济的概念于 1973 年提出，是指人人有份、持续不断的学习过程，它让每个人都能够在自己的位置上发挥作用。人人推动包括合作社、公平贸易、社会企业、良心消费等经济行为；反对以市场经济名义制造的社会不公平，倡导人人都要参与社会经济实践中，提出经济发展是为了人和社会进步。团结经济强调关系、关爱、合作等，寻求发展的多样化道路。

（一）问题假设与工作策略

1. 问题假设

团结经济模式的问题假设有四个方面。一是经济生产是为了人及社会进步，每个人都有参与社会经济活动的权利；二是生产不仅是人与物的关系，而且更是人与人的关系，每个人都有权参与经济活动的每个环节，保护生产、销售、消费等；三是自由市场经济模式只是社会经济模式的一种形式，但不是唯一形式，每个人都有权选择符合自身利益最大化的社会经济模式；四是在生产过程中重视互相合作和民主团结，自由市场经济过分强调利润最大化、竞争和资源剥夺是造成诸多社会问题、自然生态恶化的关键原因之一。

团结经济模式不仅是对一种新的社会经济模式的探索，而且是对现今人类社会无限制的物欲、拜金主义的反抗，是社会边缘人群和弱势群体改善生活品质的有效途径。

2. 工作策略

在团结经济模式的工作策略是，第一，社会经济发展模式必须重视个体全面发展和社会的整体发展；第二，强调经济生产的多元化主体；第三，生产关系中重视互助合作和民主团结的社会关系的建立；第四，重视经济生产与生态环境和谐共生原则。

（二）农村社会工作者的角色

在团结经济模式中，农村社会工作者的核心角色是推动者。推动者指农村社会工作者要促使服务对象参与经济生产的各个环节，提升服务对象在生产活动中的主体地位，强调服务对象在生产活动中人与人的互助关系的维系。

团结经济模式充满人性关怀的理念，以及缩小贫富差距、扼制生态恶化等社会问题，值得农村社会工作者研究和借鉴。农村社会工作者在服务中要大力推动服务对象积极参与社会经济生产活动，不断探索多元化的经济模式。

第三节　农村社会工作模式的选择与评估

社会工作的模式有多种类型，在具体的农村社会工作服务过程中，要根据实际情况，因时因地因人谨慎选择服务模式。在确定某种服务模式后，要对该模式的服务过程和结果进行科学评估。

一、农村社会工作模式的选择

在农村社会工作服务中，要选择一个适当的服务模式是非常重要的。由于农村社会工作面对的是具有能动性的、复杂的和千姿百态、个性化的人，因此工作模式的选择非常复杂。

（一）农村社会工作模式选择的必要性

农村社会工作模式的选择是指农村社会工作者在全面开展社会工作服务之前，在诸多的社会工作模式中选择一套主导的操作模式来指导整个社会工作的服务过程，以便能够最好地帮助服务对象解决问题，实现自我发展。

农村社会工作者在选择一个工作模式来指导服务时，要注意不能被一个模式限制而畏手畏脚。一个服务对象在困境中面对的问题往往非常复杂和繁杂的，包括经济、政治、社会交往等方面的问题。没有任何一种现成的服务模式能够独立解决服务对象所面临的所有问题。如果农村社会工作者仅以一种单一模式试图来解决所有服务对象所面对的所有问题，那么他所提供的服务一定不会达到最佳的效果。农村社会工作者应当从服务对象的需求出发，全面评估其所面临的困境和问题，尊重服务对象自决的原则，整合一切可利用的资源，从而选择最合适的服务计划和模式。有效的农村社会工作模式必须以服务对象的问题和其所处的环境作为评估的基础，根据服务目标来选择服务模式。

选择合适的社会工作服务模式必须以对服务对象的问题和环境的评估为基础，符合服务目标。农村社会工作者必须全面、准确地了解和掌握各种服务模式，并能正确地选择和运用。不同的服务模式所适应的对象各不相同，例如，有的适合个人问题，有的则适用于家庭或团体人际关系调整，有的则应用于改变环境因素。所以针对不同的服务对象选择合适的服务模式非常重要。不适当的服务模式将导致服务无效，甚至造成相反的结果。

（二）选择服务模式时的影响因素

农村社会工作模式不是随意选择和随机选择的，要综合考虑社会工作实务过程中所涉及的各方面因素。如服务的具体目标、服务对象的规模、服务对象的接受程度及农村社会工作的资源。

1. 服务对象的具体目标

农村社会工作是应对农村社会问题的一种制度安排，是帮助服务对象解决和提高自身能力的合理手段。农村社会工作是围绕服务对象为中心开展的专业社会工作者服务。因此，农村社会工作模式的选择要坚持以服务对象的问题的解决为根本宗旨。在现实生活中，服务对象所面临的问题是多种多样的，因此，对于不同的服务对象、不同的问题、不同的处境，要根据初步拟定的农村社会工作的目标去筛选合适的服务模式。

2. 服务对象的规模

在社会工作模式中，有些模式适合微观层面的服务对象，如个人、夫妻和家庭等小团队；有些模式适合中观层面的服务对象，如社区中的各种社会组织：老年协会、在校学生或社区邻里等；有些模式则适用于宏观层面，例如整个社区或者更大的范围。

3. 服务对象对社会工作者的接受程度

要想顺利、有效地开展农村社会工作，服务对象的积极参与和相互配合是必不可少的。在农村社会工作开展之初，社会工作者都会试图与服务对象建立起良好的专业关系。因此，在农村社会工作模式的选择上要考虑服务对象的特点和主观意愿，这取决于他们对社会工作者的了解和接受程度。只有让服务对象认可并接受社会工作者，他们才有可能积极配合社会工作者开展服务，才能有效地运用专业方法和技巧去帮助服务对象。

4. 农村社会工作资源的情况

农村社会工作的过程不仅是社会工作者与服务对象的互动过程，而且还是一个资源整合与传递的过程。社会工作者担负着联络其他社会工作者、福利机构、政府部门和社会大众的重任。还要承担评估服务对象的需求并提供其所需资源的任务。在选择社会工作模式时，农村社会工作者要考虑到社会工作机构所能提供的资源和社会工作者可以整合到的社会资源。

（三）选择农村社会工作服务模式时需要关注的问题

1. 权衡问题

在选择服务模式的过程中，农村社会工作者假如面临着多个模式，那么就要仔细权衡，选择最合适的。从成本角度看，如果多个服务模式在解决问题、达成服务目标、服务对象接受程度，以及社会工作资源等方面都一致的情况下，就应该选择耗时短、花费少、节约资源的模式作为主导模式。

2. 补救问题

在农村社会工作过程中，一种服务模式在整个过程中很难更改。因为服务模式都有一定的理论背景、处理原则和工作技巧，所以一旦实施都会有一定的连续性和内在逻辑。而假如在服务过程中改变模式，那么不仅会造成工作双方资源的浪费，导致服务对象对社会工作者失去信心，甚至还会破坏原来已建立起来的良好关系。同时也会浪费双方的时间和精力，造成前功尽弃。因此，服务模式的选择和确定是一个非常谨慎的行为和步骤，作为农村社会工作者要非常小心处理。但是，在实际服务过程中，仍然会出现一些不可预知的突发情况和变动，需要重新选择服务模式。如果出现突发情况和变动，也要适宜地做出合理调整。只有在以下三个条件都满足的情况下，才可以对服务模式进行调换，一是服务对象可能隐瞒信息；二是社会工作者错误评估了服务对象的情况；三是原有模式达不到预期目标。

二、农村社会工作服务模式的评估

农村社会工作服务模式的选择是否符合服务对象的需求和达到预期目标，以及服务工作结束后是否达到服务效果，都要有专业的评估。

（一）农村社会工作服务模式评估的涵义

农村社会工作模式评估就是考察服务模式选择的有效性和可持续性，即以社会工作资料为基础，对社会工作模式的有效性进行价值判断的过程。

农村社会工作服务模式的评估分为形成性评估和总结性评估。形成性评估研究是一种对模式进行内在的、持续性的反馈研究，目的在于改进模式选择过程。总结性评估研究关注的是模式选择的后果。农村社会工作模式评估属于形成性评估，对于社会工作模式评估的目的是为了进一步完善社会工作服务模式选择。通过评估，对社会工作服务模式中的理论、原则、方法和技巧进行质询、增补、修正等。而对于农村社会工作服务模式效果的评估属于总结性评估研究，通过总结性评估能够了解农村社会工作服务模式的最终效果。

社会工作实务的通用模式为：评估—计划—干预—结案—评估。从这个流程中，可以看到社会工作实务存在两次评估，第一次是服务开展前的评估，明确问题的性质、原因、演化及后果，以及对问题中所涉及的人群进行调研，深入了解服务中涉及的环境；第二次评估是服务结束后的评估，指的是利用研究技术来评价社会工作者服务的效果。一般称前者为"预评估"，而后者称为"评价"。

（二）农村社会工作服务评估的主要内容

在开展农村社会工作模式评估前，应列出需要评估的内容，即农村社会工作目标是否完成、实施过程是否规范、实施结果是否都有效和可持续等。

1. 农村社会工作目标完成情况

农村社会工作的最终目标是助人，因此助人目标的完成情况不仅是农村社会工作者对服务对象及所服务单位的基本职责，而且也是农村社会工作评估的重要内容。在评估农村社会工作目标完成情况时，可以关注以下几个问题，例如服务对象的期望是否实现，以及在多大程度上实现了；服务对象的问题有没有解决，以及在多大程度上得到了解决；服务对象的能力有没有发展，以及在多大程度上得到了发展等。

2. 农村社会工作模式的实施过程

农村社会工作模式是贯穿于一个服务过程始终的，是一根红线，它具有自身的理论基础和实务技巧。农村社会工作模式评估需要在完成对社会工作目标评估之后，分析在整个社会工作目标达成过程中，所选择的模式是否起到主导作用，是否有其他因素或力量成为农村社会工作目标达成的主要作用。

3. 农村社会工作模式的实施结果

农村社会工作模式是开放的，模式在运用的过程中也在不断地发展完善，这就需要在农村社会工作者实践案例中对农村社会模式进行科学的归纳和总结。因此，农村社会工作模式的评估也应该包括农村社会工作模式实施结果的总结性评估，例如，对基础理论的深化理解，对处理原则的调整改善，对社会工作技巧和方法的运用与提升等。

（三）农村社会工作模式评估信息的来源

农村社会工作模式评估信息的主要来源有：服务对象的信息，来自农村社会工作者的信息，来自服务过程中辅助工具的信息等。

1. 服务对象的信息

服务对象的信息需要农村社会工作者或社会工作机构主动收集完善。收集服务对象资料的主要方式有：书面问卷的形式，口头访谈的形式或座谈会等。在收集资料的过程中要注意，对于服务对象反映的社会工作服务模式的信息既要尊重服务对象，又要避免服务对象的主观性，对于有歧义或不真实的信息要加以甄别。

2. 农村社会工作者的信息

农村社会工作者是服务过程中的组织者、决策者和执行者等，他们往往身兼多职，还是农村社会工作模式的全程参与者和运用者。在整个服务过程中，农村社会工作者要能够敏锐地感知服务模式在运用中的具体表现，包括服务对象的行为、表情等方面的反应等。同时，在服务过程中需要及时、准确、全面和真实地记录服务过程，形成一个完整的过程性记录。作为专职的社会工作者，还应该在每一项具体服务完成后，自觉总结经验教训，确保今后的工作顺利开展。

3. 社会工作者服务过程中辅助性工具的信息

随着现代科技的发展，一些研究和服务的辅助工具越来越多地被引入农村社会工作服务中，包括电子设备、录音笔及录像设备等。这些现代化设备的引入，成为农村社会工作过程中非常重要的辅助性工具。这些辅助性工具能够帮助农村社会工作者在服务过程中不断反思和修正服务计划。同时还可以为社会工作模式的评估提供更加直观、形象的数据资料，其中又以录像设备的功能居首。

【案例分析】社会工作在农村反贫困的制度—能力整合模式中的作用

1. 制度—能力整合模式的建构

我们认为，制度—能力整合模式的构建可从以下四个方面入手。

（1）对脱贫攻坚政策和行动的总体性理解与设计。制度—能力整合模式的核心是具有同一反贫困任务的责任者的共识和协同行动。首先是关于贫困和脱贫的共识：什么是脱贫，它包括哪些具体内容，稳定脱贫与发展是什么关系，在反贫困过程中各方怎样既有分工又互相协同。在对这些问题具有共识的基础上形成整体的"反贫困行动计划"，各分项目计划和措施之间要有协调性。当然这不排除在扶贫环境发生改变的情况下，对扶贫计划和措施的必要调整。从反贫困的组织形态上来说，就是要形成脱贫攻坚团队。

（2）站在贫困群体现有能力和可发展能力的角度处理现实问题。外来扶贫者常常有很好的理论和理念，这是他们学习上级政策精神或外地反贫困经验的结果。但是，某一地区、某一项反贫困必然以当时当地贫困群体的生存状况为基础。因此，要真正理解贫困群体的多重困境，理解他们的现有能力，在反贫困进程中了解他们可行能力的发展，做到扶贫政策和措施与贫困群体能力的良好结合，尊重贫困群体的主体地位，以解决反贫困是谁要发展，以及需要什么样的发展的问题。

（3）扶贫者优势与贫困群体优势的有机结合。有效脱贫需要各方的良好协调和相互配合，需要发挥多方面的优势。有机结合并不是一般地强调参与者发挥各自优势，而是在整体活动的视角下看待各方优势的发挥。扶贫者的政策优势、资源优势、信息优势都是宝贵的，但是这些优势必须与贫困对象的可行能力相衔接。贫困群体对自身能力和优势的理解，对当地生态环境和经济资源的理解，是扶贫政策和措施得以实施的基础。因此，要在扶贫的不同阶段对具体的脱贫活动做 SWOT 分析。

（4）经济上脱贫与贫困群体的发展相结合。对任何"反贫困行动"来说，贫困群体增加经济收入都是重要的或是第一位的，经济收入的增加、物质上的获得感可以提高贫困群体的积极性，并能激励各方进一步推进"反贫困行动"。这里不容忽略的是要通过经济状况的改善促进贫困群体的发展，即使贫困群体获得新的、更加有效的应对贫困、走出贫困的能力，这样才有利于脱贫的持续性。《决定》强调扶贫扶智清楚地表明了这一思想。

可以发现，制度—能力整合的反贫困模式是面对现实的、理性的反贫困行动系统的建构过程，是各参与方相互了解、深入沟通、在共识下协调努力的过程。制度—能力整合的反贫困模式是实践的，与之相伴随的是"反贫困行动"的理性、有效性、精准性和反贫困效果的可持续性。

2. 制度—能力整合模式建构中的作用与一般的自上而下的、完成任务式的扶贫相比，突出了反贫困系统的整体理性，增加了扶贫活动的精准性和效果的可持续性。我们已经发现，这一模式的实现不只是扶贫的物质资源方面的问题，更多的是各方关系、沟通、协调方面的问题，是包括贫困群体在内的反贫困各方的可行能力及其整合的问题。在制度—能力整合模式的建构及发挥作用的过程中，社会工作可以承担如下职责。

（1）通过参与"反贫困计划"的制定和实施，促进"反贫困行动"的有效开展。在世界范围内大规模的反贫困项目中，社会工作都在其中扮演着重要角色。这源自于社会工作帮助贫困群体的职业本质，源自于其关注和尊重服务对象和服务精神，也源自于社会工作者善于同各参与方沟通并建立良好支持性关系的能力。依靠这些特点，社会工作者参与"反贫困计划"的制定和实施，将有助于反贫困系统的建立和有效运行。制度—能力整合模式的关键之一是各方建立良好的合作关系，社会工作者善于链接资源的优势将有助于这一工具性目标的达成。

（2）社会工作有助于扶贫对象对新项目的接受和参与。大型的反贫困项目不仅给贫困地区带来可观的物质资源，而且还会带来一些新的理念。这些项目的实施和计划的实现需要扶贫对象的参与配合。但是，一般而言，由于贫困群体常年陷入贫困，他们对新事物的接受常常存在问题。在我国的扶贫实践中，不乏外来扶贫者（特别是政府部门）"强势扶贫"现象的发生。实际上这不利于形成反贫困总体效果。社会工作者参与"反贫困行动"有助于了解贫困群体的真实处境和想法，通过细致的工作促进他们对"反贫困行动"的理解，同时也促进外来扶贫者对贫困群体的真正理解，并促进他们之间的相互理解，进而促进整个"反贫困行动"的开展。

（3）激发贫困群体的积极性，扩大脱贫效果。社会工作强调扶贫对象的主体性，在面对困境现实的同时，要善于重视服务对象的优势视角。这与把扶贫对象当作没有能力的救助对象的扶贫方式有着重大区别，而后者则是我国的扶贫开发中常常出现的问题。反贫困需要客观地、能动地看待问题，要善于发现贫困群体的长处及其希望改变的内在动力，要把阻力转变为动力，而社会工作在这方面具有专业优势。

在参与扶贫的过程中，社会工作不但应着眼于经济上脱贫的目标，而且还要关注贫困群体的能力发展，这将有利于脱贫效果的稳定与可持续。在国际上，社会工作者参与反贫困是一种惯常做法，是社会工作在"反贫困行动"中扮演的积极角色使然。由于我国社会工作者制度性地参与"反贫困行动"经验不足，因此《决定》指出：要积极借鉴国际先进减贫理念与经验，实施扶贫志愿者行动计划和社会工作专业人才服务贫困地区计划。这为社会工作制度性地参与扶贫开发创造了条件。社会工作者参与扶贫开发的角度是多方面的，包括向政府官员及社会力量宣传"以贫困群体为本"的理念，了解贫困群体的真实需要和社区资源，开展扶贫方案的预评估，链接各方资源，形成反

贫困合力，促进贫困群体的能力发展等。只有这样，我国社会工作参与扶贫开发必将会丰富国际反贫困的经验。❶

基本概念：

农村社会工作模式；能力建设模式；社会资产模式；社会行动

复习思考题：

1. 比较社会资本、社会行动、能力建设三个模式的异同点。

2. 社会策划模式的研究假设和工作策略有哪些？如何界定农村社会工作者的角色？

3. 社会工作服务模式评估的主要内容有哪些？

本章推荐阅读书目：

1. 甘炳光等. 社区工作技巧 [M]. 香港：香港中文大学出版社，1997.

2. 夏建中. 社区工作 [M]. 北京：中国人民大学出版社，2009.

3. 折晓叶，陈婴婴. 社区的实践——"超级村庄"的发展历程 [M]. 杭州：浙江人民出版社，2000.

---

❶ 王思斌. 农村反贫困的制度－能力整合模式刍议——兼论社会工作的参与作用 [J]. 江苏社会科学，2016（3）.

第八章　农村社会工作方法

【导读】农村社会工作者应该成为"全才"

"乡村环境的特殊性要求大部分社会工作者在实践中采取与城市社会工作不一样的方法。农村社会工作者要掌握全部社会工作方法中的技巧，而且必须能够在不同的社会设置层次上——从个人到家庭，再到整个社区——有效地运用这些方法。"（Leon H. Ginsberg，1993：7）社会工作中的个案工作、小组工作、社区工作的专业技巧和方法也是农村社会工作的主要方法与技巧，社会行政、社会政策则是间接的农村社会工作，也是在更宏观层次上的方法与技巧。在城市社会工作领域，有的人专攻个案工作，有的人主要做社区工作，也有的人擅长做社会行政工作，但作为一个农村社会工作者应该成为"全才"，熟悉农村社会工作的所有方法与技巧，只有这样才能更好地解决农村中的各种问题。

农村社会工作的对象是农村社区居民，按照农村社区和农村社区居民的特点，农村社会工作需要结合农村具体环境和特定需求展开。农村社会工作要运用好社会工作传统的四大方法，即农村个案工作、农村小组工作、农村社区工作及农村社会行政。

第一节　农村个案工作

农村个案工作是以个人或家庭为服务对象，根据个人或家庭的问题及需求，开展农村社会工作专业服务的工作方法。

一、农村个案工作的涵义

农村个案工作是指农村社会工作者遵循社会工作的价值观，运用社会工作的理论和专业的知识技巧，为遇到特定困境的农村居民提供物质、心理或资源方面的专业的支持与服务，从而帮助服务对象解决问题，提高生活质量，不断提高农民和农村社区的福利水平，推动农村社区发展的专业方法。

当前我国农村处于社会转型时期，农村社会存在着大量的困难群体和弱势群体，如农村人口老龄化问题、农村家庭结构问题、农村留守问题、农村残疾人及精神疾病患者问题、农村贫困问题等，因此，针对这些问题而开展相应的服务应该是农村社会工作者工作的重点。

二、农村个案工作的服务对象

农村社会工作中的个案工作的对象主要是农民个体及农村家庭，即以农户为单位开展工作。由于生活区域、生产和生活方式、文化背景各不相同，农民或农户有着与城市居民不同的特点。费孝通在《乡土中国》中分析中国农民的特性，第一表现为"乡土性"，即农民与土地密不可分；第二是聚集性，农民流动性小，生活在一个熟人社会；第三是自我主义，即"差序格局"，形成以自己为中心的网络。

随着工业化、城市化和现代化的推进，农村、农业和农民都在不断发展变化，农民流动性不断增加，使得传统农民不再从事单纯的农业生产，表现出职业的多元性和多变性。农民的价值观也在由传统向现代转变。但是，传统的文化价值观念仍然在深深影响着农民的言行，表现在：一方面，农民的自主意识、竞争意识、平等意识和维权意识不断增强，其就业观、消费观和生育观等都显示出现代性的变化；另一方面，农民依然具有较强的传统农民的意识，思想观念较为保守，行为比较落后。

农村家庭在农村社会结构中占有非常重要的位置，农村社会的活动一般都以家庭为单位。因此，对农民的个案工作都会涉及其家庭层面，并最终以家庭为单位开展工作。当前我国农村家庭的特征表现为：第一，家庭结构以核心家庭为主，并不断核心化；第二，农村家庭规模缩减并将进一步小型化；第三，家庭结构的类型多样化，单亲家庭、空巢家庭、再婚家庭、分居家庭和流动、半流动家庭逐渐增多。

农民及农户与城市居民和城市家庭相比，其独特性在很大程度上影响着农村社会工作个案工作理论模式及方法的选择。农村社会工作者在面对农民及其家庭时，要结合当地农村特点，因地制宜地开展服务，做到专业社会工作中个案工作的本土化。在价值观方面，要重视中国传统价值观中以家庭取向为本；在理论模式选择上，家庭治疗模式要更多地考虑我国农村家庭的特点；介入目标确定重视家庭整体的稳定性与发展模式；在介入方法上，要利用好服务对象及其家庭的乡土社会支持网络。

三、农村个案工作的功能

农村个案工作就是把个体或家庭的问题放到社会环境中去看，通过改善不利于个体或家庭的社会环境关系，增强个体或家庭适应社会变迁和社会发展的能力，使其社会功能得以更好地发挥。农村个案工作主要包括以下六个方面的功能。

（一）构建良好的社会关系

由于受到农业生产和农村生活环境的制约，农村居民、家庭社交圈子和社会网络相对比较单一，能够提供社会支持的途径较少，获取有效信息的方式相对短缺。个体或家庭的部分社会功能受到限制而无法正常发挥。农村社会工作者通过个案工作方法，可以建立健全个体或家庭良好的社交圈和社会支持网络，构建良好的社会关系，从而保证农村居民或家庭社会功能的正常发挥，以适应社会变迁，摆脱困境。

（二）更好地适应社会环境

农村社会环境不断变化，要求农村居民不断提高整体素质和适应社会能力。当某个个体或家庭适应能力滞后时，其个体或家庭就会面临困扰，影响其正常的生产和生活。例如，随着通信技术的发展和互联网的普及，给农村社区人们传统的人际交往带来很多的冲击和不适，这就要求普及互联网知识和现代媒体技术，协助农村居民掌握上网技术，接受更多的新理念，提高他们适应社会环境的能力。

（三）提高应对灾害的能力

随着农村发展进程的加速，农村居民和家庭面临的灾变越来越多，小到失业、家庭变故、生病、贫困等，大到地震、海啸、洪涝等自然灾害。这就要求面对突发事件个体或家庭要具备一定的抵御灾害的能力。农村社会工作者要对农村社区开展突发事件、自然灾害预防、安全知识，以及如何应对常见的侵权事件等的教育。如农村居民和家庭有需要，农村社会工作者可以及时介入，协助农村居民个体或家庭处理好突发事件，使其尽快恢复社会功能。

（四）提升个体或家庭能力建设的水平

社会工作的核心理念和目标是助人自助，要求农村社会工作者不仅要为农村居民或家庭提供个案辅导及相关服务，同时要在服务过程中增强其处理危机、适应社会环境、恢复社会功能的能力和水平，使个体或家庭抗逆力得以有效发挥。

（五）提升个体或家庭整合资源的能力

在农村社会工作服务中，提升个体或家庭整合资源的能力非常重要，其中尤为重要的是建立个体或家庭个人资源档案。通过个人或家庭的社会资本网络，增强个人或家庭整合资源的能力，保障其正常社会功能的实现。

（六）提升个体或家庭预防和解决问题的能力

预防问题发生和解决问题同样重要，农村社会工作服务一方面要以解决问题为目标，对于出现的问题要及时关注并把损失降到最低。但是，农村社会工作同时还肩负着预防问题发生的重要职责。因此农村社区工作者要研究农村社会发展的规律，了解清楚农村居民和家庭的特点及其需求，然后采取有效、可持续的方法使没有出现问题的个体或家庭良好运行，预防各类问题的出现。防患于未然是社会工作理想的工作目标。

四、农村个案工作方法的模式

适用于农村社会工作的个案工作模式主要有以下六种。

（一）心理社会治疗模式

心理社会治疗模式认为，人所处的社会环境包括生理、心理和社会三个层面，这三个层面相互作用，共同促进个体成长和发展。当个体的生理、心理或社会的其中一个层面出现问题，都会影响个体正常的成长和发展。农村社会工作者在为农村居民或家庭提供个案服务时，要认真分析个体的生理、心理和社会这三个层面心理社会治疗模式，强调分析个体过去的压力、当前的压力和问题的压力；有效的沟通模式的建立及相信服务对象的解决问题的潜能。在农村社会关注中，心理社会治疗模式适用于农村的青少年问题、留守儿童问题和人际关系问题等。

（二）认知行为治疗模式

认知行为模式的理论基础是经典条件作用理论、操作性条件作用理论和社会学习理论。它强调个体行为与外来刺激及外部环境有密切联系。通过不同的刺激方法和外部环境的改善可以改变个体行为。农村社会工作者可以把认知行为治疗的传统方法，如放松练习、系统脱敏、厌恶疗法等应用于行为偏差青少年或有不良习惯的服务对象，提供个案辅导。

（三）理性情绪治疗模式

理性情绪治疗模式的理论基础为人本主义理论，它认为，个体天生具有不断追求成长发展的倾向，这种倾向具有理性和非理性的双面特征。理性的倾向导向个体健康发展，而非理性的倾向阻碍个体良性发展。农村社会工作者应用这一模式开展服务的关键是改变个体非理性的行为，促使理性行为的出现或形成。农村社会工作者可以应用这一模式为农村社区有网瘾、人际关系不良的青少年提供个案辅导。

（四）任务中心模式

任务中心模式通过具体任务的完成来解决问题，任务完成的过程即问题解决的过程。这就要求农村社会工作者在应用这一模式时，必须与服务对象商定具体目标、完成时间、任务内容和可量化成效指标，所有的步骤都要与任务的内容紧密联系。该模式可以用于家庭冲突等问题的个案辅导。

（五）危机介入模式

危机介入模式的核心是找出服务对象所面临的主要问题，迅速评估可能给服务对象带来的危害，及时干预和稳定服务对象的情绪，协助服务对象解决当前问题，避免过激行为。在农村社会工作中，可以运用该模式对重大疾病、交通事故、自然灾害等突发事件的个体和家庭开展危机介入个案工作。

（六）结构式家庭治疗模式

结构式家庭治疗模式是把家庭作为工作对象，通过家庭动力和家庭结构的分析，以及家庭成员的互动来反映家庭的问题，在家庭成员之间建立关系的联结，帮助有问题的家庭恢复正常的互动模式。农村社会工作者必须熟悉相关的概念和理论，如家庭系统、家庭结构、家庭生命周期等。农村社会工作者可以用这一模式开展亲子关系、夫妻关系、婆媳关系等问题的个案工作。

五、农村个案工作的流程

农村个案工作可以划分为接案、搜集资料、制定服务目标和计划、签订服务协议、开展具体服务、结案、评估。每一个阶段都有特定的任务和服务重点，同时各个阶段是环环相扣，紧密连接的，共同构成一个服务链，成为一个有机整体。

（一）接案

接案是指通过服务对象求助或者农村社会工作者评估发现，开始一个个案服务的阶段。本阶段需要了解和评估服务对象的基本情况和存在的问题，为后面的服务打下基础。

1. 了解服务对象的要求

农村社区的求助者寻求帮助的动机及愿望各不相同，有的仅仅是有了困惑之后进行简单的咨询；有的是第一次寻求正式的社会工作者的帮助；有的是经历过失败的求助经历；有的是被迫来寻求帮助等。对于不同的要求和服务预期，农村社会工作者首先要了解服务对象的基本情况，对其做一个简要的评估，确定是否需要给予其专业的社会服务。

2. 鼓励求助者寻求帮助

对于需要帮助的求助者，农村社会工作者要给予必要的鼓励，增强其改变的动力和信心。向其阐明农村社会工作能提供哪些服务及达到什么样的效果等，促使其成为能够获得有效服务的社会工作者的服务对象。

3. 明确服务对象的需求

由于对农村社会工作者的工作缺乏了解，农村社区的求助者往往会抱有一些不切合实际的期望，而他们的一些需求是社会工作者所无法完成的。此时，农村社会工作者就要及时给予必要的说明和解释，使服务对象清楚社会工作者服务的内容和范围。农村社会工作者要鼓励村民与其积极配合，共同来解决问题或实现目标，减少服务对象对社会工作者的依赖或提出不合理的要求。

4. 初步评估问题和需求

确定了服务对象的要求之后，农村社会工作者就需要与服务对象一起初步讨论他们的需求和问题，与服务对象建立口头或书面的契约关系，明确双方的权利和义务。在与服务对象初次面谈的过程中，要体现社会工作者的基本素质和技巧方法，要注意聆听，接纳和尊重村民的感受，注意遵守保密原则。

在农村社区开展社会工作服务时，要特别注意的问题是，由于传统观念的影响，村民遇到问题和困难时，往往会碍于面子向非正式支持系统，如亲戚、朋友、邻里等熟人社会寻求帮助，而很少想到向正式组织的专业机构和专门组织求援。

（二）收集资料

收集资料是指尽可能详细收集与服务对象问题有相关性的资料，并对出现问题的原因和发展变化进行初步专业评估的过程。

1. 收集相关资料

农村社会工作者在收集资料时，不仅要关注服务对象个人的基本情况，而且更要关注服务对象的家庭背景、自然环境及社会关系。应把服务对象放在一定的农村社会环境中去考察和分析。个人资料包括姓名、性别、年龄、婚姻、社会关系等方面的情况；环境资料包括服务对象的家庭、邻里、朋辈、社区和工作环境等，还包括个人与环境之间的互动情况。根据农村社会的稳定性与熟人社会的特点，从服务对象的亲属、邻里、朋友等周围人收集相关资料更为顺畅和完整。

2. 初步评估材料

收集资料步骤完成后，农村社会工作者要依据相关资料对服务对象的问题表现及原因作出初步评估。包括服务对象的基本情况、存在的问题、问题的原因，以及服务对象所做过的改善环境和克服困难的努力和尝试等。

（三）制定工作目标和计划

完成收集资料步骤后，农村社会工作者要与服务对象一起来制定社会工作者服务的目标和工作计划，目的是帮助社会工作者和服务对象都明确解决问题的方向及具体做法，从而保证为服务对象提供专业的社会工作服务。

1. 服务目标

制定农村社会工作的目标可以分为长期目标和短期目标。长期目标是指社会工作者服务最终要完成的效果，短期目标则是为了实现长期目标当前要完成的任务。设定服务目标时要遵循以下原则：陈述要通俗易懂，重点在于促进服务对象的成长；要有可操作性和可以考核的指标；是农村社会工作者与服务对象共同协商的结果，服务目标要得到服务对象的认可与支持。

2. 服务计划

服务计划包括服务对象的基本资料，服务对象的真实需求，服务开展的基本阶段和每个阶段所采取的主要方法，服务开展的期限，服务对象的联系方式等。

注意所有的服务计划都要与服务对象沟通协调，要以服务对象的需求、目标为根本，尊重服务对象的时间和具体情况来制定，计划的最后确定要得到服务对象的认可和支持。

3. 确定完备的服务计划

最后，需要确定一个完备的社会工作者服务计划，该计划应做到以下五点。即能够准确分析服务对象的需求和问题；明确社会工作者服务的目标和需掌握相应的工作方法；熟悉所提供的具体服务；清晰认识社会工作者应具备的能力；了解服务对象所拥有的资源。

（四）签订服务协议

农村社会工作者需要与服务对象签订服务协议。根据实际情况，协议既可以是书面协议，也可以是口头协议。在农村个案工作中，一般会采取口头的工作协议方式，只要服务双方具有共同认可的工作目标、双方的基本权利和义务即可。

（五）开展服务

农村社会工作者需要根据服务工作计划开展专业的农村社会工作服务。服务形式有直接服务、间接服务和综合服务。

1. 直接服务

在直接服务中，农村社会工作者的角色包括服务提供者、治疗者、沟通者、支持者和倡导者等。服务提供者角色是指农村社会工作者的服务不仅包括心理辅导和道德情操的服务，而且也包括提供物质帮助和劳务服务，还包括提供一些政策方面信息。治疗者角色是指通过分析服务对象所面临的困难或问题，运用专业的社会工作的方法和技巧消除或缓解服务对象的困扰，使其恢复正常的社会功能。沟通者角色是指农村社会工作者在服务的过程中与服务对象沟通信息、交换意见、分享感受，建立良好的专业关系。支持者角色是指农村社会工作者通过专业的工作技巧和价值观鼓励服务对象尽可能自强自立，克服困难，自我决策和自我成长，发挥其潜能。倡导者角色是指农村社会工作者通过分析服务对象的问题，指导、协助服务对象分析自己的困境，认清问题，最后自己作出决策。

2. 间接服务

间接服务角色包括行政者、研究者和政策倡导者等角色。行政者角色是指农村社会工作者以行政者、管理者的身份出现，对专业服务活动进行有效的控制和管理；研究者角色是指为提高间接服务的有效性，使服务对象享受优质的社会福利服务，社会工作者需要进行研究和不断学习等；政策倡导者角色是指农村社会工作者发现社会政策层面的问题，如社会资源不足、弱势群体被忽视等，农村社会工作者应担负起政策倡导者的角色，秉持公平正义的理念，以充足的资料和具体的目标来争取政府的了解和支持，推动社会政策的完善。

3. 综合服务

综合服务的角色包括经纪人、协调者、教育者、发言人等角色。经纪人角色是指在农村社会工作实务中，关注那些需要服务却不知道何处寻求社会资源的群体，实现资源与需要者的对接；协调者角色是指农村社会工作者在解决服务对象的多重问题时，协调相关机构、组织所提供的服务；教育者角色是指农村社会工作者向服务对象传授知识和应对困难的技能，是提供信息和情感支持以调整原有的行为方式；发言人角色是指农村社会工作者代表政府或组织机构，向公众、农村社区及服务对象发表意见，以唤起大家对社会问题的关注，寻求社会的支持。

（六）结案工作

当农村社会工作者结束一项专业服务时，说明工作目标已经达到或者是服务对象已经具备了独立面对和解决问题的能力。也可能是由于某些不可抗拒的因素导致服务无法继续开展。结案时，需要做好以下三个方面的工作。

1. 预先告知服务对象，使其对服务结束做好心理和其他方面的准备。

2. 与服务对象一起回顾社会工作者的服务过程，巩固其已经获得的改变和进步。

3. 鼓励服务对象表达心情和想法。

（七）服务评估

结案后的评估是指服务结束后对整个个案服务过程中方法的运用、社会工作者的表现、对服务对象的影响、目标达成情况等方面所做的总结，其目的是了解整个服务的效果。在最终评估过程中，服务对象的评价和反馈是工作效果的一个重要指标，同时督导和工作同行的评估也是非常重要的一个指标。个案工作者以这些资料为基础，总结经验和教训，撰写评估报告。

六、农村个案工作常用技巧

农村社会工作者要熟悉农村居民的特点和农村社会环境，对于农村社会各种复杂情况要有充分的思想准备，在使用个案工作的基本方法和技巧时，需要特别注意因时因地开展。

（一）人际沟通与会谈

个案工作注重沟通，需要服务对象把自己的思想、行为和感受表达出来，包括一些负面情绪和感受。在中国传统文化中，强调内敛，不太重视表达个人感受，受到很多规范的限制，习惯压抑内心的感受和想法。尤其农村社会更强调家庭和集体，而往往忽视个人的想法。在个案工作面谈中，服务对象无法表达真实感受，尤其是年纪较大的服务对象更不善于自我表达。传统文化积淀较深的农村居民表现更为明显。如果单纯靠语言工具会使得在与服务对象的会谈变得停滞不前或冷场，而一些参与式的行动的方法，如绘画、游戏、角色扮演等方法则会更加有效。传统思想浓厚的农村居民注重面子，一些过激的谈话或涉及个人隐私的会谈要格外谨慎，避免激起其愤怒，阻碍沟通的进行，甚至影响后面工作的开展。

在个案工作的会谈中，要注重语言的运用，有些农村地区相对偏僻封闭，尤其是少数民族地区，很多村民尤其是妇女或老人习惯使用方言，听不懂普通话，有些中年人能听懂普通话但是不会说，这些都造成外来的社会工作者无法与他们直接沟通。个案工作者要解决这一难题，初期可以请当地人做翻译，后期自己要努力学习当地方言，争取能够听懂。因为个案工作往往涉及个人资料及隐私，有第三者在场会影响访谈沟通的效果和资料的真实性。

（二）与服务对象建立专业关系

农村社会工作服务之初，与服务对象建立良好的专业关系是非常重要的任务之一。农村社会工作者与村民初次接触要介绍清楚自己的身份、工作性质和职责，这些要通过早期的沟通交流与服务对象建立相互信任的专业关系。在与村民的初次接触过程中建立相互信任的合作关系是一件不容易的事情，专业的农村社会工作者要注意掌握以下工作技巧。

1. 充分表达同理心

做好前期调研，充分掌握该村的基本情况，尽可能多地了解服务对象所面临的处境。农村社会工作者还要在充分了解农村社会及农村居民特点的前提下，把自己置身于农村居民的位置上去体会其所面对的压力与挑战。

2. 建立良好的专业关系

村民对于社会工作的专业服务并不了解，因此在开展个案工作时，农村社会工作者要与服务对象建立有利于其积极表达的关系模式。

3. 营造良好氛围

社会工作者要精心选择有利时机，安排好与村民初次见面的环境，营造良好的氛围，确保环境安静，能够保护好服务对象的隐私，促进专业合作关系的建立。

4. 会谈时，要主动热情

在农村的人际交往中，往往是以熟人的身份而被认同。农村社区的封闭性使得村民对一般的陌生人或外来者都持警惕和拒绝的态度。但是一旦有本村熟人介绍，热情淳朴的村民还是愿意接纳外来的工作人员的，甚至把你当"自己人"。因此，农村社会工作者为了进入农村家庭和农村社区，专业关系的建立要从熟人介绍，或者帮助其干农活、做家务、打牌、聊天中开始的。在服务过程中，农村社会工作者要充分融入当地文化，了解和学习当地民风，善于运用传统文化中的俗语、典故打开话题，拉近与村民的关系。

（三）农村个案工作记录

个案工作记录是指在社会工作专业服务中，要以专业知识作为判断基础，把服务对象的情况、个案工作过程、对服务对象的辅导过程、问题分析及处理等详细情况进行如实记录的工作。这是个案工作的重要内容。

1. 农村个案工作记录的方式

农村个案工作记录的方式分为文字记录、录音记录、录像记录等。三种方式各有利弊，具体采用哪种方式或几种方式同时并用，完全要取决于个案工作的需要。

在农村个案工作记录的方式中，通常以文字记录最为方便，在农村社会工作中使用也最多。文字记录能够了解个案辅导中服务对象及社会工作者的内心想法和感受，比较方便适用，容易管理。其弊端是记录过程容易受到主观因素的影响。录音记录是将个案辅导过程录制下来。录音记录的设备简单，用录音笔或者手机等非常方便，使用灵活。其弊端是录音材料需要转录，它只能记录声音，不能记录图像，无法再现工作情境。录像记录是通过录像设备或手机等把个案服务过程录制下来。它不仅可以再现工作过程，而且还有利于材料的整理、留存，以及便于对工作中的会谈技巧和处理方法进行回放研讨，有利于督导队社会工作者的督导，能够有针对性地提出改进办法。录像记录的缺点是记录过程要有第三人参与协助录制，资料存留和保管不方便，另外，很多服务对象对录像有所顾忌，不愿意被录像。在实际农村个案工作中，录像记录使用较少。

2. 农村个案工作记录的原则

（1）资料的完整性

个案记录要求资料是完整的、全面的。服务对象的资料，包括生理、心理、环境等方面的资料，服务对象问题的资料，以及农村社会工作者评估、介入及处理过程的资料都必须完整。

（2）资料的真实性

农村社会工作者在服务过程中必须尊重事实，记录真实有效，不能掺杂主观判断，不能歪曲记录。

（3）资料的保密性

文字、录音、录像等所有资料要遵循社会工作伦理，予以严格保密。根据保密的原则，除非征得服务对象许可，否则社会工作者不能公开与服务对象的谈话录音或录像。

3. 农村个案工作记录的要求

（1）尽量采取会谈后补记的方式

为了不影响农村社会工作者了解服务对象的信息，以及服务对象的表达，文字记录应在会谈后补记。

（2）正确使用专业术语

如果专业术语使用错误，不仅会影响沟通，而且还会给服务对象造成一定的伤害。在农村个案中，语言尽量要通俗易懂，深入浅出。

（3）简明扼要

对个案工作服务的内容进行简单的记录，但是重要的信息和关键点不能省略。

第二节　农村小组工作

在农村社会工作服务中，小组工作是一种非常有效的方法，小组作为一个载体帮助个人或家庭解决问题，发展潜能，促进个人、家庭和社会的和谐发展。小组工作是指一个有共同目标、有心理归属感、有结构规范、有互动和相互依存的人员的团体。

一、农村小组工作的涵义

农村小组工作是一种农村社会工作的方法，强调在农村社区，专业的农村社会工作者作为小组工作人员协助小组成员通过小组过程和团体动力去影响服务对象的态度和行为，使小组中的个人或家庭获得态度行为的改变、社会功能的恢复与发展，最终达成小组目标及农村社区发展，促进农村社会进步。

二、农村小组工作的功能

结合农村社会工作的特点，农村小组工作具有以下六个方面的功能。

（一）社区归属感

由于当前我国农村社会发生了巨大变迁，传统的熟人社会在一定程度上遭到破坏，所以开展农村小组工作可以弥补农村居民疏离的弊端。当小组成员意识到自己被其他人理解和接纳时，小组成员之间的认同感和归属感便会油然而生。农村社区传统社会是以血缘和地缘关系为互动的纽带，但是随着农村人口流动，大批农民进城务工，出现了农村人口减少、农村空心化的现象，造成村民游离感和疏离感增强。农村社会工作者通过小组工作为社区居民提供更多的互动与合作的机会，这样可以增强农村居民对社区的认同感和归属感。

（二）影响个人生命历程

农村社区在地理位置、交通条件、社会经济及文化生活等方面与城市比较相对落后和闭塞，村民对于外面的环境和社会发展缺乏了解，这些都影响了村民自信心和能力的提升。小组活动可以通过团体力量使个人的价值观、态度和行为发生改善，在家庭和社会中发挥积极的作用。农村社会工作者通过多种形式的小组教育活动，增强组员的社会见识，使他们掌握生产性技能，改善人际关系，提高组员解决问题的能力，促进个人的成长。

（三）验证个人行为

在农村小组活动中，成员在把新行为、新想法运用到现实生活中之前，有机会做一次预演，可以得到小组中其他成员的评价。

（四）运用团体力量解决问题

在农村小组中，组员之间可以共享相互合作的资源。农村社区往往缺少各类资源，村民面临着很多共同的问题，如交通不便、教育匮乏、经济落后、生态恶化等。农村社会工作者可以通过开展针对性的活动，为小组成员提供帮助他人和接受帮助的环境。对于共同的问题，组员开展主动的学习，共同思考、团结协作去寻求解决办法，这不仅能实现村民资源共享，而且还用团体动力解决了问题。

（五）实现成员再社会化

农村小组通过帮助其组员建立适应社会需要的新的价值观、新的知识、新的技术等，让组员具备更多的适应社会的能力，使成员在发展变迁中实现其再社会化的功能。

（六）推动农村社区发展

农村小组可以通过团体力量修正与当地社区居民的生产、生活、政治等有关的社会政策，通过小组形成社会舆论压力和民间意见，可以影响政府或相关行政部门调整政策和措施，进而促进社会组织建立和社会制度变迁。

三、农村小组工作的类型

农村小组工作根据建立方式、参与人员、小组目标等划分为不同的类型，每一种类型围绕其目标有步骤地开展小组活动。

（一）自助互助小组

自助小组是利用成员自己的资源作为支持，在沟通和互动中相互影响，实现态度和行为的转变并解决面对的问题，也称为互助小组。由于农村社区的血缘、地缘性特征，自助互助小组的开展有助于村民提升解决问题的能力，实现相互支持合作和助人自助的目标。农村社会工作者可以充分利用农村社区村民小组的优势，发展村民妇女小组、老人小组、儿童小组及生产小组等。在自助互助小组中，由于组员有着相同或类似的问题和境遇，因此开展的活动有助于成员间的互助和共同成长。

（二）任务小组

任务小组是为了完成某项具体的任务和某个目标而结成的团体。在农村社区，村民往往会遇到急需解决的问题，如农药问题、种子问题、土地征用、用水用电、道路问题或者自然灾害带来的问题等。农村社会工作者需要通过建立任务小组及组织活动，倡导相互支持和协商，尽快解决各种问题。

（三）娱乐小组

建立娱乐小组的目的是为了开展文体娱乐活动。在农村社区，由于交通不便、信息闭塞、文体娱乐设施场所稀缺等原因，村民的文体活动简单，其生产劳动之余和闲暇时间没有开展有意义的活动，而赌博、迷信等不健康的生活方式却在无时无刻地影响着他们。农村社会工作可以通过组建娱乐小组，开展丰富多彩并且有意义的活动，有利于营造社区健康和谐的氛围。农村社会工作者可以通过协助当地社区居民成立文化活动中心、图书馆和阅览室等，提供村民学习和聚会的场地和学习资料。可以组建兴趣小组，如戏曲、腰鼓、剪纸等小组，以丰富村民的业余文化生活。

（四）教育小组

组建教育小组的目标是帮助组员获得某方面的知识和学习某种技术。在农村社区，村民往往受教育程度较低，甚至有文盲或半文盲。他们会遇到各种各样的难题。如村民缺乏生产技术，外出打工没有一技之长，生活往往陷入困顿；村民缺乏法律常识，在遭遇拖欠工资或工伤时，他们不知道如何维权；村民缺乏城市生活常识和经验，在进城务工后难以融入城市等。教育小组通过建立家庭教育小组、科学种植和养殖小组、法律知识小组、城市适应小组等，针对村民的不同需求，普及各种相关知识。

（五）生计小组

农村经济发展水平相对落后，农民最关心的是生产和生计问题。农村社会工作者可以发动村民组建生计小组，通过现代化技术，如互联网、电子商务等协助农民获取信息，采取技术培训、外出学习等多种形式提高农民收入。通过国家"三农"政策和扶贫政策，寻找适合当地自然环境和农民实际情况的生计项目，引导农民自主经营管理，学习先进技术，达到脱贫致富的目的。生计小组应充分发挥作用，吸引农民积极参与，使农民有意愿和能力实现组织化和专业化，最终建立各种专业合作社，提高当地农民的经济收入。

四、农村小组工作的过程

（一）准备阶段

在准备阶段，农村社会工作者首先要确定小组成员的招募和遴选；确定工作目标；制定小组工作计划；协调农村社区资源，如活动场地及活动经费等；小组的规模与活动时间等。在准备阶段，社会工作者要与组员充分沟通，与组员一起工作。

（二）开始阶段

农村小组工作的开始阶段非常重要，这个阶段工作任务的完成情况会影响到后面阶段工作的开展及组员的去留。所以这个阶段的工作重点是帮助组员建立与社会工作者和组员之间的信任关系。为此要做好以下五个方面的工作。

1. 协助小组成员彼此认识，并消除小组成员之间的陌生感和戒备心理

由于农村社区的特点，村民彼此之间几乎都相识，但是有可能并不是特别熟悉，在为了一个新的目标而组合在一起时，由于小组的封闭性和组员之间的开放性使得彼此产生了陌生感和戒备心理。农村社会工作者要根据当地文化传统和村民的特点，结合小组的类型和目标，设计一些村民喜闻乐见、愿意接受的破冰游戏，可以很好地利用当地的传统游戏、地方剧种或民歌等节目，帮助小组成员尽快消除陌生感，拉近彼此间的距离。

2. 提高小组成员对小组工作目标和小组规范的认知

通过组员的互动讨论，商定组员都认同和接受的小组目标和规范，促进组员对社会工作者的专业性的认可和对小组的归属感和认同感，避免组员的流失。

3. 讨论制定原则和建立契约

农村社会工作者要与组员共同讨论和协商保密原则，并建立今后工作要遵守的契约。在保密原则和契约的商定过程中，农村社会工作者要向组员解释清楚制定保密原则和建立小组契约的原因。

4. 营造彼此信任的小组氛围

在小组开始阶段，农村社会工作者就要主动与成员沟通，认真倾听他们的故事，并给予真诚、尊重的回应。邀请组员分享生命历程和人生经验，在组员中找到共鸣和支持，这样有利于加强小组的凝聚力。

5. 形成稳定的小组互动模式

小组的沟通要建立能够最大限度鼓励组员进行沟通的理想模式。在组员之间要形成能够相互接纳、彼此包容的互动结构；建立鼓励全体组员，特别关注弱势组员能够自我肯定、自我增能的权利结构；在开放性和流动性的前提下，建立注重责任、全员参与，有利于推动小组过程的领导结构；协助建立每个组员都有适合自己位置的角色结构。

在农村小组工作的开始阶段，农村社会工作者的角色如下。

1. 领导者。农村社会工作者处于小组的核心位置，对整个小组的发展、小组活动计划的制定、小组活动的具体程序和细节的安排都要有充分的考虑，并且要进行全面的统筹规划。

2. 鼓励者。在小组初期，农村社会工作者要多鼓励组员积极主动表达自己对小组和其他组员的各种期望，以尽快适应小组环境。

3. 组织者。农村社会工作者要组织一些有助于组员之间相互认识和了解的活动，促进组员之间尽快建立信任和熟悉的关系。

（三）中期阶段

小组工作的主要服务过程都是在中期阶段完成的。在开始阶段，组员都会关注建立专业关系和界定每个人的角色。而到了小组的中期阶段，组员之间的关系得到加强，完成小组的工作任务成为主要内容。在小组工作的中期阶段，组员之间彼此认识和熟悉，他们开始认可小组的功能，小组能够满足他们的需求，所以能够较快地提升小组的凝聚力，接下来就进入解决问题、完成小组的目标和任务。例如，村民对改善村庄环境问题畅所欲言，运用"头脑风暴"的方法，最后提出解决方案，并在组员中对任务进行分解。

在小组中期，组员关系走向紧密化，也是小组内部权力竞争开始的阶段。在这一阶段，农村社会工作者通过专业辅导，协调和处理组员之间的竞争和冲突，保持组员对小组目标的意识，适当控制小组的节奏等，以求促进小组内部的良性竞争与和谐，推动组员关系紧密化。这一阶段，社会工作者主要承担着协助者和领导者的责任。

（四）后期阶段

农村小组的后期为成熟阶段，组员关系稳定，小组活动开展良好，组员之间沟通顺畅，彼此愿意了解和分享经验感受，愿意接纳他人和相互合作。这个阶段的工作重点在于维持组员的良好互动，协助组员从小组活动中获得新的认知，协助组员把认知改变为行动，能够帮助组员解决问题。后期阶段，农村社会工作者的角色主要是信息和资源的提供者和链接者，以及小组及组员能力的促进者和小组的引导和支持者等。

（五）结束阶段

农村小组的结束阶段的标志为小组目标基本实现，小组的问题得到解决，并对小组评估，达到预期效果。在小组结束阶段，要非常谨慎，涉及复杂情感，组员的投入越大，组员关系越密切，往往结束时失落感也越大。在农村社会工作中，任务小组一般会在任务完成后结束，但是村民的自助互助小组、文化娱乐小组和支持小组，没有规定结束的时间。这样的小组最好是可持续的，采取开放小组的形式，不断接纳新的成员加入，以保证农村社会工作者离开社区后，村民能够继续发扬团结互助精神和自助的能力来共同面对社区的问题。

农村社会工作者在小组结束阶段的主要任务有以下五个方面。

1. 维持村民在小组中已经获得的改变和习得的处理问题的方法。

2. 肯定村民的正面感受，以及处理结束时的离别情绪。

3. 安排后续的跟进活动。

4. 鼓励村民独立处理问题，并为将来做出计划，协助其建立社会支持系统。

5. 评估和反思小组工作的得失，为以后的工作积累经验。

结束阶段工作的主要目的是巩固小组工作成果，并帮助小组成员独立地、有成效地离开小组，获得能力的提升。

【案例分析】推动农村小组持续开展——某村广场舞小组工作

一、需求分析

在对 FH 村妇女走访调查时，当问到兴趣爱好时，妇女们表示说她们普遍对唱山歌、跳广场舞比较感兴趣。而且村里的妇女知道，每天晚上都有很多妇女在镇中心广场跳广场舞，她们专门聘请舞蹈老师进行教学，对此，FH 村的妇女们羡慕不已。于是，我们试探着问她们，如果我们在村里组织大家跳舞，大家是否愿意参加，她们中有一部分人表示支持，但是仍然有一部分人对此信心不大，觉得在村里组织这样的活动不现实，问及原因，主要有以下几点：第一，没有人教，场地、灯光、音响等设备没有人提供；第二，大家每天都有农活要干，一天下来身心疲劳，根本没有闲心跳舞，还不如看看电视、打打麻将；第三，年纪大了，学东西慢，手脚不灵活。

通过对上述情况的分析，我们认为，妇女们担心的问题是可以通过我们工作人员的介入来解决的。于是，我们决定成立"广场舞小组"，为大多数用打牌、看电视打发时间的妇女们创造一个新的、更积极健康的交流平台。

二、小组目标

以广场舞的形式，把在家看电视或者打牌赌博的妇女们都吸引到广场舞的参与和学习中，同时促进妇女之间的交流，创造和谐的人际环境。再者，倡导适量运动，强身健体，共创健康的生活方式，培养优秀的"村民领袖"参与到该小组的日常运营工作中，逐步制度化、规范化，确保小组持续健康地运行。

三、介入策略

（一）培养领舞者

挑选有一定的热情并有较好的舞蹈基础的妇女作为领舞者。领舞者在工作人员的协助下，通过视频提前学习广场舞，并在小组活动中担任领舞的角色，以解决无人教舞、无人带头跳舞的难题。同时，通过现场组织引起妇女们的兴趣。还通过开展跳舞比赛和游戏互动，以吸引更多的人参与。

（二）开展个别辅导

在吸纳组员的过程中，我们会遇到比较内向、羞涩的妇女，她们一般是只围观，不参与，有愿望，但不行动。这就需要我们鼓动、引导，可以单独辅导、同伴以及学生的带动等方式逐步引导其参与到活动中。当遇到有人以各种理由推脱的，如每天都有农活干，一天下来疲劳无力，根本没有闲心跳舞，年纪大了，学东西慢，手脚不灵活等。对于这样的妇女，可以从试一试、找感觉入手，让其先参与进来，不要求她们跳舞的节奏和动作，只通过适量的运动舒缓疲劳、强身健体；同时让他们与大家一起，有说有唱，可以愉悦心情，促进健康。

（三）解决场地和设备问题

通过与附近村民协商，我们解决了用电问题；通过与妇女主任沟通，解决了音响等设备的使用问题。不仅如此，在活动过程中，社会工作者还会有意识地引导小组成员主动去思考该小组的未来。我们将积极分子召集起来，共同讨论小组未来发展的各个细节，并在村干部的帮助下，落实了小组活动方案。

（四）合理安排小组活动时间

安排好小组活动的时间非常重要，初期考虑到精力有限，参与的人不多，活动安排间隔较长。我们观察到在未安排活动的晚上，仍然有不少妇女聚集在跳舞的场地附近相互交流。于是，我们决定调整活动时间，只要天气不下雨就组织大家跳舞。这样一来，村民们的兴致更高了，学得也更快了。从这件事中，我们也认识到时间安排不能靠自己想象，应该关注村民的需求。

（五）发展"小组领袖"

初步的方案是，挑选一位舞蹈基础好、学得较快、参与比较积极的妇女担当"小组领袖"。但是，这样的人并不好找，要么是内向缺乏号召力，要么是基础不好，学得比较慢。因此我们并不企求一步到位。我们先找到一位条件好、在家休假的小学老师，通过她的带动就把虽然基础较差，但有热心、有积极性和号召力的王姨带动起来了，小学老师开学离开后，这位王姨就接上了。

（六）专业反思

组建农村小组是我们开展农村社会工作的重要任务之一，所谓创业难、守业更难，农村小组从无到有不容易，但要令其有持续正常运行下去的生命力就更不容易，我们要根据农村的实际情况，因地制宜，引导村民成立真正适合他们的小组。同时在小组的孕育阶段，我们要组织发动村民参加，培养其主动、自我管理的意识，培养优秀的"村民领袖"参与到该小组的日常运营中，实施自我管理，确保小组持续健康地运行。

（资料来源：易钢，张兴杰，魏剑波. 农村社会工作发展战略［M］. 北京：科学出版社，2015.）

第三节　农村社区工作

一、农村社区工作的涵义

农村社区是农村社会工作的工作场域，农村社会工作者必须为当地农村社区提供社区发展、社区照顾、社区教育、社区服务等实务工作。要开展有效的农村社区工作，需要农村社区工作者具备社区工作的理论和方法。

二、农村社区工作的内容

（一）农村社区照顾

农村社区照顾是指动员并整合正式和非正式的农村社区资源，为有需要的农村社区居民提供服务，使他们和其他人一样，居住在家里，生活在社区，同时又能得到很好的照顾，尤其是对于老人、残疾人、长期患病者及精神疾病患者应该提供良好的社区照顾服务。

（二）农村社区教育

农村社区教育是农村社会工作者针对农村社区居民的需要、农村社区发展要求，整合农村社区内外资源，采用灵活多样的方法开展多种形式的教育服务。包括家长学校、夜校、各类培训班、学生驿站、图书会等形式，为有需求的农村社区居民提供教育、培训。社区教育方式可以弥补知识空白，控制教育教导行为规范，激励个人潜能。在农村社区教育中，农村社会工作者扮演倡导者、组织者和教育者等多种角色。

（三）农村社区服务

农村社区服务是指农村社会工作者根据农村社区居民的不同需求，提供各类社会工作专业服务，丰富农村社区公共服务，满足社区居民的各种需求。如为农村社区提供娱乐、读书、信息平台、"一站式"服务、青少年儿童活动中心、便民中心、邻里互助服务、敬老服务及社区卫生服务等服务。

（四）农村社区发展

农村社区发展是农村社会工作实务的基本目标和策略，也是农村社会工作者培养农村社区居民自我服务、自我管理和自我发展的重要途径。农村社会工作者在开展社区服务时，要以提升农村居民的自助能力为目标，提升其基本福利，改善其生活与环境品质，促进农村社区繁荣和进步为原则。同时要发扬民主自治精神，强调社区居民的普遍参与，依法培育农村社区组织。

三、农村社区工作的过程

（一）农村社区需求评估及组织方法

进入农村社区首先要开展需求评估，才能有的放矢地开展工作。农村社会工作者通过系统方法，收集与所在社区相关的资料，并对资料进行科学分析，同时与服务对象建立专业关系，为下一步开展工作奠定基础。

随着服务方案的实施，农村社区居民的问题及需求也在不断变化和调整，社区居民的参与意识、行动能力、组织能力也在随之发生变化。这就需要农村社会工作者必须不定期进行评估，以便及时掌握工作开展情况并不断调整方案。

当前农村社会工作中运用最多的是参与式农村评估（PRA）方法和口述史评估方法。

1. 参与式评估（PRA）

参与式农村评估（PRA）是开展农村项目和农村社会工作中常用的农村调查研究方法。在20世纪80年代末90年代初，是由国际农村发展专家根据在肯尼亚和印度的工作实践探索出来的一种可以跨越国界、种族、文化和语言的评估方法。

参与式评估的具体做法是，由一个包含当地工作人员在内的跨学科小组采用一系列的参与式工作技巧和方法来对农村需求进行评估，包括了解农村生活、农村社会经济活动、环境及其他信息资料。探讨从农民视角了解农村、农业、农民及社区发展问题的半结构式的调查研究方法。其特点是，评估的全过程都强调农户的参与，从而保证结果真实有效，具有可操作性并且易被农户所接受。参与式评估的主要内容包括需求评价、可行性研究、确定项目活动和优先顺序、项目监测和评估等。

参与式评估工作的要点和核心内容是真诚广泛地听取农民的意见；在工作中注意尊重社区成员，对社区成员所知、所说、所为等表现出同理心；不做判断，不打断对方；多听少说，忌用自己观点诱导农民；态度谦虚并鼓励社区成员表达、交流和分享他们的知识。农民参与项目及为他们服务的全部过程，从策划、实施到结项后可持续管理，并对项目和服务的效果进行评估。这是一个"助人自助"的过程，尊严、平等、权益、发展是一个优势视角和赋权增能的过程。常用的参与式评估工具主要有以下九个。

（1）直接观察法。在社区农民的带领下，对社区进行走访，对社区生活的各个方面进行直接观察、体验、总结和归纳，比较不同区域的主要特征、资源来源情况和存在的问题。

（2）绘制社区分布图。协助农民绘制社区资源分布图，了解社区内自然环境，如河流、山川；基础设施，如道路、学校、医院、商店和市场；标示各种公共服务，如供水点、电站；标示农业用地、林地或牧地等。

（3）绘制乡村大事表。大事表展示了村民、农户和社区生活中有较大影响的事件，是一个乡村史，用来分析某一特别事件或一系列事件对整个社区发展的影响。

（4）绘制农事历。农事历是在一张时间表里标出社区的农事活动，如粮食供应、劳动分工、种植模式、食物结构、劳动力分配、粮食储存、市场价格和气候状况等，从中可以了解影响农业生产和人们生活的主要因素。

（5）绘制每日活动安排图。绘制每日活动安排图可以了解更多个体或群体活动的细节，从而确定项目的活动时间安排。每日活动图可以分个人进行，也可以由相同背景的同一组人来制作，每个人或每个小组做出的图应当分为24个时段代表一天时间，并用符号标出一天中最重要的活动。

（6）贫富分级图。为了评价当地居民的生活质量，了解农村社区对贫富指标的划分和认知，把每个农户分级归纳到不同的贫富标准下，分析产生贫富分层的原因。

（7）排序。对一些项目从重要性、价值、位置及其他方面进行相对的比较，然后确定其优先发展的顺序，并了解形成此排序的原因和动态变化因素。

（8）资源分析图。用矩阵图来分析社区成员对资源的使用和占有情况等。

（9）问题和解决方法。通过列举一系列可能存在的问题和解决方案来展开讨论，从而提出和讨论社区存在的具体问题。

2. 口述史评估方法

口述史评估方法具有不同于参与式评估的特点。

首先，口述史方法比较民主，它强调讲故事者的经验和知识，而不是听故事者的判断，在此方法中，聆听者比较容易明白和感受到讲故事者的生活经验和情感变化。开放式的口述故事过程使得讲述者轻松地讲述其生命历程，往往是真情实感。借助口述史不仅能够重建社区居民的历史自觉，而且还可以听到那些无法参与（受语言、残疾等阻碍）的社区中各种被隐藏的声音和被忽视的需求。

其次，能够将收集口述故事变成参与式社区发展的过程。口述史行动不仅能够最大限度地动员社区、发展组织，而且对当事人有叙事治疗的效果。能够增强社区凝聚力，使口述者和聆听者被赋权。

最后，口述史使得老人、妇女和儿童都能发出自己的声音。当村民与农村社会工作者第一次参与口述史工作时，讲故事的人和听故事的人都被赋权和教育。

（二）融入社区与农民相处的方法

通过需求评估，农村社会工作者可以有针对性地制定社区服务方案。农村社区工作者可以通过调动社区居民积极性，整合社区资源，开展各类社区服务。实施过程要特别注重农村社区组织的培养，构建社区支持网络。

1. 通过各种互动与村民建立信任关系

文化活动在目前的农村地区（甚至城市）基本上是属于可有可无的，能够找到工作、提高工资、解决征地争端、低保申请救助、家庭和睦等生活问题远比来参与社会工作者组织的活动要重要得多。那么，村民们的实际需求是什么？他们的文化活动是不是可以相对少一些？优先解决服务对象的哪些基本需求呢？社会工作者与村民是平等的关系，社会工作者的辛苦付出也许会让服务对象感到满意，但也许服务对象依然不为所动，甚至产生消极的情绪而选择离开。尽管我们组织的活动会尽量多地体现社会工作者的理念，但是社会工作者认为的简单和有益，在村民看来多是复杂和娱乐。这就是文化程度和生活环境的差异。社会工作者必须针对村民普遍文化素质不高，而且服务对象多是长者、妇女和小孩的特点，可以把活动流程简化、再简化，至于是否按照书上的程序去做，如何在活动小组个案等中体现社会工作者元素，著者认为是可以暂时被忽略的，硬是照抄书上的知识，甚至还会弄巧成拙，影响正常工作的开展。

在服务过程中，有些农村社会工作者对理想有过于绝对的要求，总感觉理想与实际的差距太大了，产生怀疑，甚至对于所谓"非社会工作者专业手法"不屑。事实上只要能够解决问题，帮助到所需要帮助的人，就都是成功的。只有在一些看似"非社会工作者"的活动中建立与村民的关系，才能在后续工作中渗透社会工作者的理念和价值观。

2. 取得基层政府的理解和支持

农村社会工作无法回避的一个问题，就是与村委的关系和合作。农村社会工作的开展不能离开与村委的联系与合作，实际上，村委工作人员也是村民，也是社会工作者服务的对象。所以，在开展工作的时候，借助于村委的力量，链接资源、开展宣传、组织策划等都能够更加顺利而高效地进行。

但与此同时，在一定程度上，干群关系是农村发展的一大阻碍，也是造成农村不稳定的因素之一，在村委服务过程中要特别注重搭建村民议事平台。简单来说，作为没有实权的农村社会工作者，为了更好地开展服务，需要妥善处理村委和村民双方的关系，应保持适当的距离。我们在做农村社会工作者的这一年时间里，每天指派一名社会工作者在村委值班，辅助村委的日常工作，接待前来办事的村民，可以更清楚地了解村民的需求，更直接地开展服务。同时社会工作者策划的小组活动等，应尽量邀请村委一起参与，在活动中增进群干感情，避免摩擦和误会产生。

要特别注意的是，有些村民与村委存在着历史遗留下来的问题尚未解决，依靠我们外来社会工作者的力量很难作出判断和应对，这个时候社会工作者应该学会保持适当的距离。比如，有同事遇到这样一个个案，服务对象因家庭成员重病而求助村委，村委干部热情不够，所以邀请社会工作者介入。经过多次走访后发现，服务对象与前任村委书记、现任村主任和村民政主任都存在着一定的误会甚至冲突，其原因包括征地赔偿、低保申请和开会缺席等。其中的缘由各方各持己见，根本无从鉴定真伪。此时，社会工作者的角色显得有些尴尬，只能站在中立角度进行事件模拟，借助之前与村委干部建立的感情进行适当的调和与沟通。同时，社会工作者积极寻求资源链接，最终为服务对象寻找到公益基金会的救助，也重新申请了低保救济，服务对象同村委之间达成了一定的口头和平协定。

综上所述，农村社会工作者只有协助村党支部、村委会积极发动和组织村民参与村务服务管理、培育农村社区社会组织和人才，才能更好地提升村务服务管理水平，加快农村社会工作的探索与发展，推动农村社区建设的发展。

第四节 农村社会工作行政

农村社会工作行政是农村社会工作的间接社会服务方法，是农村社会工作者在农村社会工作服务机构所拟定的社会工作者机构使命和宣传，制定的长期和短期服务规划，以及日常工作管理机制。

一、农村社会工作行政的涵义

社会工作行政是"依照行政程序，妥善利用各种资源，实施社会政策，向有需要者提供社会服务的活动，社会行政的中心含义是执行、实施社会政策"。❶ 农村社会工作行政分为两个层次，一是农村社会工作者将把农村社区相关的社会政策转变为直接的农村社区服务，落实与农村社区相关的社会福利服务；二是农村社会工作者在所服务的机构，通过农村社会工作行政，从宏观层面开展对本机构的社会工作服务的规划、组织实施、人力资源管理等工作。

二、农村社会工作行政的功能

社会工作行政在农村社会工作中的功能表现为以下四个方面。

（一）把与农村相关的社会政策转变为实际的农村社区服务

农村社区是我国农业生产的领域，国家为推动农业生产发展，提高主产区农民的生活水平，在不同历史时期制定了很多与农村相关的社会政策。这些政策在党和政府层面设计，在原则上制定了解决农村社会问题、农村社区居民福利分配等方面的规章制度和法律法规。社会服务就是将这些宏观的规章制度和法律法规转变为实际的服务行动的过程。如党的精准扶贫政策的出台，需要在农村做出具体的扶贫计划、农民贫困状况调查等直接的社会服务。

---

❶ 王思斌. 社会工作概论［M］. 北京：高等教育出版社，2002.

（二）整合社会资源促使农村社会工作服务效益最大化

我国农村社会工作服务还没有完全纳入政府购买社会服务的范畴中，农村社区的服务主要由国家有关部门完成，如乡镇政府部门、村委会等。农村社会工作者中还有一部分人是以民间身份进入农村社区提供专门的社会服务。无论是政府部门，还是民间机构，为农村社区提供社会服务的目标是一致的，就是预防和解决农村社会问题，满足农民日益增长的全面发展的需求，提高农民的生产收入和生活水平。

（三）对社会政策提出合理意见和建议

在农村社会工作服务中，农村社会工作者应当运用专业的理论和方法将涉农的社会政策转变为实际的社会服务行动。在服务过程中，农村社会工作者针对社会政策存在的优点和局限性都有较为清楚和深刻的认识。在农村社会政策制定的过程中，农村社会工作者应当从专业角度提出议案，就执行农村相关的社会政策中存在的问题和局限性作出总结与提炼，提出相应的政策建议，以发挥农村社会工作政策倡导者的作用，更好地服务农村社区和社区居民。

（四）建立健全农村社会工作服务管理机制，实现服务效益最大化

农村社会工作者通过制定长期计划和短期计划，根据专业服务需要和实务工作经验总结，不断完善和提升专业服务标准化考核指标，为农村社会工作服务的专业性提供保障。同时，农村社会工作者为了保障服务的长期性，要不断探索有效的可持续服务模式，以保障农村社会工作服务的长期化和服务对象的利益最大化。

三、农村社会工作行政的方法

农村社会工作行政的服务内容包括服务计划的制定、组织、人事、领导、协调、预算、评估等。

（一）建立健全服务标准化管理机制

我国农村社会工作为农村社区和农民提供专业化服务，今后的发展趋势是与城市社区一致，走政府购买服务的道路。为此，农村社会工作要加快建立健

全专业服务标准化管理机制，这样才能适应社会需求的发展。具体需要制定的标准有岗位职责、薪酬管理、人事档案管理、财务管理和评估机制等方面。

（二）建立人力资源管理机制

人力资源管理需要做好组织体系建设，人员招聘和录用程序建设，人员督导、激励、奖惩办法，以及人员日常管理办法等的建设。农村社会工作行政人员还必须结合实际情况，不断完善农村社会工作者的人力资源管理体系。

（三）建设农村社会工作的公信力

公信力是指为使公众信任的力量。农村社会工作必须做好自身的公信力建设，主要包括承担起服务农村社区和农民的社会责任，具有过硬的专业水平和能力，能够为服务对象提供标准化服务，建立公开的和人人参与的社会评估机制。

【案例分析】关爱流动妇女项目

一、项目背景

在世界范围内，城市外来人口一直是一个十分棘手的问题，它带来的不仅是城市人口增加、就业和生活压力增大等表面现象，更多的是伴随着偏见、歧视、不平等待遇，以及城市新贫困、疾病、缺乏教育等社会问题。流动妇女属于流动人口中最弱势的群体，其面临的服务需求与社会融入问题就更需要全社会去关注，同时这也关系到北京的建设与维护社会的和谐。

社会工作作为一种专业的助人活动，它在解决社会问题、维持社会秩序和稳定、构建和谐社会方面都起着重要作用。国外的经验表明，培育和扶持社区妇女组织的成长、开展公众团体活动、援助社会弱势群体，是取得社会大众层面对社会工作专业性理念及方法认同的重要途径。

本项目联合北京市昌平温心社工师事务所、北京农学院，以及北京市昌平区各社区的服务力量，在流动人口的整体服务需求框架下，针对流动妇女的个别化服务需求，开展系列社会工作专业服务，提高流动妇女的社会适应能力，使她们更好地融入城市社区，促进北京的建设和维护社会的和谐。

二、项目服务目标

（一）总体目标

1. 开展以家庭为核心的系列培训，满足流动女性从生理到心理、再到社会角色的适应。

2. 增强流动女性对北京的认识，明确相关社会政策和保障。

3. 建立有效的工作网络，发挥妇女社区组织作用。

4. 挖掘社区的"领袖力量"，发掘妇女自治团体的能力。

5. 搭建稳固的服务平台，发挥妇女志愿者的力量。

（二）具体目标

1. 组织各类兴趣小组、技能比赛和文艺演出，丰富流动妇女的文化生活，建立展示自我与同伴互动的平台，使她们产生群体归属感。

2. 建立社区网络平台，形成可持续的联络机制，培养社区流动妇女骨干，为流动妇女发展建立信息沟通平台。

3. 通过提供健康知识、心理疏导、家庭教育、礼仪宣传等服务，满足流动妇女的多种需求。

三、服务对象

北京市昌平区流动妇女。

四、具体方法和途径

本项目采用社会工作专业方法：个案社会工作、团体社会工作及社区社会工作等方法。

五、主要理论

1. 增能理论

增能是个人在与他人在环境的积极互动过程中，获得更大的对生活空间的掌控能力和自信心，以及促进环境资源和机会的运用，以进一步帮助个人获得更多能力的过程。

2. 优势视角理论

优势视角是一种关注人的内在力量和优势资源的视角。意味着应当把人们及其环境中的优势和资源作为社会工作助人过程中所关注的焦点，而非关注其问题和病理。

3. 心理防御机制理论

心理防御机制是个体在心理平衡受到干扰时，自我为了保持心理结构的平衡，即化解本我、超我和现实的矛盾冲突，所运用的心理策略和手段。这一理论重视未成年人的认同作用，协助未成年人了解社会现实，体会社会现实，积极参与实践，以使自己的自我判断更能适应现实要求。

4. 女性发展理论视角

女性在自己的社会中扮演着重要角色，她们所做的家庭内外的工作对社会起着重要作用。当前的流动妇女不仅从女性自身和家庭环境情况出发，而且更应该关注妇女在社会中所发挥的作用，鼓励女性参与社区活动，为社会发展做出自己的贡献，同时也找到自己的发展模式。

六、服务方法

1. 建立信息资料库，通过对服务对象的问卷调查、访谈和分析形成研究报告。

2. 根据不同服务对象的不同问题、需求来制定不同的服务计划，进一步完善服务项目的设计和实施。

3. 个案辅导。针对一些情况比较复杂的服务对象进行个案辅导，协助其找到自身存在的问题与障碍，使困惑最终得以解决。

4. 团体活动。通过团体活动的方式，帮助工作者和服务对象能够进行良好的互动、沟通、增进感情，以便解决问题。

七、项目实施总结

本项目有效地利用社区各个居委会的"妇女之家""流动人口管理中心"，以及"街道妇女工作人员"等妇女工作网络，拓展多项服务。项目实施过程分为三个阶段，即建立关系阶段、服务开展阶段和评估反馈阶段。

(一) 建立关系阶段

在社会工作者开展服务前，要经历与服务对象建立关系和确定样本阶段。在这个过程中，社会工作者通过走访居委会妇女干部了解流动妇女的基本情况，以此来了解整个社区妇女服务的需求类型，确立重点服务的社区。

同时，社会工作者依托居委会等基层组织的力量，逐步与他们建立相互信任的关系，通过开展活动接纳社会工作者的服务模式。

在建立关系阶段，社会工作者运用倾听、同理心、澄清、聚焦等微观服务技巧，了解服务对象需求，解决服务对象心理困扰，帮助其看到自身问题和潜能，为后面的服务打好基础。

2012 年 7~8 月，社会工作者进行前期调研，走访回龙观街道办事处、东小口镇等大量社区居委会，了解流动妇女情况和需求。

2012 年 11 月，建立信息资料库，通过问卷调查、访谈和分析形成研究报告。通过问卷调查和访谈，了解流动女性的实际困难和个性化需求，建立基本信息资料库。在沟通中舒缓情绪，建立彼此的信任关系，为下一步工作打下基础。

（二）服务开展阶段

项目主要服务定位在家庭教育、健康教育、团队建设、潜能开发等，在项目中结合流动妇女需求和时间点，安排了生理和心理健康知识讲座、咨询义诊、插花培训、家庭教育等知识讲座和培训。同时通过原有的舞蹈队、合唱团，组织舞蹈和音乐知识培训，提升她们的演出水平和团队精神。而礼仪培训增强了她们融入城市的知识和能力。

在此期间，交叉运用了个案、小组和社区三大工作方法，点面结合，使得整个流动妇女服务过程更加立体全面，达到了预期的效果。

2012 年 12 月，建立"妇女服务站"，针对流动妇女生理及心理方面的问题或者困惑开展专题讲座，增进彼此的信任感，为进一步活动打下了基础。

2013 年 1~2 月，社会工作者不定期组织流动妇女进行子女教育培训、婚姻指导等活动，满足她们不同的知识需求。

2013 年 3 月，建立各类兴趣、文艺小组，鼓励流动妇女和社区居民参与，培育"流动妇女领袖"，建立自发组织，孵化自治团体。鼓励流动妇女参与社区管理，创建更好的流动妇女与本地妇女交流的平台。

2013 年 3~5 月，根据实际情况及服务对象的个别需求，开展团体活动，解决她们在日常生活中存在的困惑。

具体开展了以下活动：（活动照片和总结附后）

2012 年 12 月 11 日，关爱流动妇女项目启动仪式，开展团体活动。

2012 年 12 月 26 日，流动妇女与社区居民合唱队活动。

2013 年 1 月 2 日，振华打工子弟学校教师流动妇女拓展小组活动。

2013 年 1 月 4 日，振华打工子弟学校流动妇女调研。

2013 年 1 月 10 日，流动妇女安全用药知识讲座。

2013 年 1 月 16 日，《流动妇女计生知识手册》发放。

2013 年 1 月 26 日，流动妇女健康知识讲座。

2013 年 2 月 4 日，流动家庭视力健康讲座及亲子互动团体活动。

2013 年 2 月 9~13 日，流动妇女安全生产宣传活动。

2013 年 3 月 4 日，流动妇女与社区居民联谊活动。

2013 年 3 月 5 日，流动妇女参与社区学雷锋活动。

2013 年 3 月 6 日，流动妇女舞蹈队活动。

2013 年 3 月 8 日，流动妇女生殖健康知识讲座。

2013 年 3 月 8 日，流动妇女剪纸活动。

2013 年 3 月 12 日，流动妇女插花培训。

2013 年 3 月，流动妇女参与社区巡逻队志愿者活动。

2013 年 3 月，流动妇女加入社区志愿者活动。

2013 年 3 月 15 日，东方红打工子弟学校流动妇女家庭情况调研。

2013 年 3 月 18 日，流动妇女家庭教育知识讲座。

2013 年 3 月 25 日，流动妇女交通安全知识社区宣传。

2013 年 3 月 28 日，流动妇女合唱团活动。

2013 年 4 月 10 日，流动妇女环保知识讲座。

2013 年 4 月 18 日，流动妇女社区卫生宣传。

（三）项目评估反馈阶段

在每次活动和培训中，从服务对象那里得到直接的反馈意见，这是社会工作者评估最主要的依据。

八、项目效果

使流动妇女感受到更多的社会关爱，逐步发掘自我价值，并形成相互支持网络，从而提高其适应性和自信心。构建一个和谐、完善、较全面的流动人口社会支持网络。

（一）服务设计满足多层次需求

在项目活动内容设计上，社会工作者充分考虑到流动妇女群体特征和成员需要，加入了她们所关注的家庭教育、健康服务和维权问题等内容，并对活动进行全面规划。针对中青年到老年流动女性从生理到社会角色的实际需求，突出"家庭中心"的特点。向她们普及有关北京及城市知识，使流动女性加深对城市的认识和认同，从而加深了外来人口和本地人口的相互了解。同时，舞蹈、合唱、广场舞等活动又增进了群体归属意识，社区文体活动和联谊活动在扩大外来人员的社会关系网络的同时，依托此种模式，为流动妇女的服务与管理提供了有效渠道。

（二）人员配备合理

在宏观层面上，本项目服务的开展得到了回龙观街道办事处的大力支持和协助，获得了龙锦一社区、龙泽社区居委会的大力配合。在微观层面上，项目除了专业的社会工作者和志愿者参加，由北京农学院社会工作者系老师负责督导，并聘请专业资质的医生、舞蹈教师、音乐教师、心理专家等作为每次活动主讲和负责人，确保了服务的质量与效果。

（三）活动效果体现了社会工作者的专业性

本项目自始至终贯穿"社会工作"专业的理念和方法，在活动中改变了工作员和工作对象的关系，从传统的"灌输式"向社会工作者倡导的"参与式"互动模式转变。服务对象从被动参与到主动参与，通过参与者互动增进了感情，提高了服务效果。

九、专业反思

（一）社区原有工作模式与社会工作者服务的关系

本项目是一个政府购买服务项目。社区原有的政府工作模式对于社会工作者服务的开展具有积极的作用，特别是在服务开展的初期，为社会工作者服务的迅速开展起到了推动的作用。

（二）社会工作者专业化介入和服务是对原有服务体系的有效补充

本项目是专业社会工作者对流动妇女的服务，社会工作者服务的介入为整个服务体系提供了有效的模式，这是政府和社会组织合作达到双赢的重要方面。这种互补模式使得政府推行的工作受到服务对象的认可，同时能够更好地满足服务对象的需求，自下而上地反映服务对象的需求，并在流动妇女视角推动政府工作，这样，在很大程度上，促进了社会和谐。

（三）政府与社会组织合作与创新模式的优势和不足

通过项目开展，积累了丰富的经验，同时也发现了有待改善之处。在本项目中，社会工作者开展服务需要与社区居委会和妇女工作干部有效配合，得到相互认可，力求将社会工作者理念贯穿于项目始终，这个模式已经建立起来，并且发挥了最大效用。

基本概念：

农村个案工作；村小组工作；农村社区工作；农村社会工作

复习思考题：

1. 社会工作实务直接服务和间接服务的方法有哪些？

2. 谈谈你对农村社会工作行政的理解与认识。

本章推荐阅读书目：

1. 王思斌. 社会行政 [M]. 北京：高等教育出版社，2005.

2. 林向群. 参与式社区农业调查评估方法 [M]. 昆明：云南民族出版社，2007.

3. 史铁尔. 农村社会工作 [M]. 北京：中国劳动社会保障出版社，2007.

第九章　贫困与农村社会工作

【导读】农村贫困老年人的农村社会工作介入

农村贫困老年人是社会转型之下产生的复杂的社会问题，需要社会工作者的介入。

针对政府公共性服务职能的弱化，社会工作者运用社会行政的工作方法，从宏观层次上，积极倡导政府及其相关部门建立健全农村老年人的社会福利制度，完善相关的公共服务性设施，保障农村老年人的晚年生活。在微观层次上，社会行政是把宏观的社会行政倡导的政策化解到具体的农村社会服务环节之中。

农村社会工作者可以通过积极协助市场组织开展对农村贫困老年人的市场资源能力培训，通过整合其有效的市场资源以增强其再就业的能力。同时通过社区工作的方法，营造尊老敬老的社会生态。农村社会工作者可以通过个案、小组的介入，提高农村贫困老年人的参与能力。

第一节　农村贫困与反贫困

一、农村贫困问题

联合国扶贫机构的统计数据显示，在过去的 50 年，世界财富增长了七倍，而贫困问题的确日益严重。21 世纪以来，全世界贫困人口增加了三亿多，每天有约 7.5 亿人处于饥饿状态。可见，经济的增长并没有带来普遍的生活富足，甚至还有贫困人口没有解决温饱问题。

我国的贫困人口集中于农村地区，但是也存在地区的不平衡。贫困人口主要分布在革命老区、西部少数民族地区和边疆地区，分布呈现点、线、面并存的特征。极端贫困人口集中在生活环境恶劣地区，以及部分或全部丧失劳动能力的人口。在已经脱离极端贫困状态的人口中，存在一大批收入水平处于贫困线边缘的弱势群体，这些人口的市场抵抗风险能力较差，一旦遭遇变故很容易返贫。

1978 年 12 月，党的十一届代表大会中央委员会第三次全体会议发表《中共中央关于加快农业发展的若干问题的决议》，首次指出我国还有 1 亿多人口粮食不足，近 1/4 的生产队社员平均收入在 40 元以下。到 1981 年，农业部人民公社管理局更明确提出了贫困线及贫困状况。当时的贫困标准是北方口粮 150 公斤，南方水稻 200 公斤以下，折合现金约 50 元。国务院于 1986 年成立贫困地区开发领导小组，确定的贫困县的标准是，少数民族县在 150 元以下。贫困县的标准从此以后没有明确的提高。后来只在一些报告或讲话中反映出贫困县标准的改动。

1990 年 1 月，国务院发表贫困地区开发领导小组关于 20 世纪 90 年代进一步加强扶贫开发工作的文件中，则以一般地区县低于 200 元为标准。1991 年该小组在关于"八五期间"扶贫开发工作部署的报告中则以人均收入 300 元为标准。1994 年，中国政府制订了《国家八七扶贫攻坚计划》，其中提出我国仍然有 8000 万人口没有解决温饱问题，目标是绝大多数贫困户人均收入达到 500 元以上（按照 1990 年不变价）。在 1996 年的扶贫开发工作会议上，政府没有提出任何有关贫困线的数字，指出了 6500 万的贫困人口。2004 年，国家统计局根据对全国 31 个省（区、市）6.8 万农村住户的抽样调查，以及当年农民生活消费价格指数统计，将农村绝对贫困人口的标准调整为 668 元，低收入贫困人口的标准调整为 924 元。

可见，农村贫困问题仍然是我国农村工作的重中之重，反贫困是农村社会工作的最主要的介入内容，也是农村居民最关心的领域。

二、农村反贫困工作

我国农村反贫困工作已取得了举世瞩目的成绩，但是农村贫困地区的发展落后是我国国民经济和社会发展进步所面临的主要问题。我国农村贫困地区的发展落后是我国国民经济和社会发展进步所面临的主要挑战。对国外贫困现状及反贫困工作的深入了解有助于我国农村扶贫工作积极有效地展开。

我国扶贫开发始于20世纪80年代中期，通过近30年的不懈努力，已取得了举世公认的辉煌成就，但是，长期以来贫困居民底数不清、情况不明、针对性不强、扶贫资金和项目指向不准的问题较为突出。其中一个重要原因是，目前全国农村贫困居民为8249万人（其中四川省为602万人），贫困居民实际远远不止8000万，这个数据是国家统计局根据全国7.40万户农村住户调查样本数据推算出来的。这个数据对于研究贫困居民规模、分析贫困发展趋势不是很科学，但在具体工作中却存在"谁是贫困居民？""贫困原因是什么？""怎么有针对性地进行帮扶？""帮扶效果又怎样？"等不确定性问题。由于四川全省乃至全国都没有建立统一的扶贫信息系统，因此对于具体贫困居民、贫困农户的帮扶工作就存在许多盲点，一些真正的贫困农户和贫困居民没有得到帮扶。三十多年的改革开放，使数亿中国人甩掉了贫困的帽子，但中国的扶贫仍然面临着艰巨的任务。据最新数据显示，按照中国扶贫标准，到2013年年底中国还有8249万农村贫困人口，贫困地区发展滞后的问题没有得到根本改变。在民生问题上，困难群体往往有更多、更强烈的诉求，因此需要给予更多的关注和帮扶。

中国政府高度重视扶贫工作，改革开放以来，通过不懈努力，已经使6亿多人脱贫，我国已成为全球首个实现联合国关于"千年发展目标贫困人口减半"计划的国家。但是，我国仍有7000多万人没有脱贫。以前出台一项政策，一批人都能够脱贫致富，现在剩下的都是"硬骨头"，减贫难度越来越大。距2020年还有不到六年时间，要确保7000多万人全部如期脱贫，每年要减贫1200万人，每个月要减贫100万人，任务非常重。

"精准扶贫"是我国当前的一项最主要的扶贫政策，包括精准识别、精准帮扶和精准管理。这一思想最早是在 2013 年 11 月提出的。那时，习近平主席到湘西考察时首次作出了"实事求是、因地制宜、分类指导、精准扶贫"的重要指示。2015 年 10 月 16 日，习近平主席又在"2015 减贫与发展高层论坛"上强调，中国扶贫攻坚工作实施精准扶贫方略，增加扶贫投入，出台优惠政策措施，坚持中国制度优势，注重六个精准，坚持分类施策，因人因地施策，因贫困原因施策，因贫困类型施策，通过扶持生产和就业发展一批，通过易地搬迁安置一批，通过生态保护脱贫一批，通过教育扶贫脱贫一批，通过低保政策兜底一批，广泛动员全社会力量参与扶贫。扶贫工作的重要意义在于帮助贫困地区人民早日实现伟大的"中国梦"。习近平总书记多次强调，消除贫困、改善民生、实现共同富裕，是社会主义的本质要求；没有农村的小康，特别是没有贫困地区的小康，就没有全面建成小康社会。

第二节　反贫困农村社会工作的实践

我国农村反贫困社会工作模式有政府主导型和资产为本的社区发展两种模式。

一、反贫困农村社会工作的模式

社会工作的理论和方法为农村反贫困提供了专业科学的价值观，以及优势视角的助人理念。在农村反贫困中，农村社会工作利用专业视角分析贫困问题产生的原因，通过专业化的服务为农村反贫困作出贡献。

（一）政府主导型反贫困农村社会工作模式

在经济高速发展的现代社会，贫困仍是一种客观普遍存在的社会现象。治理并消除贫困是政府义不容辞的历史责任，虽然非政府组织和其他的社会团体所采取的扶贫行动也作出了很大成绩，但是政府的介入仍然是不可或缺的。在我国的返贫困工作中，政府一直以来都扮演着至关重要的角色。

当前，我国政府指导性反贫困社会工作主要是指社会福利部门所从事的扶贫社会工作。在政府部门和群众组织中，有一些专门从事社会福利活动的人员，他们承担着为群众排忧解难的职责。如民政部门、劳动部门、共青团系统、妇联等。他们利用正式的组织框架，按照政策及本部门的工作方法开展服务工作和管理工作。

政府主导的反贫困农村社会工作主要有以下四个方面内容：（1）资金扶持。根据政府和扶贫对象双方协定的扶贫项目，给予资金支持；（2）政策扶持。放宽政策，实行优惠支持，如税收减免、小额贷款等；（3）科技和信息扶持。提供市场信息，帮助扶贫对象选好、选准扶贫项目，提供科技服务，重视科技扶贫，使农村贫困户尽快掌握科学技术，提高经济收入；（4）配套措施支持。建立干部保护扶贫责任制，资金由无偿扶持改为有偿扶持周转基金，多渠道扩大扶贫资金来源等。

政府主导模式的扶贫社会工作的优势在于：（1）坚持"以人为本"的工作理念，以农民的需求为指导，重视对农村贫困群体生存状态的了解，通过资金支持等切实帮助解决农民最迫切的问题；（2）在思想上帮助农民放下包袱，解放思想，调节其被动心态，激发农民参与扶贫工作的积极性，提高其知识技能及获取资源的能力；（3）通过有偿扶持和建立责任制，构建贫困群体社会关系网络和社会支持系统。

（二）资产为本的社区发展农村社会工作模式

社会工作视角下的资产为本的社区发展模式是从贫困人口和贫困地区所拥有的资产出发，看到贫困地区的现有资源，包括村民和农村社会工作者的能力，以及当地政府和制度、人力等方面的资源。

缺乏资产是导致持续性贫困的主要原因。资产为本的反贫困社会工作认识到，穷人可以拥有和积累资产，从而发展摆脱贫困和自我发展的能力。资产包括个人拥有的资源，也包括一切可以利用的个人、社区的资源及其他一些隐形的潜在的资源，如文化资源、社会组织的援助、社会资金的扶持等。社会资源是一种嵌入性资源，当个体认识到资源网络的存在后便可以使资源资本化。

通过以资产为本的社区发展来解决农村贫困问题要遵守以下三个原则：

（1）以资产为本，农村社区发展关注社区中的现有资源，发掘现有的居民文化建设能力、社区人力资源、组织团体及特色资源等；（2）以内部为焦点，即要重视居民自身的能力；（3）重视关系网络的建立，建立社区居民、社区组织之间及内部的关系网络。

资产为本的社区发展模式运用战略眼光来考虑贫困地区的发展，充分发挥社区人力资本的作用，立足于贫困地区的现有资源来推动农村资源产业化。这一模式是社会资本视角下的农村扶贫的重要组成部分，以农民自身需求为指导，注重对社区和贫困人口本身的资源利用和能力建设，积极培育贫困者的社会资本，推动贫困居民的自组织发展，使贫困地区和贫困人口自身成为反贫困的主体。

二、反贫困农村社会工作的策略

中国农村反贫困工作经历了传统的社会救济为主的农村扶贫、以体制改革推动经济增长来消除贫困、开发式扶贫、扶贫攻坚及精准扶贫几个阶段。在扶贫政策调整的过程中，农村反贫困工作的视角也有所转变。下面用缺乏视角和优势视角介绍防止贫困的主要的策略。

（一）缺乏视角的农村反贫困社会工作策略

在传统的反贫困策略和工作中，往往采取缺乏视角（deficit perspective）开展反贫困。在这一视角指导下的农村社会工作者关注农村社区缺乏和不足的问题，如农村人口教育落后、自然资源匮乏、地理位置偏远、交通落后、环境恶劣、农业生产技术落后等。从缺乏视角发展出来的返贫农村社会工作策略从"输血"角度思考如何帮助农村贫困人口解决"缺乏"问题。

1. 缺乏视角及其核心观点

病理学分析和缺点导向疗法是社会工作实践中两种传统的主导性研究视角。在病理学视角下，发现问题是治疗的核心。服务对象被定义为一个病例，各种症状加起来成为一个诊断结果。社会工作者不断解释服务对象的问题，服务对象则在诊断的呼吁声中向专家寻求帮助。专业知识和方法技巧是职业工作者的权威和工作资源，施助的目的是减少服务对象的问题和行为、情感、处理问题模式及人际关系等方面所带来的消极影响。

缺乏视角下的反贫困工作与问题导向疗法有相似之处。农村社会工作者更多地发现贫困地区和贫困人口的问题和资源、能力的缺失，从而从问题出发寻求解决方法。政府、社会团体等权威机构掌控着社区发展的资源，而较少关注社区内部资源与发展的潜力。

传统的反贫困战略大都从缺乏视角开展工作，重点关注农村所需要的东西，如地理位置偏远、交通不便、资源匮乏、信息不同等，反贫困工作体现在政府等机构直接提供经济援助、帮助建设基础设施等。缺乏视角下的反贫困工作在早期对农村贫困起到很好的脱贫和解决温饱的作用。但是，往往只能暂时性地解决贫困人口所面临的环境和资源的改善，对于贫困地区人的现代化和内在的改变的动力激发不足，不能达到可持续化的长久的脱贫效果。

2. 缺乏视角下的农村反贫困社会工作策略

缺乏视角下的农村反贫困工作策略就是如何帮助农村贫困人口解决他们的不足，主要有直接救助、基础社会建设、贷款和发展商品经济等。

（1）直接救助。由政府或调动社会各方资源帮助贫困人口。当自然灾害或突发事件发生时，农村社会工作调动人力、物力支援当地受灾群众。国际上救援工作一般由资源调控和专业训练较强的社会组织如国际红十字会、联合国救援组织等前往救援。我国灾后救助工作以政府为主导，同时也呼吁更多的社会资源加入救助。直接救援背后的理念就是缺乏视角，因为救援机构相信当地社会或村民无法自救，必须进行外援。当突发性灾害来临时，灾民往往束手无策，需要全社会（包括国际社会）救援。

农村社会工作在直接救援中发挥着非常重要的协调者的作用。它协调各种资源及开展工作，以使救援工作顺利开展，保证救援物资能够顺利到达需要者手中。但是，直接救援也存在着一些局限性，无法长期解决社区的灾后重建及村民生活和生产的恢复问题。农村社会工作者重要的任务是如何建立农村社区的抗灾能力和灾后重建能力。

（2）基础设施建设。农村社会工作者协助村民或农村社区组织好基础设施建设。缺乏视角认为，农村缺乏村舍、学校、服务中心、水电、道路、取暖设施、网络等基础设施，或者以上基础设施陈旧、落后，这是导致农村贫困的主要原因。因此，在反贫困工作中，扶贫策略就是帮助修房、铺路、拉电、修建沼气等基础设施建设。

基础设施的增加或改进也是缺乏视角下的农村返贫困社会工作，考虑的是解决贫困地区眼前的基础设施问题，而忽视了贫困人口，因为他们是可以利用的资源和力量。

（3）贷款给贫困村民。推动农村的工业化和农业的商业化是缺乏视角下的反贫困农村社会工作思路。缺乏视角下要使农民摆脱贫困，要把他们推向市场，在农村发展企业，就地解决农村剩余劳动力就业问题，或者使农村剩余劳动力转移到城镇劳动力市场。要推动农村商品经济的发展，贷款给农民是重要的扶贫政策。国内外的经验表明，通过贷款发展商品经济的扶贫行动，都是希望通过贷款短期内帮助农民得到丰厚的利润回报。但是由于贷款政策执行过程中的偏差、没有经济担保和抵押能力等原因，真正的贫困地区无法筹措到所需资金。

（4）发展农村商品经济。缺乏视角下的农村反贫困工作认为，农民贫困落后的真正原因是他们缺乏商品和市场意识，更缺乏现代农业科技知识。国家的反贫困策略是从传统的救济式转向市场化的开发式扶贫和科技扶贫。为此，地方政府首先要大规模调整农村产业结构，促使农民种植市场所需要的农副产品，并通过农产品的交易使农民获得利润。同时，采取公司加农户的方式发展"订单农业"，让农民与公司联营。农民按照订单生产，实现公司与农户的双受益。在农村推广农业科技，进行品种改良、推广化肥农药等，提高农产品产量和质量，以此增加农民收入。

以上做法在实际执行过程中，市场风险信息滞后及自然灾害等因素削弱了商业化扶贫政策的效果。由于扶贫政策过分强调农业生产的商品化，致使很多贫困地区的基层政府不断调整产业结构，使农民遭受了巨大的经济损失。

总之，缺乏视角的反贫困农村社会工作是和社会工作助人自助、能力建设的专业理念和目标背道而驰的。它反而导致农村社区和村民越来越穷，使贫困地区和人口与政府及社会援助之间形成依赖关系，限制了贫困地区和村民自身发展的能力。农村社会工作者最重要的是要摆脱传统的扶贫观念，在工作实践中总结经验，发掘社区资源，发挥民众力量，使农村社区和村民参与到发展中，主动解决自身的问题。

（二）优势视角的农村反贫困工作策略

1. 优势视角及其核心观点

优势视角最早出现在美国社会工作者在精神康复的实践中，主要应用于治疗患有严重慢性精神病的患者。在反贫困的农村社会工作中，优势视角与问题解决方法和增能原则一致。优势视角关注服务对象的优势、能力和资源。社会工作者把注意力集中在其工作对象的能力和资源及其所在的社区中，并通过工作对象的努力实现农村社会工作的目标。

优势视角重视赋予个人及社区清晰表达并朝着其对未来的期望努力的能力，而不是致力于修复过去或现在的问题。优势视角寻求发展服务对象的潜能，并相信他们有改善自身状况的能力和资源。社会工作者通过与服务对象的合作来认清服务对象的优势与资源，并以专家的身份和权威给出解决问题的方案。

优势视角的农村返贫困社会工作有以下四个假设：（1）每个人都有独特的优势、能力和资源；（2）在面临挫折和困境的时候，人们往往会展现出乐观而并非弱势和病态；（3）服务对象有能力自主决定什么是对自己最好的，他们并不需要社会工作者来替他们做建议或决定；（4）服务对象与工作人员之间的协作关系能够反映和提高服务对象的能力。

2. 优势视角下的农村反贫困社会工作策略

传统的救济性扶贫虽然可以及时缓解或立竿见影地解决农村贫困地区和贫困人口所面临的问题，但是不能彻底解决贫困问题。优势视角下的农村扶贫战略从增能目标出发，以能力、资源的发掘和建设为重点，利用社会工作专业的理论和方法，发现农村社区及村民的能力、资源和潜力，从而对农村当地社区和村民形成正面的鼓励，激发和引导他们提升自身能力和发展潜力，使贫困地区和贫困人口成为自身生存、生产和可持续发展的动力和主体。

（1）优势视角下的小额信贷模式。小额信贷（micro‑finance）是一种通过一定的金融中介（信用社等）为具有潜在的负债能力的贫困人口提供小额、低息、连续的贷款，从而帮助贫困农户的经营活动的特殊的信贷方式。

小额信贷能够为有能力的农村贫困人口提供发展的基础，从而激发其生产积极性，发掘其自我谋生的能力，使其能够认识到自身的发展潜力，并在此基础上达到脱离贫困走向富裕的目标。扶贫小额信贷的目标是通过向贫困农户、特别是农村妇女提供贷款资金，使其能够在市场条件下充分利用这些贷款资金，开展适合他们的经营活动，以摆脱贫困落后的面貌，同时也能够提升妇女在家庭和社会中的地位。

（2）优势视角下的产业扶贫模式。传统的输血式扶贫已经不能满足现代扶贫的需要。而产业扶贫模式则是从优势视角理念出发，适应新形势的要求。产业扶贫是开发式扶贫的一种，是政府、农民和市场多赢的举措。产业扶贫的实质就是立足贫困地区的优势资源，通过开发和发展地区主导产业和拳头产品来提高自身的发展能力和生计的潜力。产业扶贫同时扶持和培养具有规模效益的产业链，打开农产品进入市场的大门，通过农业产业链和特定的组织或企业把农户联合起来，成为商品生产和市场参与的主体。

由于我国农村经济地区发展不平衡，各地的自然地理条件又有很大的差异，经济发展水平不同，区域优势各不相同，产业扶贫的方式也应因地制宜，有所区别。在扶贫发展的过程中，一定要从地区的实际出发，立足本地优势，在生产发展的实践中创新本地区的发展模式。

（3）教育扶贫模式。教育扶贫就是通过在农村普及教育，使农民有机会得到他们所要的教育，通过提高思想道德意识和掌握先进的科技文化知识来实现征服自然界、改造并保护自然界的目的，同时以较高的质量生存。

国家要拔除贫根，随着扶贫工作进入冲刺期，需要产业扶贫、教育扶贫、技能培训、易地搬迁、保障兜底等多管齐下。教育扶贫就是要营造起扶贫、扶志、扶智的环境，解决人的素质先脱贫，转变一些贫困人群的"等、靠、要"观念，引导贫困农民家庭主动发展，实现致富。

习近平总书记曾说过，扶贫必扶智，让贫困地区的孩子们接受良好的教育，是扶贫开发的重要任务，也是阻断贫困代际传递的重要途径。"治愚"和"扶智"，其根本就是发展教育。相对于经济扶贫、政策扶贫、项目扶贫等，"教育扶贫"直指导致贫穷落后的根源，牵住了贫困地区脱贫致富的"牛鼻子"。可以说，一个水桶能装多少水不是由最长的那块木板决定的，而是取决于最短的那块木板。贫困地区的教育水平就是扶贫攻坚战中的最短板，扶贫攻坚就是要克服教育这块"短板"。

据国家最新公布的农村教育数据显示，目前我国农村地区特别是老少边穷地区的教育发展还比较滞后。弥补教育"短板"，就地解决城乡、东西部教育资源分配不均的现状，要在观念和政策上向贫困地区倾斜，加强东西部教育资源交流促进；要加大对贫困地区的教育投入，吸引高端人才投身贫困地区教育事业。利用互联网为贫困地区的孩子提供平等、开放的远程教育平台，从而缩小城乡、东西部的教育资源差距。

高质量的教育扶贫是阻断贫困代际传递的重要途径和提升贫困群众"造血"能力的重要抓手，贫困家庭只要有一个孩子考上大学，毕业后就可能带动一个家庭脱贫。治贫先治愚，贫困地区和贫困家庭只要有了文化和知识，发展就有了希望。笔者所在的宁夏回族自治区目前尚有 58 万贫困人口，根据部署，在未来五年中将有四万人通过教育扶贫脱贫，这意味着优质的教育承载着宁夏数万家庭的"小康梦"。

国家已经开始高度重视教育扶贫，并采取了一系列推动贫困地区教育发展的切实举措。通过发力教育扶贫，在助力贫困家庭脱贫致富的同时，培养更多优秀人才，社会活力将进一步激发。我们有信心看到，贫困地区将享受到公平、高质量的教育资源，贫困家庭的孩子可以用自己的双手去创造未来、根除贫困❶。

【案例分析】农村社会工作介入农村扶贫开发的可行性分析

贫困作为一项全球性的问题，无论是在发达国家还是发展中国家都是不可避免的，缓解贫困以至消灭贫困是我们始终关注的话题。

社会工作介入农村扶贫开发的必要性分析如下：

首先，是维护农村社会稳定的需要。经济是社会稳定和国家长治久安的重要因素，贫困和贫富差距过大都会造成社会动荡。社会主义新农村建设，首先要解决的就是贫困问题。我国本身扶贫工作量大，依据国民收入水平和消费水

---

❶ 教育扶贫是彻底稳定脱贫的重要推手［EB/OL］. 中国经济网. 2016－02－16.

平的发展，我国的贫困标准也在调整，在提高贫困标准的同时，又会新增不少贫困对象，而且近年来返贫压力也在逐渐加大。

其次，是丰富农村扶贫开发模式的需要。长期以来，我国的扶贫开发工作重物质、轻思想，绝大多数贫困对象通过政府的帮扶，基本生活已得到保障，但是政府一旦停止帮扶就恢复原样，他们对政府产生依赖心理，未能彻底脱贫。因此，单靠政府进行扶贫开发显得势单力薄，国家因此鼓励社会各界参与扶贫，尤其是社会服务机构等非政府组织参与扶贫将有很大的用武之地。

最后，是注入专业的工作方法和人才队伍的需要。为了做好扶贫开发工作，国家成立了各级扶贫开发部门，出台了很多相应的政策，这些政策的执行者是国家工作人员，基层的社会服务人员有限且不具备专业素质，他们大多没有接受过系统的社会工作培训，从事着非专业的社会工作，这些都预示着社会工作介入的必要性。

三、社会工作介入农村扶贫开发的可行性分析

（一）社会工作的理念与我国扶贫开发的思想也有很多契合之处

社会工作与我国扶贫开发都是帮助弱势群体改善生活，由此决定了社会工作介入的可行性。早期的社会工作是在慈善救济活动中表现出萌芽形式，并随着救助活动的逐渐规范化和制度化，最终发展成为专业化的社会工作，发展成为一个职业、一项专业和一门学科。社会工作的助人理念是"助人自助"，帮助贫困人口从物质和精神上全面脱贫，重新建立自身的社会支持系统，恢复生产生活和人际交往的能力，重新回归和适应社会。

（二）社会工作的专业理论和方法具有很大优势

社会工作者不仅重视助人自助的理念，而且在实际工作中还可运用专业的技术和手段。首先，"优势视角理论""增权理论"和"参与式理论"等为社会工作应用于扶贫开发提供了强有力的理论支撑；其次，运用社会工作中的小组工作、个案工作、社区工作的某些原则与技巧，可以深入理解贫困者的困境，正确评估他们的需求，侧重培育、动员和增强贫困者的自助能力，协助他们走出困境，增强他们融入社会的能力；最后，社会工作者对案情的总结、定

期回访等过程都极大地提高和巩固了工作的成效。

（三）《社会工作者规划》提出，要通过实施社会工作专业人才服务社会主义新农村建设计划，到 2015 年在国家扶贫开发工作重点县通过依托社区服务中心或新建等方式，将培育发展 200 个农村社会工作服务站，到 2020 年基本实现每个国家扶贫开发工作重点县有一家社会工作服务站，带动培养五万名农村社会工作专业人才。依托国家对农村社会工作的支持，社会工作对农村扶贫开发工作的介入将打破固有的扶贫开发理念，打破原有的扶贫开发模式，为农村扶贫开发注入一股新鲜的力量。❶

基本概念：

贫困；反贫困；平衡增长；人力资本投资；缺乏视角

复习思考题：

1. 结合具体案例论述我国农村贫困现状并分析原因。

2. 我国农村有哪些反贫困社会工作模式？试举例说明。

3. 对比缺乏视角和优势视角的农村反贫困社会工作策略的异同。

4. 农村社会工作者应该怎样组织好农村反贫困工作？

本章推荐阅读书目：

1. 阿玛蒂亚·森. 贫困与饥荒 ［M］. 北京：商务印书馆，2009.

2. 吴密察等. 大家来写村史——民众参与式小区史操作手册 ［M］. 唐山：唐山出版社，2001.

3. 何俊. 参与式农村社区综合发展 ［M］. 北京：中国农业出版社，2011.

---

❶ 李潇，张红. 社会工作介入农村扶贫开发的可行性分析 ［J］. 新西部，2015 (36).

附录1　社会工作者国家职业标准

（2004 年 6 月 15 日，劳社厅发〔2004〕7 号）

（劳动和社会保障部办公厅《关于印发第九批国家职业标准的通知》）

职业概况

1.1　职业名称

社会工作者

1.2　职业定义

遵循助人自助的价值理念，运用个案、小组、社区、行政等专业方法，以帮助机构和他人发挥自身潜能，协调社会关系，解决和预防社会问题，促进社会公正为职业的专业工作者。

1.3　职业等级

本职业共设四个等级，分别为：社会工作者四级（国家职业资格四级）、社会工作者三级（国家职业资格三级）、社会工作者二级（国家职业资格二级）、社会工作者一级（国家职业资格一级）。

1.4　职业环境

室内、室外。

1.5　职业能力特征

具有观察、理解、判断、沟通和自我控制的能力。

1.6　基本文化程度

大专毕业或同等学历（1959 年以前出生者可放宽至中专及同等学历）。

1.7　培训要求

1.7.1　培训期限

社会工作者四级：不少于 480 学时；

社会工作者三级：不少于 160 学时；

社会工作者二级：不少于 160 学时；

社会工作者一级：不少于 160 学时。

1.7.2 培训教师

具有社会工作或相关专业副高以上专业技术职务任职资格，从事社会工作或社会工作教育满 3 年者，或取得二级以上社会工作者职业资格证书者，经社会工作专业执教培训后，可担任社会工作者四级、三级、二级的培训教师；具有社会工作或相关专业正高专业技术职务任职资格，从事社会工作或社会工作教育满 3 年者，或取得一级社会工作者职业资格证书满 3 年者，可担任社会工作者一级的培训教师。

1.7.3 培训场地设备

教学条件完善的标准教室，具有社会工作实务示教设备。

1.8 鉴定要求

1.8.1 适用对象

从事或准备从事本职业的人员。

1.8.2 申报条件

——社会工作者四级（具备以下条件之一者）

获得国家承认的社会工作专业大专学历者；

获得国家承认的社会工作相关专业大专学历，经社会工作者四级正规职业资格培训达规定学时数，并获得结业证书者；

1959 年以前出生，获得中专及同等学历，连续从事社会工作不少于 3 年，经社会工作者四级正规职业资格培训达规定学时数，并获得结业证书者。

——社会工作者三级（具备以下条件之一者）

获得国家承认的社会工作专业硕士学历者；

获得国家承认的社会工作专业本科学历，社会工作经历不少于 2 年者；

获得国家承认的社会工作相关专业本科以上学历（含本科），社会工作经历不少于 3 年，经社会工作者三级正规职业资格培训达规定学时数，并获得结业证书者；

取得社会工作者四级职业资格证书，连续从事本职业工作不少于 3 年，经社会工作者三级正规职业资格培训达规定学时数，并获得结业证书者。

——社会工作者二级（具备以下条件之一者）

获得国家承认的社会工作专业博士学历者；

取得社会工作者三级职业资格证书，获得国家承认的社会工作专业本科学历，社会工作经历不少于 4 年者；

取得社会工作者三级职业资格证书，获得国家承认的社会工作专业硕士学历，社会工作经历不少于 3 年者；

—社会工作者一级

取得社会工作者二级职业资格证书，连续从事社会工作不少于 5 年，经社会工作者一级正规职业资格培训达规定学时数，并获得结业证书者。

1.8.3 鉴定方式

分为理论知识考试和职业能力考核。理论知识考试采用闭卷笔试方式，职业能力考核采用面试和情景模拟等测试方式，并根据不同的社会工作服务领域增加专业知识考核（具有该服务领域知识背景或工作经验的人员免考）。理论知识考试和职业能力考核均实行百分制，成绩皆达 60 分以上为合格。社会工作者一级和二级还须进行综合评审。理论知识考试和职业能力考核的合格成绩（含单项考核成绩）3 年内有效。

1.8.4 考评人员和考生配比

理论知识考评人员和考生配比为 1∶20，每个标准教室不少于 2 名考评人员；职业能力考核考评人员与考生配比为 3∶1；综合评审委员不少于 5 人。

1.8.5 鉴定时间

理论知识考试时间为 120 分钟；职业能力考核时间为 60 分钟；综合评审时间不少于 60 分钟。

1.8.6 鉴定场所设备

理论知识考试在标准教室进行；职业能力考核在配备必要实验设备的实验室进行。

基本要求

2.1 职业道德

2.1.1　职业道德基本知识

2.1.2　职业守则

（1）遵守国家法律法规；

（2）尊重个人价值尊严；

（3）维护服务对象隐私；

（4）提升案主发展潜能；

（5）提高专业技能水平；

（6）及时反映社会需要；

（7）协助解决社会问题；

（8）促进社会公正进步。

2.2　基础知识

2.2.1　社会工作基本理论

（1）社会工作的基本概念；

（2）社会工作的价值观与伦理；

（3）人类行为与社会环境的知识；

（4）社会问题与社会政策方面的知识；

（5）社会学、心理学、管理学等学科中与社会工作有密切关联的知识。

2.2.2　社会工作基本方法

（1）个案工作的基础知识；

（2）小组工作的基础知识；

（3）社区工作的基础知识；

（4）其他社会工作基本方法的基础知识。

2.2.3　社会工作实务过程

（1）接案的基础知识；

（2）收集资料与预估的基础知识；

（3）制定计划的基础知识；

（4）执行计划的基础知识；

（5）评估与结案的基础知识。

2.2.4　社会工作实务领域

青少年社会工作、老年社会工作、残疾人社会工作、家庭社会工作、学校社会工作、医务社会工作、社区社会工作、司法社会工作等实务领域的基础知识。

3. 工作要求

本标准对社会工作者四级、社会工作者三级、社会工作者二级、社会工作者一级的技能要求依次递进，高级别涵盖低级别的要求。

3.1　社会工作者四级

职业功能	工作内容	技能要求	相关知识
一、辅助性直接服务	（一）接案	能够选择初次面谈的场所 能够针对案主情况进行交谈和倾听 能够与案主建立专业关系	1. 建立专业关系的基本知识 2. 相关社会政策和社会工作者职业守则
	（二）收集资料与预估	1. 能够收集、记录案主的信息 2. 能够对案主信息进行初步分析	1. 观察、提问等收集资料的基本知识 2. 保密和告知原则 3. 预估的基本知识
	（三）制订计划	1. 能够制定服务计划初稿 2. 能够制定服务协议初稿	1. 制定服务计划的步骤 2. 服务协议的基本知识
	（四）实施计划	1. 能够布置工作室 2. 能够为案主提供信息与建议 3. 能够针对案主情况进行鼓励与安慰 4. 能够对实施过程进行记录	介入的基本方法
	（五）评估与结案	1. 能够运用量表、问卷等方式收集评估信息 2. 能够确定结案时间，并进行结案 3. 能够对结案进行记录	1. 评估步骤与基本方法 2. 结案的基本方法

职业功能	工作内容	技能要求	相关知识
二、辅助性行政工作	（一）处理文字	1. 能够阅读和写作专业报告 2. 能够运用计算机进行文字处理	专业报告撰写方法和注意事项
	（二）处理信息与管理文件	1. 能够收集、整理机构所需信息 2. 能够对文件进行分类、归档并妥善保管	1. 信息收集与整理的知识 2. 文档管理的知识

3.2　社会工作者三级

职业功能	工作内容	技能要求	相关知识
一、直接服务	（一）接案	1. 能够拟定初次面谈的纲要 2. 能够运用同理、应变的技巧与案主交谈 3. 能够消除案主的焦虑 4. 能够接触各类案主并与之建立专业关系	1. 人际沟通的基本知识 2. 人类行为与社会环境的基本知识
	（二）收集资料与预估	1. 能够设计调查问卷及访谈提纲 2. 能够对案主进行观察、提问 3. 能够为案主绘制家庭结构图和生态图 4. 能够针对案主问题作出预估	1. 资料整理、分析的知识 2. 预估的系统知识
	（三）制订计划	1. 能够制定目标明确、实施方案可行的服务计划 2. 能够根据计划制定服务协议	1. 制订服务计划的方法 2. 服务协议的系统知识
	（四）实施计划	1. 能够运用个案、小组、社区等专业方法及介入技巧，协助案主解决问题 2. 能够增强案主的自助能力	介入的系统知识
	（五）评估与结案	1. 能够运用目标实现程度量表、案主满意度调查问卷进行评估 2. 能够找出实际结果与计划的差距，并提出改进的措施 3. 能够处理案主在结案时的反应 4. 能够进行跟进服务或成功转介	1. 评估的系统知识 2. 结案的系统知识

职业功能	工作内容	技能要求	相关知识
二、项目开发与管理	（一） 开发项目	1. 能够在与案主接触过程中提出新的服务项目 2. 能够撰写项目计划书草案	1. 社会工作项目开发的基本知识 2. 社会调查的基本知识 3. 社会工作行政的基本知识 4. 社会政策与法规、社会保障方面的基本知识
	（二） 管理项目	1. 能够促进工作人员之间的合作与分工 2. 能够对影响项目实施的因素作出判断并调整 3. 能够对项目成果进行评估	1. 项目管理的基本知识 2. 社会工作行政的基本知识

3.3 社会工作者二级

职业功能	工作内容	技能要求	相关知识
一、直接服务	辅导、咨询与倡导	1. 能够综合运用各种社会工作方法和技巧处理各类复杂的问题 2. 能够运用社会工作服务领域的特定技巧处理疑难案例 3. 能够运用社会工作专门知识和技能对相关领域的社会福利政策进行分析和研究，并提出建议	1. 社会工作基本理论与方法 2. 社会工作服务领域的专门知识 3. 社会工作服务领域的社会保障制度与社会政策
二、督导	专业指导	1. 能够协助被督导者增加专业知识和强化专业理念，指导被督导者的专业工作 2. 能够帮助被督导者处理心理压力、情绪波动和思想困惑，促使其坚定专业认同感	1. 专业督导的理论与方法 2. 情绪支持的理论与方法

续表

职业功能	工作内容	技能要求	相关知识
三、社会工作行政	（一）计划	1. 能够制定长期和短期的发展计划 2. 能够不断完善和修正机构的发展计划 3. 能够不断地开拓服务项目	1. 制订计划的系统知识 2. 社会政策与法规、社会保障等相关知识
	（二）组织	1. 能够设置合理的岗位和工作职责，并对工作人员进行协调和部署 2. 能够与工作人员进行有效沟通和互动 3. 能够招聘、培训机构工作人员 4. 能够建立工作人员的考核和奖惩激励机制	人力资源管理的相关知识
	（三）管理	1. 能够建立、健全机构的规章制度 2. 能够筹募、运作和管理资金	行政和财务管理的知识
	（四）评估	1. 能够对工作人员的工作进行科学评估 2. 能够对机构各项目的完成情况进行科学评估	1. 社会工作人员评估的知识 2. 社会工作项目评估的知识
四、社会工作研究与培训	（一）研究	1. 能够对社会工作实务的经验进行分析、总结与提炼 2. 能够阅读社会工作专业的外文资料	1. 分析、综合的基本方法 2. 归纳、演绎的基本方法 3. 社会工作常用外语知识
	（二）培训	1. 能够讲解社会工作专业基础知识 2. 能够传授社会工作实务技能	1. 社会工作理论、方法与实务 2. 培训教案的设计和编写方法

3.4 社会工作者一级

职业功能	工作内容	技能要求	相关知识
一、社会工作行政	（一）计划	1. 能够对现行社会政策进行科学分析 2. 能够提供可行的社会政策方案 3. 能够推进社会政策实施 4. 能够对社会政策实施进行评估与监督	1. 社会发展与社会问题的知识 2. 社会政策与社会控制的知识
	（二）组织	1. 能够招聘、培训、评估督导人员 2. 能够建立机构的督导机制及实施方案 3. 能够建立和健全机构的沟通机制	机构组织与督导管理的基本知识
	（三）管理	1. 能够管理各社会工作机构 2. 能够对各社会工作机构的分工、协调进行宏观调控和指导	社会工作机构管理的知识
	（四）评估	1. 能够对不同机构的运作方式、合作模式进行评估 2. 能够对资源整合与配置进行评估	社会工作机构评估的系统知识
二、社会工作研究与培训	（一）研究	1. 能够进行社会工作理论和实务的研究 2. 能够撰写专业论文与著作 3. 能够阅读并运用社会工作相关的外文专业文献	1. 社会工作理论与实务的前沿知识 2. 社会工作研究方法 3. 社会工作相关的外文知识
	（二）培训	1. 能够担任二、三级社会工作者的教学与培训任务 2. 能够针对不同的对象，制订相应的社会工作教学方案	1. 社会工作系统理论、方法与实务 2. 教育、教育心理的基本知识

比重表

（%）

项目			社会工作者四级		社会工作者三级		社会工作者二级		社会工作者一级	
			理论	职业能力	理论	职业能力	理论	职业能力	理论	职业能力
基本要求		职业道德	10	–	10	–	10	–	10	–
基本要求		基础知识	25	–	20	–	15	–	10	–
相关内容	辅助性直接服务	接案	5	20	–	–	–	–	–	–
相关内容	辅助性直接服务	收集资料与预估	5	20	–	–	–	–	–	–
相关内容	辅助性直接服务	制订计划	10	15	–	–	–	–	–	–
相关内容	辅助性直接服务	实施计划	15	15	–	–	–	–	–	–
相关内容	辅助性直接服务	评估与结案	10	10	–	–	–	–	–	–
相关内容	辅助性行政工作	处理文字	10	10	–	–	–	–	–	–
相关内容	辅助性行政工作	处理信息与管理文件	10	10	–	–	–	–	–	–
相关内容	直接服务	接案	–	–	5	15	–	–	–	–
相关内容	直接服务	收集资料与预估	–	–	5	10	–	–	–	–
相关内容	直接服务	制订计划	–	–	10	15	–	–	–	–
相关内容	直接服务	实施计划	–	–	15	20	–	–	–	–
相关内容	直接服务	评估与结案	–	–	15	15	–	–	–	–
相关内容	直接服务	辅导、咨询与倡导	–	–	–	–	15	15	–	–
相关内容	项目开发与管理	项目开发	–	–	10	10	–	–	–	–
相关内容	项目开发与管理	项目管理	–	–	10	15	–	–	–	—
相关内容	督导	专业指导	–	–	–	–	10	15	–	–
相关内容	社会工作行政	计划	–	–	–	–	10	10	10	20
相关内容	社会工作行政	组织	–	–	–	–	10	10	10	20
相关内容	社会工作行政	管理	–	–	–	–	10	15	10	20
相关内容	社会工作行政	评估	–	–	–	–	10	15	10	10
相关内容	社会工作研究与培训	研究	–	–	–	–	5	10	20	20
相关内容	社会工作研究与培训	培训	–	–	–	–	5	10	20	10
合计			100	100	100	100	100	100	100	100

附录 2　社会工作者守则

一、总则

中国社会工作者继承中华民族悠久的历史、文化传统，吸收世界各国社会工作发展的文明成果，高举人道主义旗帜，以促进社会稳定和全面进步为己任。中国社会工作者通过本职工作，提倡社会互助，调节社会矛盾，解决社会问题，改善人际关系，为社会的物质文明和精神建设服务。

二、职业道德

（1）热爱社会工作，忠于职守，具有高度的社会责任感和敬业精神。

（2）全心全意为人民服务，为满足社会成员自我发展、自我实现的合理要求而努力工作，并不因出身、种族、性别、年龄、信仰、社会经济地位或社会贡献不同而有所区别。

（3）尊重人、关心人、帮助人。为保障包括人的生存权、发展权在内的人权而努力。

注意维护工作对象的隐私和其他应予保密的权利。

（4）同工作对象保持密切联系，主动了解他们的需要，切实为之排忧解难。

（5）树立正确的服务的目标，以关怀的态度，为工作对象困难问题的预防和解决，以及其福利要求提供有效的服务。

（6）清正廉洁，不以权谋私。

三、专业修养

（1）确立正确的社会工作价值观和为专业献身的精神。

（2）努力学习和钻研业务，不断提高专业技术水平和专业服务质量。

（3）通过参加专业培训和进修，努力实现专业化，提高工作效率和服务效能。

（4）运用专业的理论知识与方法技能，帮助社会成员改进和完善社会生活方式，不断提高生活质量，以利于民族素质的提高。

（5）从广大群众的集体力量和创造精神中吸取专业营养，促进专业的发展与创新。

四、工作规范

（1）重视调查研究，深入了解社会成员的困难和疾苦，并采取有效措施，切实帮助他们摆脱困境。通过不断的调查研究，提高社会工作的服务水平。

（2）对待工作对象，应平易近人，热情谦和，注意沟通，建立互相信赖的关系，努力满足他们各种正当的要求，并帮助他们在心理和精神等方面获得平衡。

（3）对待同行，应互相尊重，平等竞争，取长补短，共同提高。在业务上，诚意合作，遇到问题时，互相探讨，坦诚交换意见，或善意地进行批评和自我批评，以促进专业水平、工作效率和服务效能的提高。

（4）向政府有关部门、社会有关方面反映社会成员需要社会工作解决的问题，以及对工作的意见和建议。

（5）向社会成员宣传贯彻国家有关社会工作的政策、方针和法规，鼓励和组织社会成员积极参与社会事务。

（6）对待组织和领导，应按照民主集中制的原则，主动献计献策，提供咨询意见，并自觉服从决定，遵守纪律，维护集体荣誉，努力使领导和单位的计划实施获得最佳效果，圆满完成社会工作的各项任务。

中国社会工作者协会